四特 教育系列丛书 SITEJIAOYUXILIECONGSH

让问题学生不再成问题

《"四特"教育系列丛书》编委会　编著

吉林出版集团股份有限公司

全国百佳图书出版单位

图书在版编目（CIP）数据

让问题学生不再成问题／《"四特"教育系列丛书》编委会编著．—长春：吉林出版集团股份有限公司，2012.4

（"四特"教育系列丛书／庄文中等主编．课堂教学与管理艺术）

ISBN 978-7-5463-8720-8

I. ①让… Ⅱ. ①四… Ⅲ. ①中小学生：后进生－教育 Ⅳ. ① G635.5

中国版本图书馆 CIP 数据核字（2012）第 044004 号

让问题学生不再成问题
RANG WENTI XUESHENG BUZAI CHENG WENTI

出 版 人	吴　强	
责任编辑	朱子玉　杨　帆	
开　　本	690mm×960mm　1/16	
字　　数	250 千字	
印　　张	13	
版　　次	2012 年 4 月第 1 版	
印　　次	2023 年 2 月第 3 次印刷	

出　　版	吉林出版集团股份有限公司
发　　行	吉林音像出版社有限责任公司
地　　址	长春市南关区福祉大路 5788 号
电　　话	0431-81629667
印　　刷	三河市燕春印务有限公司

ISBN 978-7-5463-8720-8　　　　　定价：39.80 元

前　言

　　学校教育是个人一生中所受教育最重要的组成部分，个人在学校里接受计划性指导，系统地学习文化知识、社会规范、道德准则和价值观念。学校教育从某种意义上讲，决定着个人社会化的水平和性质，是个体社会化的重要基地。知识经济时代要求社会尊师重教，学校教育越来越受重视，在社会中起到举足轻重的作用。

　　"四特教育系列丛书"以"特定对象、特别对待、特殊方法、特例分析"为宗旨，立足学校教育与管理，理论结合实践，集多位教育界专家、学者，以及一线校长、老师们的教育成果与经验于一体，围绕困扰学校、领导、教师、学生的教育难题，集思广益，多方借鉴，力求全面彻底解决。

　　本辑为《四特教育系列丛书》之《课堂教学与管理艺术》。

　　目前，在我国的学校教育中，课堂教学仍然是一种主要的教育教学活动，要想有效地提高课堂教学质量与效果效率，就必须充分尊重和应用教育科学理论，系统学习、研究、提高课堂教学艺术水平，这不仅是对课堂教学的客观要求，而且是教育教学研究的发展趋势之一。因此，有志于从事教育事业去当一名教师的教育专业学生，都有必要去学习、研究课堂教学艺术，为今后做一名合格的教师进行充分的准备。本书把教育教学理论和教育教学实践有机地结合起来，系统地研究课堂教学的规律和实践，研究教学过程中的各种实际问题。

　　本书还有另一个很明确的目的，那就是：确立班级管理的专业地位，提升师生教学质量。我们分别从学生、教师（班主任）的角度分别进行说明。班级管理是门艺术，大凡艺术殿堂的攀登，都需要自觉的奉献；班级管理又是门科学，涉及科学领域的探索，必依赖智慧的涌动。希望本书的出版，能为工作在第一线的广大中小学班主任提供一个支点，同时能唤起一部分对班主任工作感兴趣的专家学者的热情，共同来研究这个新课题，让班主任班组管理这项至关重要的工作，更具科学性和艺术性。这也是本书编写的意义所在。

　　本辑共 20 分册，具体内容如下。

　　1.《怎样把课说好》

　　"说课"是深化教育改革，探讨教学方法，实践教学手段，提高教育教学业务水平的一种好方法，也是教师进一步学习教育理论，用科学的手段指导教学实践，提高教学科研水平，增强教学基本功的一项重要方法。本书主要从说课准备、精心设计与组织说课材料、幽默为教法服务、情感学法说课、辅助教学程序、互动教学目标、应对说课失误和总结说课经验等方面来进行铺垫和阐述。我们站在说课者的角度，多层次地模拟了说课中遇到的各种问题，并提出了相应的改进措施，希望教师在说课中少走弯路，对于日后的说课教学能起到更大的帮助。

　　2.《怎样设计教学情境》

　　本书着重探讨了如何使新课程提倡的自主学习、探究学习、合作学习真正进入到课堂之中。通过介绍西方课堂设计的理论和教学策略，总结国内课堂教学改革的成功经验，为教师进行有效的课堂设计提供切实的指导和帮助。

3. 《怎样把课备好》

备课能力是一个教师最基本的业务能力。备课是教师教学活动的一个重要组成部分，也是上好一堂课的前提和重要保证。教师要上好课，首先必须备好课，备课是一项深入细致的工作，是教师达成良好教学效果的关键。教师备课最需要用"心"、用"情"、用"力"和重"思"。

4. 《怎样把课上好》

课堂动了，学生活了，互动、对话成为课堂教学的常态了，课堂上出现一系列变动不居的场景也就在情理之中了。教师根据课堂教学中生成的各种资源，形成后续的、新的教学行为。动态成为常态，生成成为过程，这些教学的新要求，是上课时教师需要加以灵活掌握的，也是本书所要介绍的。希望通过本书，教师不仅能获得教学的新理念，同时能获得基本的教学策略。

5. 《走出教学雷区》

由于学识、经验、能力、性格、思维等诸方面的限制，教师由于认识和行动上产生了偏差，在教学过程中走入误区在所难免。本书列举了日常教学工作中教师常出现的一些问题甚至错误，分析这些问题产生的根源及这些问题在教学中的呈现形式，提出解决的方案，引导教师避免或者走出误区，通过"行动一反思一再行动一再反思"，引导教师做一个反思型教师。促进教师在专业化的道路上更快地成长和进步。

6. 《让学生出类拔萃》

在学校里，尖子生往往是重点培养对象，集"万千宠爱于一身"。但是作为教师，不能被尖子生"一俊遮百丑"而忽视对他们的培训和教育。教师应该正确认识和了解尖子生，做好培优工作，积极引导，严格要求，满足他们强烈的求知欲，充分施展其才能并通过尖子生积极进取的态度、较好的学习方法影响和帮助其他同学共同发展，使全体学生成绩不断地推进。

对尖子生的培养是一项艰巨而漫长但又极具乐趣的工程，希望通过本书的学习，我们的教师都能发现千里马，精心、尽力培养，让他们跑得更快、更远！

7. 《一对一教学》

在中国，"一刀切"式的教学方法普遍存在于课堂中，然而每个学生特点各异，只有建立在了解学生基础上的个性化教学才能使学生受益无穷。

优秀的教师是学生成功的关键。老师有责任坚持不懈地寻找和发现优秀的孩子，也要认识到每一个孩子都与众不同。本书致力于了解学生并找到适合各个学生的教学方法，因材施教。

8. 《让课堂动起来》

教师如何形成新的课堂教学艺术技巧、如何让课堂变得更加生动有趣，这正是本书论述的要旨所在。

教师要上好一堂课，除了要有热情与高度的责任感，还要有渊博的知识和一定的讲课技巧，教师必须认真备课、多动脑、多想办法，有了一定的授课技巧，课堂就会时时呈现出精彩！

9. 《不怒自威》

本书以清新的笔调、翔实的案例向教师娓娓道来：要树立自己的威信，教师除了要师德高尚、敬业爱生，专业精湛、诚实守信、仪表得当，还要宽严有度、教管有方、赏罚分明、公平公正。只有这样，学生对教师才能心悦诚服，也只有这样，教师才不会在"学生难管"的哀叹中失去教育的权威。

10.《好学生是怎样炼成的》

行为变为习惯，习惯养成性格，性格决定命运。一个动作，一种行为，多次重复，就能进入人的潜意识，变成习惯性动作。习惯对每个人梦想的实现，命运的选择起到了决定性作用。青少年正处于一个习惯的塑造和培养期，养成良好的习惯会让每个孩子都成为好学生，会使其受益终生。

11.《与差生说拜拜》

本书以新颖的创作手法和情真意切的教育语言从多个方面阐述了怎样对后进生进行转化，如何正确认识后进生，坚守对后进生的教育之爱，唤起后进生向上的信心，解开后进生的"心结"，有针对性地解决后进生的"问题"行为，加大对后进生的学法指导，提升后进生的自身能力，善用工作技巧来解决后进生问题，走出教育后进生的误区。本书有较强的可读性、针对性、实用性和操作性，对教师转化后进生的教育工作有实际的参考和切实有效的帮助。

12.《从管到不管》

课堂管理艺术和技巧是以学生发展为本的，是教师教学智慧的新表征，是教学实践经验概括和理性提升，本书所阐述的艺术和技巧是简约的、实用的、可操作的、可借鉴的。教师通过本书的阅读和借鉴，能够在新课程实践探索的道路上，不断更新课堂管理理念，优化课堂管理行为，形成新的教学本领和新的课堂管理艺术，让课堂教学焕发出生命的活力。

13.《把握好教学心理》

为了帮助读者成为"有意识的教师"，作者提出了若干问题以引导学生思考和学习，并列举大量课堂实例，作为实践范例。本书鼓励教师去思考学生是如何发展和学习的；鼓励教师在教学之前和教学过程中做出决策；鼓励教师思考如何证明学生正在进行学习、正在迈向成功。本书反映了当前有关的新理论与新进展，所介绍的各种研究结论在课堂实践中得到了验证与应用。该书所倡导的兼收并蓄的均衡教学为教学的专业化发展奠定了基础。

14.《完美的班规》

优秀的班集体需要制订切实可行、行之有效的好班规。本书采用了通俗的创作方法，把死板的道理鲜活化，把教条的写法改变为以案例为主，分析、评点为辅，把最先进的教育理念和方法融入有趣的情境中。经典的案例，情境式的叙述，流畅的语言，充满感情的评述，发人深省的剖析，娓娓道来、深入浅出，让教师更充分地领会先进、有效的教育方法。

15.《让问题学生不再成问题》

班级里总有那么些学生：有的顶撞老师，经常迟到；有的迷恋网络，偷拿钱物，早恋；有的对同学暴力相向，甚至离家出走；教师在他们身上花费很多精力，然而收效甚微。教育这些学生，需要耐心，更需要教育的智慧。

本书是一部针对这一现象为教师提供方法的教育研究专著，也是一部关于问题学生的教育学通俗读物。本书以教师最头痛的问题学生为突破口，努力在这个问题上把智慧型教育理论化、具体化、可操作化，且适当规范化。这既是教育问题学生的一本"医书"，也是教师科学思维方式的培训教材。

16.《消除师生间的鸿沟》

本书在编写中，尽力以轻松的笔调来谈论教育中的师生关系这一敏感问题，以求能让读者在阅读中有快乐、有启发、有思辨。本书每一篇章采用夹叙夹议的编写风格，叙述的是事例，议论的是道理。为了最终能让读者更广泛、更深刻地明白教育道理，本书通过"生活事例—生活道理—教育道理—教育案例"这种内外结合、纵横交错的行文方式，对相关内容进行论述。

17.《用活动管理班级》

随着社会和教育的发展，我们对班级的认识也经历着一个相应的发展历程。班主任的角色定位与对班级性质的认识应该是相匹配的。班级活动作为班级功能主要的承载体，在功能、形式和内容上同样需要在新课程背景下重新定位。本书紧扣班主任专业化发展这一核心理念，从班主任实际工作需要出发，由案例导入理论问题，又理论联系实践，突出案例教学与活动的组织和设计；不仅贯彻教育部提出的针对性、实效性、创新性、操作性等原则，而且便于进行系统、有选择性的培训。

18.《学生奖惩艺术》

现在的学校普遍提倡激励教育，少用惩罚性处罚手段，认为处罚只能打击学生的自尊心，使学生丧失上进和改正缺点的动力。但是，激励不是万能的。教育不能没有处罚，没有处罚的教育是不完整的教育。本书针对教师如何奖励和处罚学生进行了系统而深入的分析和探讨，并提出了解决这一问题的新思路、可供实际操作的新方案，内容翔实，个案丰富，对中小学教师颇有启发意义。本书体例科学，内容丰富，语言简洁明快，针对性强，具有很强的系统性、实用性、实践性和指导性。

19.《永葆教育激情》

谁偷走了中小学教师的激情？生命中不能承受之重对教师起到了什么影响？教师职业倦怠的原因在哪里？克服倦怠的具体行动有哪些？如何正确认识和驾驭工作压力？……这些问题就是本书要为你回答的。本书对教师的职业倦怠进行了系统而深入的分析和探讨，并提出了解决这一问题的新思路、可供实际操作的新方案，内容翔实，教案丰富，对中小学教师颇有启发意义。

20.《超级班级管理法》

班级管理是门艺术，大凡艺术殿堂的攀登，都需要自觉奉献；班级管理又是门科学，涉及科学领域的探索，必依赖智慧的涌动。本书是多位优秀班主任集思广益、辛勤笔耕的结晶。一是实用性，所选的问题都来自班主任的实际工作，容易引起班主任的同感。二是可操作性，提出的应对方法都简便易行。三是时代性，所选问题与当前课程改革，与学生实际相结合具有浓厚的时代气息。

由于时间、经验的关系，本书在编写等方面，必定存在不足和错误之处，衷心希望各界读者、教师及教育界人士批评指正。

编者

C 目 录
ONTENTS

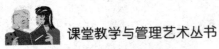

第一章

如何对待认知和行为问题学生

如何对待撒谎的学生

我们先看一个教育案例。

星期一下午第二节课下课，我正和同事在办公室聊天。突然，我们班的孙怡急急忙忙地跑进办公室，着急地对我说："施老师，不好了！铭铭摔了一跤，头撞到地上了。"

我一听连忙起来，并快步向门外走去，边走边问："摔得严重吗？"

孙怡说："好像还好，我也不太清楚。"

正说着，我们班的几个同学扶着铭铭走过来，只见他用手不停地揉着后脑勺。我几步上前，轻轻拉开他的手，发现突起了一个小包。我柔声说："有个小包。我们铭铭真勇敢，是男子汉了！"我扶着铭铭的肩膀告诉他："以后摔跤了不要马上用手去揉，不然包会肿得更大的。"

他点点头说："知道了。"

我又问："头晕吗？想不想吐？"

铭铭摇摇头说："没有。"

"如果等一下觉得不舒服可要及时告诉老师。"我认真地叮嘱。

铭铭说："好的。"

看情况并不严重，我就询问铭铭是什么原因才摔跤的。铭铭说他和小署一起玩"警察抓小偷"的游戏，在追跑中自己不小心摔倒了。听完铭铭的叙述，我提醒他以后一定要小心，要注意安全。一直到放学，铭铭也没觉得有什么不适。我以为这件事就这么结束了。

第二天早上，我在批改日记时，铭铭的日记引起了我的注意。他在日记中是这样讲述这件事的：今天，我在学校里被同学绊了一下，摔倒了。当时，我觉得头晕目眩，痛死了，我哭了。章小婷过来扶起了我，还安慰了我，我心里暖洋洋的，我觉得她真好！

为什么铭铭的日记内容和他昨天的叙述会这样大相径庭？铭铭常有说谎的表现，这一次事情的真相究竟怎样呢？带着疑问，我想找机会好好跟铭铭聊一聊。

中午吃完中饭，我正在整理讲台上的作业。铭铭走过来问我："施老师，昨天我的日记写得好不好？"

望着他期盼的目光，我说："写的挺好。"

铭铭高兴地说："今天回家我要告诉妈妈，她肯定会奖励我的。"

我顺势问："平常表现好，妈妈都会奖励吗？"

铭铭兴奋地说："是呀！"不过，慢慢地，他脸上的表情又黯淡下来，"如果顽皮，表现不好，妈妈就会批评我，有时还会打我的。"

听到这儿，我已明白了几分。我轻轻地摸摸他的头，问："昨天学校里摔跤的事跟妈妈说了吗？"

铭铭说："开始我不想说的，是婷婷（章小婷是铭铭的邻居）告诉妈妈说我摔了一跤。后来，妈妈问我，我就讲了。"

我又问道："你是怎样对妈妈说的？像日记上一样吗？"

铭铭小声说："是的。"

"铭铭，现在老师有个疑问，就是弄不明白你昨天到底是怎样摔跤的？是被同学绊倒的？还是自己摔倒的？如果是被小暑绊倒的，老师就要提醒他，以后做游戏可要注意安全。"

铭铭红着脸，拉拉我的手，说："施老师，你别去讲。我是自己摔的。我是怕妈妈说我顽皮，才说是被同学绊倒了。我又说自己身体很不舒服，这样妈妈就不会批评我了。"

我语重心长地说："你是个聪明的孩子，心里肯定明白这样做是不合适的。"我发现铭铭微微地点点头。接着说："妈妈有时候批评你也是因为太关心、疼爱你，她希望你样样都能出色。以后有事可要诚实地对妈妈说，不能撒谎呀。"

铭铭眨着眼睛，看着我说："施老师，我知道了。"

我明白要帮助铭铭养成说真话的习惯，还必须争取家长配合才能持久有效。

星期三下午放学较早，我便去铭铭妈妈开的服装店，准备和他妈妈谈一谈。

当我跟铭铭的妈妈谈到铭铭有时会不说真话时，他的妈妈显得十分困惑，她也曾经对他进行过多次教育，却不知道孩子为什么改不了这个坏毛病。

我说："孩子如果说了谎，往往提示我们，他有某种难以实现的要求或是正面临着某种挫折。如果我们能够站在孩子的角度去理解他，满足他的合理要求，帮助孩子渡过难关而不仅是简单批评，效果一定比较好。何况铭铭还小，才刚上二年级。我们的要求可以先低一点，允许他犯些错。"

铭铭妈妈若有所思，答应今后在教育孩子时会更注意方式方法。

这以后，有一次，铭铭的妈妈来接铭铭时，她高兴地对我说："施老师，自从按你上次所说的去做，我们铭铭进步多了。"听到家长的反馈，我心里同样充满了喜悦，并且相信，铭铭一定会改掉撒谎的毛病，和"狼来了"说再见的！

这则案例内容比较简单，说的是帮助引导学生铭铭改正说谎习惯的事。"诚实守信应该是品德教育范畴内的工作，为什么用心理辅导的方法来做呢？"有人会这样问。

近几年多次听到这样的说法："品德问题其实是心理问题。"这是不确切的。品行上的问题多数是品德问题，也有些是心理问题。比如说，偷拿他人物品的行为，一般说就是品德问题，但如果个别当事人不是出于享用所偷物品的目的，而是为满足一种异常心理需要，那就应该当作心理问题来分析和处理了。

说谎行为是一种品德问题，而不是心理问题，但是在说谎习惯形成原因上，往往存在心理学意义上的影响要素。因此，用社会规范要求去匡正说谎行为要用德育的方法，从启动内需出发，消除说谎习惯形成的主观与客观因素，使当事人乐意选择更加诚实的处事态度，则是心理辅导的工作思路和工作方法。本个案老师正是基于这样的理念，对受导学生及其家长进行辅导，且收到了比较满意的辅导效果。

我们常说："心理辅导工作能增强德育的效果。"本个案就是一个简单而生动的实例。

那么，针对学生的说谎行为，老师到底应该采取什么具体措施来进行心理辅导呢？

我们再来看几个案例。

例一：同学王三得了癌症。老师和班上的同学到医院去看望她，并安慰她说：没什么大问题，不是一种什么了不得的病，医生说治疗一段时间后就可以出院了，我们都等着你回来上课呢。其实，医院认为王三的病医治好的希望非常渺茫，并已下了病危通知书。

例二：李大江同学期中考试成绩很不理想，有好几科都不及格，试卷发下来之后，他不敢拿给家长看，可老师要求家长签字。于是，他偷偷拿出家长的私章一盖就交给了老师。当家长问起期中考试情况时，李大江说还可以，老师这回只在班上评讲而没有把试卷发下来。到了期末开家长会时，家长才知道真实的情况。

这两个例子的主人公都没有说实话。那么，说谎的实质是什么呢？

一般认为，说谎是有目的、有意识的，具有想欺骗他人的特点，而有意识地说不真实的话，且大多数的谎言是为了自己的利益而进行的。从这个意义上讲，我们把说谎看成是一种不诚实的行为。当然，在实际生活中，如果欺诈或欺骗的意图在于他们的善意或利他主义时，那就不叫不诚实，也不被视为说谎；其意图在于伤害他人或利己主义时，才是"真正的不诚实"。如例一中的老师和同学是一种善意的做法，担心病人知道真实情况后增加心理负担，一般这种行为不看作是说谎；而例二中的李大江则是一个真正的不诚实的人，他说假话在于利己的目的。人们区别说谎行为的严重性似乎取决于说谎的原因。有人把说谎分为几种程度，即"无恶意说谎""撒小谎"等。

日本学者富诚音弥把说谎分为反社会的说谎和社会性的说谎（利他说谎和社交说谎），如社交中的说谎对人际关系起到润滑剂、保险作用。总之，被品德不良的人恶意编造的谎言，大都被看作是真正的说谎（也包括撒小谎）或反社会的说谎，是一种真正的不诚实的行为。

美国的一项调查表明，那些可爱的少年儿童在说谎方面往往具有令人吃惊的"才能"，甚至早在学龄前的时候，孩子的说谎水平便已"无懈可击"了。我国的许多研究也表明，说谎这一现象在中小学生中普遍存在。说谎的危害是显而易见的。因此，对于中小学生的说谎行为必须及时地运用心理辅导的方法予以矫正。矫正说谎的方法很多，下面仅列举几个有代表性的策略。

1. 澄清事实真相

大多数说谎者在编造谎言时都基于一个信条——"反正你不知道到底是怎么回事"，所以他们才敢大胆地说谎。对于说谎者，最好的办法莫过于把事实真相再原原本本地告诉他，使其编造的谎言不攻自破，而不得不面对实情，使其在以后或面临同样情境时便不可能再次说谎。但这个策略的难处在于对事实真相的准确把握，常需要全面调查或亲身经历。也就是说，在说谎者所涉及的方面做一个知情者。

2. 抓住首次、止于初始

说谎这种不良行为是日积月累的结果，而且一旦形成习惯，则积习难改。因此，善于抓住孩子的第一次说谎并加以合理引导，就显得尤为重要。因为，在这个时候，孩子的心理是矛盾的，他们既想报告实情，又缺乏勇气或害怕由此引发的不良后果，如果第一次说谎侥幸成功，以后说谎的胆子也就越来越大，说谎的水平也会越来越高。在这方面，家长和老师在平常要善于做"有心人"，发现说谎的苗头及时采取措施加以诱导。当然，这条策略与其说是矫治，不如说是防患未然。

3. 代币法

所谓代币法，指以具有交换价值的象征物，代替金钱的奖励作用，作为不良行为者的适当行为出现后的（正）强化物，即凭借后效强化原理，达到养成良好习惯的矫正目的。此种策略适用于经常说谎或有说谎习惯的人。具体做法如下。

（1）认定矫正目标。由辅导者与受治者共同认定受治者的行为问题，即明确问题行为的性质、程度，并确定如何改变其行为习惯，达到矫治（消除）问题行为的目的，并确定行为改变的目标序列。例如，对于说谎者的行为目标序列可为：①近段时间（一周内）至多说二次谎；②遇到可说谎的情景时，至少说一次真话；③经常说真话；④消除说谎的行为。认定矫正目标后，循序渐进，逐步实施。

（2）约定代币使用的方式。由矫治双方共同约定：①采用的象征性代币（如小红旗）；②代币的给予标准（如做到一次适当行为可得到一个代币）；③代币交换法（如每累积到三个代币可以获得实质性的物质奖励）。在每一次双方认定受治者未说谎时，给予代币奖励。

（3）由外部诱因转为自我控制。代币法是由外部诱因控制的办法，其效果可能是暂时的，外在诱因（代币）一旦停止，习得的新习惯可能会随之消失。但从另外一个观点来看，习惯养成后，除代币的直接奖励外，可改用其他社会性的精神奖励（他人的赞许）及提升受治者的自尊心，都可由外因转变为当事人的自我控制，达到消除不良行为的目的。辅导者的参与和当事人的自我控制的转化是相当重要的，矫治的目标最终是不要代币或辅导者的参与，在这一过程中，要逐渐地减少辅导者参与的次数和参与的程度。

4. 榜样矫正法

榜样矫正法是运用社会学习理论的原理进行的。它既适用于集体矫正，也适用于个体矫正。从适用年龄阶段来看，较适用于低年龄段学生。榜样矫正法首先要明确需要解决的行为问题（如说谎），然后将其具有同类问题行为的人集中起来予以榜样示范。示范时，学习者可以是纯粹地观察。比如：看一部有关说谎带来危害与诚实带来益处的专题录像片；或由有某方面经历的人现身说法；也可以采用心理剧的形式，由辅导者担任导演，指定表演的主题，让具有品行问题的人和其他无品行问题的人共同出演（如以说谎为主题进行表演），可以让具有说谎行为的人表演剧中的说谎者，无品行问题的人表演其他角色，然后再让说谎者表演其他角色，另外的角色也都交换表演。之后让大家交流表演的不同角色的心理感受，让其他说谎观察者通过观察（出演的说谎者通过表演），使内心产生矛盾冲突，认识到说谎的不良后果，从而从主观上产生克服说谎行为的愿望，最终消除说谎的不良行为。

5. 认知矫正法

根据认知与行为的相互关系，行为有一定的认知根源，认知也可导致相应的行为。各种品德不良行为都有其特殊的认知和思维，这些认知和思维是不合理的、偏离常规的。认知矫正法在于矫正错误的认知——理解、观点、评价、信念等，从而导致行为的改变，以消除不良行为。具体做法如下。

（1）向当事人说明认知矫正法原理。通过交谈，和当事人一起探讨不良行为（如说谎）的认识根源。在这个过程中，辅导者切忌评价与批评，而当事人要弄清说谎的目的、原因和主观感受及后果。

（2）发现歪曲的认知活动。辅导者帮助当事人对自己的不良行为进行全面的分析。寻求不良行为的最初起源及当时的心态，从中发现其不恰当的价值观点，并分析其谬误所在及出现认知偏差的原因。

（3）重建认知，即纠正当事人歪曲认知的过程。对于不正确的认知，辅导者应明确地指出来，让其认识到不当之处，并予以纠正，如当事人往往认为说谎可以得到好处，避免惩罚。辅导者要明确指出这种认识的逻辑错误，并分析在诚实的状况下是怎么回事，使其逐渐抛弃原有认知，获得新的认知，最终促成行为方式的改变。

如何对待攻击性很强的学生

有些学生在学校十分霸道，经常打人、骂人、抓人、欺负其他同学，这种以伤害他人为目的的行为称为"攻击行为"。

我们先看两个案例。

案例一：

兵兵是一个12岁的小男孩。他的爸爸在家时经常看一些武打片，里面有很多凶杀、打斗的镜头。每次观看影片时，兵兵的爸爸都没有让兵兵回避，结果兵兵在学校时经常像武打片中的侠客那样"打抱不平"。一次，几个学生在一起玩足球，其中一个学生犯规了却不承认，其他学生围着与他讲理。兵兵看着那个犯规的学生不顺眼，声称要替大家出气，然后高喊"看招"，用所谓的"八卦掌"将那个男学生打得鼻青脸肿。像这种情况，在学校经常发生。

案例二：

小军是一个五年级的学生。他学习成绩落后，体育活动差劲。他的爸爸妈妈离婚了，很少关心小军。在他身上，大家很难找到什么优点。他唯一的"爱好"就是欺侮别的学生，上课时揪一下前面女生的辫子；起立时把旁边同学的椅子拿开；别人路过身边时把脚伸出去，将其绊倒。他在伤害别的同学时显得很高兴。其实，同学并没有招惹他，也没有表示不友好，他似乎是发自内心的"坏"。

中小学生的攻击行为可分为两种，一种是身体攻击，包括打、推、咬、踢或从别人那里强夺物品等；另一种是非身体攻击，主要指骂人。

每个人在长大的过程中，都会或多或少地打过架、骂过人。特别是在学校里，那么多学生一起上课，一起玩耍，相互之间总免不了出现矛盾和冲突。由于中小学生的心理发育还不够成熟，自我控制能力较弱，所以往往用打架、骂人的方式来解决彼此间的矛盾冲突。即使是平时思想上进、学习成绩好的学生，也可能在极度愤怒时把同学打一顿；一个老实沉默、有教养的学生也可能会在非常生气时骂一句脏话。这种偶然出现的伤害他人、出言不逊的行为并不一定值得爸爸妈妈和老师特别关注，随着学生长大成熟，这种偶然的打人骂人行为自然会逐渐减少。值得大家担心的是像兵兵和小军那样的学生，他们无缘无故地欺负别人，经常地伤害别人，这样的学生才是值得父母和老师担心的有攻击倾向的学生，他们的攻击行为才是值得大家特别关注的。当然，老师有的时候并不能很容易地判断一个学生是不是无缘无故地伤害他人，因为一个有攻击倾向的学生可能会千方百计地寻找各种理由来打架，并把责任推到他人身上，其打架骂人行为似乎总有具体的原因，但仔细分析可以发现，是他的攻击倾向在起作用。

孩子的攻击性强是一种严重的心理障碍。他们往往不会与同伴正常交往，不是招惹同学，就是出口伤人、动手打人，给班主任的日常管理工作带来很大麻烦。那么，如何对他们进行心理辅导呢？

首先，在认识上要明确，严重的攻击行为属于心理问题。过去在遇到严重的攻击行为的时候，一些老师头脑中首先显现的不是"这个孩子有心理问题，值得同情，要想办法矫正"，而是"这个孩子怎么这样自私！一点亏不吃，没有谦让精神，真让人烦！"在学习心理学后，从理性上知道了孩子的攻击行为不完全属于道理品质问题，因而在处理严重问题时就冷静了许多。

但还是有相当一部分老师仍旧维持这种看法，如一发现学生打人，马上就会认为他在"欺负人"，是"害群之马"，甚至会说他"不可救药"。因为学生的攻击行为，特别是打人、骂人对一个班集体影响极大，所以班主任和任课老师都相当反感有攻击行为的学生。而这种看法和做法对矫正学生的攻击行为极其不利。这也是一线老师学习心理学的重大意义所在。

遇到学生的攻击行为，一开始，老师只单纯地表示理解学生的冲突行为，并会取得学生的信赖，让学生体会到老师的诚挚态度，改变消极和敌意，愿意和老师合作。如果做到了这一点，与老师顶撞的学生很快就会改变蛮横的态度，这一点也是从实践中得来的，你不这样，学生的问题就得不到解决。

接着是了解事件的细节，减缓学生焦虑不安的情绪，增加理性语言。通常把这个环节叫作"倾听"，倾听是对学生的尊重，在听的过程中，要特别记住他主动承担责任的语言，在他说完后经予充分地肯定，这是引导。在学生诉说的过程中，允许学生为自己辩解，这也是许多老师做不到的，甚至有的老师根本不听学生的解释，打架就得写"检查"，根本不解决学生真正的思想问题。

然后是探究学生对事件的看法，了解学生冲突的症结所在，决定矫正的目标。用心探究学生对事件的看法，矫正的目标会更有针对性。老师通过倾听学生诉说事件的细节来判断冲突的症结，找到后，才能对症下药。

当老师了解了事情的缘由，和学生一起共同分析事件引起的后果，特别是让学生自己谈事件引起的不良后果，对班集体、对个人、对对方、对家庭等，用以引起学生的"后悔""惭愧"的情感，然后要求学生自己提出解决办法。

以上的工作做到位了，学生就可以达到坦然接受惩罚，避免不良行为再度发生的目的。老师和学生一起商量如何在同学中消除不良影响，挽回自己在同学中的威信。怎么做呢？引导学生在班集体中公开做一个自我批评，如果学生自己没有提出这样做，老师得从他的角度出发，说服他这样去做，这不仅是矫正他的攻击行为的必要过程，也是教育全班同学明辨是非的过程。

整个过程要维护学生的自尊，要鼓励学生面对现实，重新开始。当老师和学生谈话时，当学生在全班同学面前做自我批评时，老师在人格上是尊重学生的，对学生不能有人格上的侮辱，是大家都要服从的真理。当一个学生当着全班同学对自己的问题阐述的比较深刻时，老师要带领大家为他鼓掌，鼓励他。从哪里栽倒，就从哪里爬起来，继续前进。

我们再看一则案例。

有一年，学校决定把一个基他班的男孩调到我们班。他不守纪律，不完成作业，学习成绩不及格，还经常打同学。我接收这个孩子时，决定把教育他的过程作为研究孩子、摸索规律的过程，变这个难题为教科研的课题。平时，我也是把工作中一个个难以教育的学生变为我研究孩子的一个个专题。于是我笑着对他愁眉苦脸的妈妈说："您放心，我有信心把他教育好。"因为，我会把他作为一个科研专题来对待，我相信教育的力量，相信班主任对孩子爱的力量。孩子才刚刚一年级，可以说可塑性还是很大的。我教育他时特别注意科学性，要求自己一定按教育原则来工作，要用心理学的理论来指导他，对待他，理解他，鼓励他。

首先，观察他，努力寻找他身上的闪光点。在他妈妈领着他和我第一见面时，我全神贯注地看着他：光头，满身满脸的土，一脸的嬉笑、满不在乎的神态。更令我吃惊的是，他妈妈在哭，他却瞅着妈妈笑。我心里想：这个孩子真奇怪。但是我马上想到自己的责任，态度诚恳地对他说："刘同学，妈妈是为你发愁，你不应该笑，你心里也着急才是个懂事的孩子。"他不笑了。我想：他能听懂我的话，有救！我要求他妈妈帮他把头发留起来，改变对他打骂的教育方法。我坚信，只要我能找到打开他心灵的钥匙，他内心深感不安处的闪光点就一定迸发出绚丽的火花。

其次，尊重他，关心他，唤起他做人的尊严。他第一次进班，我组织全班同学认真地开了一个欢迎会，使他感受到新集体的温暖。欢迎会上，同学说了许多热情洋溢的欢迎他的话，我让他表态时，他竟一句完整的话都说不上来，我是一句一句教他说完一段话的。当他在科任课上憋不住把大便拉到裤子里，我让同学不要讥笑他、嫌弃他，还帮他擦洗身子，把他的衣服从里到外都洗干净。他妈妈来接他时，感动得搂着我掉下了眼泪。从此，刘同学也和我亲近了许多。

最后，发现问题教育他，必须以理服人，用道理说服他。刘同学来我们班不到半个月，就打了30多个同学。一天课间，大家打乒乓球，他输了，同学一乐，说："下去！"他上去就是一拳，把同学打哭了，还理直气壮地说："我输了，他还气我，我生气，就打他。"我说："我让同学团结友爱，你不听，我也生气，我该怎么办？"他竟然说："扇我耳刮子！"这就是他处理问题的思维方法和习惯做法。我盯着他的眼睛，非常严肃的一字一句地说："我不能扇你耳刮子！打人不对！打人犯法！我们应该讲道理，不能动手打人。你不会讲理，才去打人，如果我打你，也是不讲理，我要不讲理，你说。对不对？""对。""好，你输了，他起哄不对，你该怎么办？""应该给他告老师。""你还可以告诉他，'我输了，本来心里就不好受，你一起哄，我就更难受了。'也许下次他就不起哄了。"他点点头，马上和同学道了歉，那个同学也做了自我批评。即使他常和同学发生矛盾，我也从不孤立他，从不罚他不许出教室玩，因为那是消极的限制。老师的一切态度都不能让孩子产生"我是坏孩子"的想法，我总是强调，"大家都是好孩子，就是有的同学缺点多一些，有些同学缺点少一些，缺点多的同学要注意改正，使自己变得更好。"用孤立的方法惩罚个别孩子是消极的做法，极其不利于孩子的进步。我只是要求这些孩子在和其他同学玩时要听从同学的劝告，要遵守游戏规则。

当他稍有进步时，就鼓励他，对他产生的问题要具体问题具体分析，要做到因材施教。几个星期过后，"打人不对"的观念在他头脑中逐步形成，产生了要改正错误的意识。好几次，大家都在安静地写作业，他会呼地一下子站起来，冒出一句："老师，以后我再也不打人了！"由于他的情况特殊，对于他的这种表现，我往往不是先批评他不守纪律，而是说："想改缺点我们欢迎，以后发言要先举手。"后来，他打人的次数确实少了许多。一次，我看到几个同学在打乒乓球，他一个人站在一边哭，我走过去问："刘同学，为什么哭？"他委屈地说："他们不让我玩。"在过去，他没理还打人呢，更何况现在他占了理。我批评了那几个同学："你们这样做可不对，应该团结同学，大家一起玩。"并当众表扬了他改了打人的缺点。多表扬，多鼓励，让孩子感受到成功的喜悦。我特别注意在刘同学身上实施这一教育原则。在他刚转入我班时，我就向全班同学讲明："因为他基础薄弱，做的只要和大家一样，就是进步，就应该受到表扬，你们不会认为我是偏心眼吧？"同学说："不会。"于是，对于他的点滴进步，我都给予肯定和鼓励。我这样做，也是教育同学要睁大眼睛注意发现他的进步。结果，他真的变了。

一次课间，同学排队跳长绳，绳子一绊，一个女孩子摔倒了，同学马上围过去把她扶起来，这时，刘同学也赶紧凑过去帮忙掸掉女孩身上的土。一个同学惊喜地指给我看："孙老师，你快看呀！"大家情不自禁地鼓起掌来。上课了，一个同学马上举手说："我称赞一个同学……"她把刘同学刚才的表现向全班同学说了一遍，教室里响起一片热烈的掌声，甚至有些同学发出了欢呼声。这时，刘同学站起来，文质彬彬地向大家深深鞠了一躬，并且说："谢谢大家，谢谢大家！"场面十分感人。老师和同学的惊喜，大家的掌声和欢呼声将在他的头脑中留下深刻的印象，成为他继续进步的动力。我把他的这一举动记进了中队光荣册，还特意给他拍了张彩照贴进光荣册里。这一切都是为了强化他的哪怕是偶尔出现的优良行为。我这样做，是为了使他本人相信"我是个好孩子"，也为了让大家相信"刘同学是个好学生"，这些观点都非常有利于他行为的改变。

在一个孩子进步的过程中，班主任要利用各种方式对孩子的优良品行进行正强化。在一次中队会上，面对礼堂里二百多听课的人，面对学校电视台的摄像机，刘同学清清楚楚地叙述了他进步的过程。我在帮助他准备发言稿的时候，特意让他加上帮助同学掸土的事。回想他在欢迎会期间一句完整话都说不上来到今天说了一大段话，我感到欣慰。他学习也主动了，每天都认真完成作业，本来字词作业只要求写两遍，他主动写四遍，我以为他没听明白，告诉他是两遍，他却说："我愿意写！"仍旧写四遍。我就在他的作业本的5分后面加上一个"好"字。一天，他对我说："我爸爸说，我要能得100分，他上天给我摘星星。"我说："星星摘不来，100分你一定能得上。"果然，默写字词，他不止一次地得了100分。一次数学测验，他得了91分，拿到卷子，先亲了卷子一下，然后腾地给我跪下了："谢谢老师！"他这一举动，吓了我一跳，看得出他高兴和激动的心情，我赶紧让他站起来，说："这也是你自己努力的结果。"四年级期末考试时，他的语文考94分，作文考87分，作文内容就是写他进步的过程，他还被评为校级"奋进生"。

他的爸爸见到我，激动得含着眼泪连鞠三个九十度大躬，说："您救了我的孩子，我真不知道应该怎样感谢您，想着写封大红喜报给学校领导，您准不同意，送您一本字典吧，备课用得着。"

在教育这个孩子的过程中，发挥老师集体的作用也是不可忽视的。每当他有一点进步，任课的每个老师都及时给予表扬，不仅如此，他们还及时告诉我他的进步，我就再一次进行表扬，用以巩固他的进步。当他加入少先队组织佩戴红领巾时，学校校长特意亲自为他戴红领巾，并且说："看到你进步这样大，入队了，我祝贺你！"从领导到老师的每一句鼓励的话语中，孩子得到的是成功的体验，给孩子以进步的力量。这样的心理辅导方法应该说是富有成效的。

如何对待有偷窃行为的学生

这里所指的偷窃不是法律意义上的偷窃，而是从社会学或者道德伦理角度来讲的。简单地说，是指那种有主观意图，将别人的财物在他人未知晓的情况下据为己有的行为。中小学生的偷窃行为动因比较单纯，主要表现为：①为某件事偶然引发，如看到同学漂亮的文具盒，想要占为己有；②一般事先没有预谋，也没有一定目标，常常是"触景生情""见财起义"而顺手牵羊；③很少想到行为后果，有时只图一时新鲜或满足一时之乐。中小学生的偷窃行为大多是从家庭开始的，常常伴有不同程度的说谎行为，由偷一些小物品而发展到偷贵重物品，从偷家里到邻里、学校及其他地方。正所谓"少时摸针，大时偷金"。

在中小学生中，有过偷窃行为的人比例较高。品德心理辅导的对象，主要是那种有小偷小摸习惯的不良行为者。如下述例子中的A，就属于偷窃行为，并且一般当成道德问题而不作为法律问题处理。

某校高三的一间女生寝室里，经常会出现一些小东西不翼而飞的现象：有时一支铅笔，有时一个笔记本，有时一双袜子……大家都觉得很奇怪，但都未仔细地想，也未怀疑同寝室的同学。直到有一天，学校开展卫生大检查，老师与同寝室几位同学一起整理内务时，无意中发现在A的床铺下面的大堆杂物，都是同学丢失的东西。于是，班主任把A叫到办公室让其说明原委。A承认这些东西都是她趁同学不在时拿的，并痛哭流涕地表示今后不会再犯。考虑到A平时表现较好，所偷东西总价也只有二三十元，再加之平时大家相处得不错，大家都原谅了她。学校也只在极小的范围内对她进行了批评教育。从此，该寝室再也没有出现过丢失东西的情况，事情就这样过去了。A后来也考进了大学。可谁知两年后，A被大学遣送回家了。从其他人那里得知，A进大学后常偷同学的日用品、文具及图书馆的书籍，后来在校外的书店偷书时被当场发现。经学校调查，发现A的行为不止一次。为了严肃校纪，教育本人，学校决定给予A勒令退学的处分。

案例中A的遭遇令人惋惜。那么，面对A这样的学生，尤其是在她的中学阶段。老师应该如何对她进行心理辅导，以避免悲剧的发生呢？

下面几种方法值得一试。

1. 预防性策略

（1）培养学生妥善保管财物的能力，并告诫学生不要向别人炫耀自己的贵重财物，钱财不可露眼。很多学生被偷东西往往是因为年纪小，没有戒心，或者是因为虚荣心作祟而向自己的同学炫耀自己的东西，这样可能会引起一些不良学生的不满，故意报复而偷窃。因此，老师在进行教育的时候，除了教育那些偷东西的学生，同样也要提醒其他同学，培养他们保管个人物品的能力。

（2）进行社会道德规范教育、法律常识教育，阐明偷窃带来的后果。社会规范是人们赖以生存和发展的重要因素，每一个社会成员都要依照一定的社会规范去思考、去行动，而如果大家都不遵守社会规范，那就没办法生存下去。初中生偷窃不论其严重与否，都已经违反了社会规范，因此要学生首先明确这一点，否则有些学生连自己违法犯罪了都不知道。所以说，要加强社会规范的宣传教育，提高学生遵守社会规范的自觉性。

（3）适当进行生活教育，树立正确财富观和价值观。由于现代社会信息交流非常迅捷，学生处于这样的社会中，既会接触好的东西，也会接触不良的东西，而有些学生在拜金主义的影响下，为了获得金钱就会不择手段；还有的小小年纪就很虚荣，看见别人有好玩的东西自己也非要不可，当父母不能满足他们的时候，他们就把"第三只手"伸向了自己的同学。因此，在学校教育的时候，要适当地针对学生的实际情况进行生活教育，让他们学会分辨是非，让他们明白财富是要靠自己的劳动和努力去获得的，虚荣不仅会影响自己的心理状态，还会影响自己和同学之间的关系，从而树立正确的财富观和价值观。

（4）进行自我控制能力的训练，增加学生的抗诱惑能力。在初中阶段的学生，心理都在发育、发展中，因此他们的意志力水平和耐挫力都是比较低的，好奇心很强，但是自我控制能力却很低，容易受外界诱惑。当他们受到外界不良信息影响的时候，他们就很容易摇摆不定甚至做出错误的决定。所以，在学校进行心理教育的时候，要针对这个阶段学生的心理特点，进行自我控制能力方面的训练，增加他们抵御诱惑的能力和耐挫力。

2. 即时辅导策略

当学生出现偷窃行为后，可采取下列方式对学生进行辅导。

（1）与学生讨论偷窃的动机、次数、时间、物品及得手后如何处理等问题。如果涉及盗窃集团，则更应进一步了解其组织、关联程度、为何涉入等问题，必要时与公安机关配合进行追查。

（2）与学生讲解相关的法律知识，说明偷窃可能造成的后果，并用"现实疗法"告诉当事人他必须对自己的行为负全部责任，社会将不会对他的行为负任何的责任。

（3）应用"角色转变法"，先让学生设身处地地想象失窃者的可能遭遇和感受，训练学生的同情心，让他能从他人的角度想问题，而不是总以自我为中心。

（4）如果学生是因为报复他人而去偷窃的，可以应用"理陛—情绪疗法"，引导学生检查和纠正报复的错误观念和学习正确解决需要满足的方式和途径。

（5）对于受威胁而去偷窃的，要及时制止恶势力对学生的威胁，让学生明白邪不胜正，那些人是会受到法律的制裁的。

（6）对报复父母型的偷窃行为，特别注意引导其以正当方式获得长辈的认可，减少其心里挫折不平衡感。

（7）适度满足个人的需求与家长共同探讨平日金钱的使用方法、零用钱的额度等问题。家长必须以身作则，培养子女勤俭、储蓄的好习惯。

当问题比较严重的时候，可以把学生转到相关部门帮助解决。

如何对待"大错不犯，小错不断"的学生

许多人都听说过这样一个故事。

巴西海顺远洋运输公司门前立着一块高 5 米 2 的石头，上面密密麻麻地刻满了葡萄牙文，那是关于责任的、让人心情沉重的真实故事。下面就是石头上所刻的文字：当巴西海顺远洋运输公司派出的救援船到达出事地点时，"环大西洋"号海轮消失了，21 名船员不见了，海面上只有一个救生电台有节奏地发着求救的摩尔码。救援人员看着平静的大海发呆，谁也想不明白在这个海况极好的地方到底发生了什么，导致这条最先进的船沉没。这时有人发现电台下面绑着一个密封的瓶子，打开瓶子，里面有一张纸条，21 种笔迹，上面写了如下内容。一水理查德：3 月 21 日。我在奥克兰港私自买了一个台灯，想给妻子写信时照明用。二副曼：我看见理查德拿着台灯回船，说了句这个台灯底座轻，船晃时别让它倒下来，但没有干涉。三副帕蒂：3 月 21 日下午船离港，我发现救生筏施放器有问题，就将救生筏绑在架子上。二水戴维斯：离港检查时，发现水手区的闭门器损坏，用铁丝将门绑牢。二管轮安特耳：我检查消防设施时，发现水手区的消防栓锈蚀，心想还有几天就到码头了，到时候再换。……最后是船长麦凯姆写的话：19 点半发现火灾时，理查德和苏勒的房间已经烧穿。一切糟糕透了，我们没有办法控制火情，而且火越来越大，直到整条船上都是火。我们每个人都犯了一点错误，但酿成了船毁人亡的大错……

正像船长写的那样，这 21 条生命和海轮是被小错吞噬掉的，由此可见小错也会酿成大祸。因此，在日常教育教学中重视和克服小错是十分必要的。但现在有部分学生有这样一种错误的认识：我只要不犯大错，犯点小错，甚至小错不断也是没关系的。他们没有意识到：有时候，成功与失败之间的距离就是一个小错。那么，班主任应该怎样对那些大错不犯小错不断的学生进

行心理辅导呢？

1. 相信每一个人都有一颗成为好人的心

苏霍姆林斯基说，每一个人都有一颗成为好人的心。作为班主任，在面对那些屡教不改的学生时，应该坚信只要引导得好，就一定能使其进步。有这样一种信念是极其重要的，它能让人在看不到希望的时候看到希望，在准备放弃的时候选择坚持，而这坚持是一颗灵魂得救的保障。曾有一位老师在一篇文章中写到，他的班有一个体育特长生迟到、早退、旷课、说脏话、上课睡觉、不交作业，甚至顶撞老师，和宿舍管理员发生冲突。他一次又一次地找这个学生谈心，找家长，但都收效甚微。最后在一次偶然事件当中，老师的言行触及了这个学生的心灵，彻底改变了这个学生。这个学生不仅在学校的运动会上为班级争得荣誉，而且在高考时考取了理想的大学。所以说，学生不断犯错，不是学生不可救药，而是教育者还没有找到好的契机和方法。

2. 让学生意识到，好习惯是在人神经系统中所存放的资本

乌申斯基说，好习惯是在人神经系统中所存放的资本，这个资本会不断地增长，一个人毕生就可以享用它的利息；而坏习惯是道德上无法偿清的债务，这种债务能以不断增长的利息折磨人，使他最好的创举失败，并把他引到道德破产的地步。因此，对于那些有大错小错不断的坏习惯的同学，班主任一定要从小事抓起。大哲学家柏拉图（Plato）有一次就因为一件小事毫不留情地训斥了一个小男孩，因为这个小男孩总是在玩一个很愚蠢的游戏。小男孩很不服气地说："您怎么能为了一点鸡毛蒜皮的小事如此责备我？""因为你经常这样做就不是鸡毛蒜皮的小事了。"柏拉图回答说，"你会养成一个终身受害的坏习惯。"所以，班主任应该关注、重视学生犯的这些小错，通过制订规章，运用强化机制来规范学生的言行。班主任还可以有意识地利用阅读课、黑板报和辩论会等形式向学生介绍一些因为不注意小节而失败，甚至酿成大祸的例子。通过营造良好的班级文化环境来培养他们的好习惯，使他们养成良好的生活、学习习惯。

3. 培养一个能够自治的人

赫伯特·斯宾塞（Herbert Spencer）说，记住你应该做的是培养一个能够自治的人，而不是一个要别人来管理的人。心的改变是真正的改变，是彻底的改变。外部的管理只是一个条件，要让大错不犯小错不断的学生实现真正的改变，必须从心灵上改变他们。班主任可引导他们根据《中学生守则》和《中学生日常行为规范》及校纪班规，进行自我衡量，自我评价，让他们逐步认识和克服自身的陋习及缺点。实施这一方法，班主任要做长期、细致的工作，要对学生在此期间的一些反复行为有充分的思想准备，要及时帮助受教育的学生总结、评价，深化自我认识，帮助学生找出自身与《中学生日

常行为规范》等准则和社会公德之间的差距，并经予一定的鼓励和督促，努力使他们变成一个自治的人。

总之，对于那些大错不犯小错不断的学生，班主任一定不能放弃，一定要坚信他们是可塑之才，一定要寻找适合的契机和方法从心灵上改变他们。

如何对待没有正确的审美观的学生

我们先看下面这个案例。

我们班有一女生，长得非常漂亮，也很爱美，就愿意听到别人说自己长得漂亮，也为自己漂亮的身材而自豪，幻想凭借自己的美貌，将来有一个美好的前途。但是她又担心自己失去美貌失去别人赞叹的目光，于是她竭力打扮自己，更怕自己身材肥胖而破坏体形，因此她又经常刻意减少饮食，由于长期过分地减少饮食，甚至发展到厌食，诱发了胃炎、心脏病、贫血等疾病。因多次住院治疗，耽误了很多课程，不得不休学。休学一段时间后，她回到学校不久旧病再次复发，到现在她已经是第二次休学后复学了。

复学来到新的班级后，她满怀希望想把学习搞好。把拉下的课程赶上去，可是在开学半个月后的一节自习课上，由于劳累及身体不适而晕倒，我与同学将其送到医院，她再次休养了一个多月，课程又落下了。这次的休学让她本来就脆弱的心理再次受到了创伤。

她为了自己有一个苗条的身材，不仅刻意打扮自己，而且一如既往地减少饮食，从而她的身体每况愈下。为了赢得漂亮女孩的风采，她也想认真读书，可是连续的休学请假使她无法完成学业，更不可能考上理想的学校。从此，她将自己孤立起来，在班级中不与任何同学交往，独来独往，性格变得既高傲又自卑，与同学格格不入，成为同学中的另类。

当今，随着生活水平的提高及社会的发展，一些初中学生尤其一些高中、大学的女孩子，把体形美看得过重，为了保持一个苗条的体形，这也不敢吃，那也怕超量，在饮食方面几乎到了"虐待"自己的程度。这位女生就是一个极端的代表者。爱美之心人皆有之，这本无过错。但如何认识美呢？我在了解到她的一些认识及同学中存在的一些普遍的偏激的看法后，就采用多种方法进行引导，如在班级开展了"青春与美"的主题教育辩论会。通过辩论使学生明确何为真正的美，美的内涵，外在的美丽并不代表内在和行为的美。请心理咨询老师和保健师进行专题辅导，讲解正确的审美观，也多次找这位同学谈话，帮助她正确认识美，教他如何调节自己的饮食，获得一个健康优美的体魄。在师生的共同努力下，她的审美观有些转变，开始逐渐地调节自己的心态，调节自己的饮食行为。

一年过去了，她的身体虽然还称不上健康，但她没再发生病倒休学的现象，我祝愿这个美丽女孩走好今后的成长之路。

为"美女"而奋斗的女孩在中学生中已经是不可忽视的群体。案例中的女孩是一个非常注重自己外在形象的孩子，为了维持自己苗条的形体刻意地下了一些功夫。这在学生中是不提倡的，因为学生时期毕竟是在长身体学知识的时期。这个女孩已经为维持自己的美丽形象付出了沉重的代价——因身体不健康不得不两次休学。

案例中的女孩，她的内心很脆弱，她有一颗高傲的心，认为自己比别的同学都漂亮、出色，她又有一颗自卑的心，连续的休学使学习受到影响，使其感到不如他人，甚至对升学失去信心。她每天生活在矛盾中，高傲使其看不起他人，自卑又使自己动摇了前进的勇气。如何施以心理辅导，拯救其脆弱的心灵，让班主任老师左右为难：说重了不妥，说轻了不顶用。

班主任郑老师运用心理学原理，在了解、理解、同情的基础上，抓住其爱美的特点、潜移默化地引导，让其自己醒悟。几次谈话，恰到好处，尊重学生，引发思考，足够的耐心，毫不放松地跟进，是本案例的一个特色。

有人说美不美主要在于心灵，可有的人说美丽的外表是女孩生存的资本。中学阶段的学生正是最爱美、最想去表现美的时期，同时也是他们人生观、世界观开始形成的时期。因此，对"美"有一个正确、恰当的理解，就显得尤为重要，引导他们树立健康、正确的审美情趣是教育者应引以重视的问题。而现实教育中对审美教育一直是一个薄弱的环节，作为班主任老师要及时对学生进行美育教育，加强学生美学知识的学习，增加审美知识的积累，使他们明确美是内在美与外在美的统一，而提高内在美才是最重要的。正如弗朗西斯·培根（Francis Bacon）所说，就形貌而言，自然美要胜于粉饰之美，而优雅的行为之美又胜于单纯的仪容之美。

如何对待盲目"追星"的学生

有不少学生尤其是中学生都可称得上是"追星族"，在每个人的心里都有自己的偶像。这些"星"在追星族的心目中光芒闪耀，魅力无穷。可以说，中学生追星现在已经成为一种普遍的潮流。而学生的偶像大多是影视歌星，只有少数人的偶像为艺术家或商人、作家等。现代中学生追星状况有逐渐变得疯狂的趋势，很多中学生盲目地"随大流"，疯狂地收集明星资料，书桌上、课本上、书包上、衣服上、钥匙上等各处挂满、贴满了歌星、影星、球星的照片、海报，他们甚至不惜投入大量的财力、精力去追捧自己喜欢的明星、心目中的偶像，那些偶像的一颦一笑、一举一动，都时刻牵动着他们的心，不少人更愿意为了自己的偶像而去改变自己，简直到了废寝忘食的地步，令许多家长、老师不知该如何是好，更甚的是，有的学生已经达到不可自拔的地步。为什么这些中学生会如此狂热地崇拜自己的偶像？造成悲剧的原因和根源是什么？老师应该怎样对待中学生的"追星情结"？

应该说，崇拜偶像是再正常不过的事了，因为他们让这个世界变得精彩。偶像，对于每个人来说不可缺少，那表示我们有能力去欣赏别人，表示我们的头脑心灵很健全。但是，追求和崇拜偶像应适可而止，得有度；过了，也许美事儿就变灾事儿了。在现实生活中，因为追星而出现的负面影响和悲剧是不可忽视的。

1. 影响学生的身心健康

不少中小学生，为了追星，不好好吃饭和睡觉，半宿半宿地听歌，整天昏昏沉沉地幻想，这明显影响了中小学生正在成长发育的身体，不利于他们的身心发展。有的学生为了追星，买彩照，买磁带，不得不节省买早餐的钱。过分追星会因模仿"星"的行为而失去自我，盲目崇拜偶像而失去人生追求。

2. 不利于学生道德品质的形成

中小学阶段是一个人的道德品质乃至人格培养、形成的关键时期，他们心中的榜样及其对榜样的模仿和行为，对他们整个精神面貌的形成，都有着至关重要的影响。如今，追星族因为对明星偶像的崇拜而产生了"晕轮效应"，对他们的生活习性、爱好、穿着，甚至宠物都盲目地模仿、追求、喜爱起来。比如，他们刻意模仿明星的发式、衣着，到处打听明星的嗜好，自己也学着去做。有一个中学生听说某明星不爱吃某种菜，自己也就不再吃。这种盲目模仿，并不利于中小学生道德品质的形成。另外，追星的钱从哪儿来？如果只是节约买早餐的钱，那只是危害身体，如果为了钱走上了歧途，那问题就严重了。

有一个学生，为了买高昂的门票，绞尽脑汁，无计可施，最后不得不向家长伸手，但她清楚地知道，父母是绝不会给她钱让她去看某歌星的演唱会的。怎么办？只好骗。于是她以买书、买本、买笔、还同学钱、捐款、帮助同学等多种借口，向爸爸、妈妈、爷爷、奶奶、姥爷、姥姥、舅舅等索要了数百元，加上自己节省的零用钱，好容易凑够了，等她欣喜若狂地到售票处时才知道，正门是买不到票的，而票价已被票贩子"炒"到了更高的价格。焦急无奈的她这时应该悬崖勒马了，但对某位歌星已经追得走火入魔的她，为了一睹心中偶像的庐山真面目，不惜铤而走险——把本来是纯洁无瑕的手伸向父亲的钱包……当然钱是没"偷"到，票也没买成，但可悲的是，她为此付出了相当大的代价。她学会说谎，并向着不光彩的行为迈出了第一步，走到了犯错误的悬崖。

3. 不同程度地加重了家庭的经济负担

中小学生追星需要花费大量的金钱，从而加重了父母的经济负担。调查发现，学生愿花 100 元以上追星的人占了 40.9 %；有 36.4% 的学生为追星可花 50～100 元；22.7 % 的学生只愿花 50 元以内。其中，有学生曾花 600 元买与明星有关的服饰，有的最多的花到 1 000 元。追星所花成本，到底占到了学生生活费的多少比例？有 91.7 % 的人回答在 50 % 以内，一般为 20 %；有 8.3 % 的人回答占了 50% 以上，其中有同学竟称占了 90 %。调查显示，每个月花 50 % 以内买娱乐杂志的学生最多，占了 85.4 %，一般在 20～30 元间；花 50～100 元买杂志的，占了 9.8 %；花 100 元以上的更少，占 4.8 %。但一年下来少则几百元，多则上千元。明星的唱片不如杂志出版那么频繁，一般一年才有一张，这方面学生的花费要"大方"一些。他们中会掏出 50～100 元买唱片的人最多，占了 41.5 %；掏 50 元以内买唱片的人则占了 36.6 %；花 100 元以上的人也不少，占 22 %。其中，贵的唱片有 200 元、280 元、315 元、500 元等档次。

4. 让坏人混水摸鱼，增加社会不安定因素

有人群，就有好坏，天真烂漫的少男少女一心追星，就难免有不法之徒混水摸鱼了。

由于追星族的过度狂热，也为社会增加了不安定因素。每次歌星开演唱会、见面会，都存在不安定因素。场内场外（没票的歌迷从始至终等在场外）狂呼乱叫，歌迷对歌星围、追、堵、截，歌迷要求他们所崇拜的歌星签名等，都有可以造成人身的伤害，如某明星开演唱会时，歌迷为抢气球，而被踩成重伤。至于演出场地周围混乱、小偷伺机作案等，那更不在话下了。

再有，歌星每次演出，票价本来已经定得很高了，但由于捧场者众多，供不应求，导致票价被票贩子一炒再炒，高得吓人，钱源源流入票贩子的腰包，反而给他们开了一条"致富之路"，这恐怕也是"发烧"的少男少女所始料未及的。

5. 追星不但浪费金钱，而且浪费时间

俗语说："一寸光阴一寸金，寸金难买寸光阴。""追星族"把他们的时间都花在"星"的身上而荒废了学习，太不值得了。中小学生没有很好的自控能力，一旦追了星，很多人都会不可自拔，从而荒废学业。如果他们都把追星的精力花在学习上，进步一定不小。

为什么学生会如此追星？

中小学生追星是因为他们需要偶像。中小学生正处于自我发现和自我确定时期，他们需要一个模式来参照，要不然他们很难完成自我确立的任务。

偶像是他们的理想的自我载体。中小学生正好处于好幻想的时期，当自己的很多想法无法实现时，就只好借助偶像的崇拜来达到心理的平衡和补偿了。另外一个原因就是借追星来摆脱孤独。中学生随着自我的萌芽，他们开始关注内部世界，有许多事情他们都不再挂在嘴边上，而是装在心里。他们不愿意把有些事情和家长说，更不愿意把一些事情告诉老师，这时他们愿意和远处的人交流，享受着遥远的亲密感，自己不仅感到自由也觉得安全，精神上也可以有所寄托。所以，只要没有影响到学生的正常生活，大人倒是没有必要为他们的行为感到小惊大怪的。

大多数学生追星从十一岁前后开始，十二三岁比较明显，到十六岁以后开始消退，因为这个时期的孩子通常被无意义感困扰，追星帮他们找到了生活的意义。具体讲，追星的原因主要如下。

1. 发现理想自我

少男少女在最爱编织梦幻的季节里编织未来的理想自己的梦，并从所崇拜的"星"身上，印证他们的梦。他们追星的过程，实际上也是一个为自己设计勾画理想自我形象，并使这理想的自我形象逐步成为自我的过程。所以，他们为那些与他们心目中理想自我形象相似的"星"，捧出了自己最真诚的感情和最热情、最强烈的崇拜。之所以有如此大的吸引力令这么多的中学生追星，是因为那些"星"做出了追星族想做而又不敢做的事情。

在影视剧中，剧中的人物经常被刻画得很美好，经常过于夸张和被渲染得十分完美。现实生活中这些大多是不可能发生的，但影视剧中塑造的偶像却能做到。他们不但外表英俊潇洒、漂亮，他们的人格、形象也被塑造得很完美。他们举止温文尔雅，大方得体，善解人意同时又浪漫不羁。这些形象正是中小学生对未来生活的一些理想定位，正迎合了他们的口味。但有时现实又不能满足他们，这会让他们感到失望或有强烈的挫折感，所以就从这些影视剧中寻求慰藉。

2. 追求时髦

现代的生活潮流、多彩的社会风景，促使少男少女总想成为多彩社会中独特的一族、现代潮流中腾跃的浪花。这是众多追星少男少女的心态。很多人并没有自己独特的喜好，他们的明星剪贴薄跟着潮流走。社会上流行什么，他们就追什么。哪位歌星走红，他们就追哪一位。今天梳着披肩发，一副清纯浪漫模样；明天描了黑眼圈，模仿某明星的忧郁伤感。

3. 崇拜心理

中小学生所追的"星"，男的大多英俊潇洒、风流偶傥，扮演的也多是些义胆冲天、侠骨柔肠的铮铮铁汉；女的则羞花闭月、沉鱼落雁，扮演的也多是些娇媚可人、善良温柔的亭亭玉女；球星也都英俊、气质逼人，在赛场上更有翻云覆雨、左右全局之势。这些难免让正在处在青春期的少男少女羡慕、迷恋、崇拜，甚至疯狂。在心理学上，前一种崇拜形态可谓表层性欣赏，其特点是重点欣赏偶像人物的形象特征（如容貌、身材、发型、服饰、动作等）。它还可能导致对偶像认知的"光环效应"，把偶像身上的一切都看得尽善尽美，即使他有什么缺点，也会被淡化。这就好比在偶像的身上镀上一层又一层的金边，使其愈加金光灿烂，光彩照人。从心理学来看，中学生正处于懵懂的青春期，对于社会的理解还只是一个混沌的概念，对未来也充满了美好的幻想和憧憬。而偶像多数是以他们亮丽的外在美作为自己最大的取胜资本，成群的少男少女成了他们的"俘虏"，借助对偶像的崇拜来达到心理的平衡和补偿。

4. 从众心理

在中学生中，追星现象很普遍，势力也很大，导致本来没多大心情追星的同学，为了不被看作"落伍"，不被视为"异端"，也加入了追星队伍。

5. 借追求来摆脱孤独

中小学生由于身心发展问题，极易陷入孤独状态，封闭自己，他们常通过追星来取得内心的相对平衡。他们愿意和远处的人交流，享受着遥远的亲密感，自己不仅感到自由也觉得安全，精神上也可以有所寄托。

6. 媒体的造势

由于现在各类媒体都在谈论、评价并大力为这些"星"宣传、做广告，把一颗颗不显眼的"星"造得闪烁，让他们一夜成名。一触即发的追星族趋势，和我国媒体的大肆渲染有关。如今国内的媒介对明星的炒作起到了推波助澜的作用，使得众多的新星层出不穷。那么多的"星"，总有让自己喜欢的、心动的，学生当然避免不了追星的萌动之情。

7. 社会转型时期的价值观念变迁

改革开放以后，我国开始了从乡村社会向城市社会、从农业社会向工业社会、从伦理社会向法理社会的转型，这种由传统社会结构向现代社会结构的转型，深刻地影响着人们的价值观念与行动取向，社会价值观念发生了深刻变化。价值观念的变化使人们精神世界的偶像类型也发生着变化：从崇拜政治型偶像、道德型偶像、神圣型偶像向崇拜成就型偶像、生活型偶像、个性化偶像的方向转变。这正是那些气质迷人、有所成就、富于情趣的明星受到当今少男少女青睐的原因。

那么，面对学生追星族，老师该如何施以心理辅导呢？

我们还是先来看一个案例。

一、个案情况

一个初三男生，他的问题是最近心烦意乱，非常想去意大利看他心目中的偶像：一位出色的足球名将。他已经向家长提出买飞机票的想法，并说："这个钱算借，以后工作了会还的。"看得出，这个男生自己也深感苦恼。他说："我去意大利，见了他，回来以后就可以专心学习了。我相信，到那时候，我一定会认认真真复习，中考不会有问题的。现在这样，难受死了！"因为一心只想和自己崇拜的"英雄"亲密接触，他坐在课堂里，心神难定，回家后，更是心猿意马。前不久的期中考试成绩，有明显下滑趋势。母亲担心就这么下去，他会与原本没有问题的重点高中失之交臂。

二、咨询方法

1. 表达同感

心理辅导老师在辅导时，首先肯定他的偶像选择很好。体育场上的强者那么勇敢、自信、意志坚强，临场反应迅速，又有极强的爆发力，这样的英雄气概是很多中学生所选择的歌星偶像无法比的。老师还告诉他，自己曾经对足球毫无兴趣，但自从因为有中国队参加而看了那届世界杯赛后，现在也很喜欢看了，他的偶像自己也很欣赏。之后，老师发现他的目光比刚才亮了些，表明两人的心理距离拉近了。

2. 引导他思考可能面对的结果

"选择偶像，是希望自己能成为偶像这样的人（更多是精神方面）。但现在，显然因为过于迷恋，已经对自己的生活和学习造成一定的不良影响，相信这肯定不是你的偶像所希望的"。同时，告诉他：这些明星在绿茵场上、舞台上、广告中，绝对是公开的，但是在离开这些地方后，也绝对是隐蔽的。像他这样的中学生思想太单纯，阅历太浅，才会产生如此幼稚的主张。"你花那么多钱飞到意大利去，你就能见到他吗？就算你万分幸运遇到他，你又能怎么样？

3. 探讨其他方法

对他讲"有趣的事情"，如一些媒体披露过的中学生荒唐追星的故事，从反面案例中启发。他听着听着，渐露笑容。他的领悟力很强，点点头说："我懂了。"为了让他更加安心，还有其他的方法可以试一下，那就是给对方写封信（当然只能寄到对方效力的俱乐部)，把自己对他想说的话全都写在上面，但不要期望一定能收到他的回信，因为他可能每天都收到从世界各地寄来的成千上万封信件。不过，一个中国学生的信，也许会让他的秘书之类负责处理的人产生特别的兴趣。反正抱着"管它有没有结果，我写写，把自己的思念和渴望传递过去就是了"。刚说到这里，他已经站了起来，扬扬手，快乐地说："好了，没问题了，我知道了。"其实，把信放进漂流瓶中，丢进黄河，也是很有趣的事。

老师是影响学生心理发展的重要人物，对学生的追星现象进行合理的引导是老师义不容辞的责任。对中小学生自发产生的"偶像崇拜"心理和行为进行干预和适当介入，通过对一些有成就的人物进行分析、比较，让中小学生从中选择；通过鼓励中小学生主动参与活动，积极思考，来实现自我选择与自我反思的结合、内心释放与理性增长的结合。从某种意义上说，学生的"追星"显示了他们对成功的向往。如果老师注意培育一种多元化的学校文化，让学生在单一的学习之余有更多的人际交往和良性互动，通过各种社团组织发展他们的特长，搭建成功舞台，让他们体会到成功的快乐，那么"追星"可以转化为对成功的自我激励，借以促进中小学生个人的心理成熟和健康发展。

1. 调试好学生的追星心理

当学生有追星的外在言行表现时，老师应适当介入，要向学生说明这种心理的正常性（青春期的孩子在心目当中形成一个自恋性的偶像，一般来说会在现实生活当中慢慢地得到修正，逐渐放弃自恋性的幻想）；要表明自己的观点"不反对也不提倡个人偶像崇拜"；要引导学生把握分寸，对偶像的追随不是光看外表，更重要的是看其人品如何，是欣赏其歌，钦佩其才，而不能迷恋其人，不能只看到他们风光的现在，更要明白他们曾经艰辛的付出；要正确处理与学习的关系，不能因追星而荒废学业，虚度青春。追星应是学习的动力，而不能成为学习的阻力。

2. 加强学生的自尊教育

学生盲目追星其实是迷失自我、丧失自尊的表现。要让学生明白，每个人都有自己独特的一面，都有自己的优点和长处、缺点与不足。明星也是凡人，不是神明，他们同样也有缺点和不足。但他们是公众人物，只不过在公众场合通过巧妙手段，掩盖了许多不为人知的缺点罢了。如果忽视自己的特点而盲目从众，就是对自己的不尊，同时也必然造成对他人的不敬，因为一个连自己都不尊重的人，怎会尊重他人。老师要引导学生细致地剖析自己，了解自己的优势和劣势；深刻地洞悉他人，学习别人的长处和优点，取他山之石，塑健全人格。教会学生尊重自己，维护自我尊严，只有这样才会换来别人对自己的尊重，也才会学会尊重他人，爱戴他人。

3. 重视学生的家庭指导

在学生成长的烦恼中，父母无疑是解惑的重要人物，甚至起到举足轻重的榜样作用。所以，老师在学生追星方面要给予家长正确的指导，提醒他们要用亲情感化，启发子女面对现实、摈弃幻想，引导子女珍爱自己，关爱家人，不能对子女的追星提供物质和精神的支撑，如刻意花钱购买明星的物品装扮子女，领着子女东奔西跑追觅"星迹"等，这只会导致子女在"追星"的幻想中不能自拔，加速其远离现实的轨道，从而无法成为一个完整的社会人。

如何对待爱搞"恶作剧"的学生

我们先看下面这个案例。

张明是有名的调皮大王，打仗、骂人、不守纪律、不写作业是常事。最头痛的是他的恶作剧：把同学课本藏起来，把橡皮泥沾在女生头发上，在同学的饮用水中洒上粉笔末，简直让老师、同学防不胜防。

张明父母平日工作繁忙，没有时间教育孩子，而父母周围的人又都宠爱他，使他养成了这种缺乏自制，善恶不明的散漫习惯。

张明是一个不受老师喜欢的学生。老师的"偏心"惩罚，越发加剧了他的逆反心理。

人的一切行为都是有目的性的，而目的性如何，取决于观点。当观点正确时，才能使行为方向端正。小学生的意志行为已经存在动机斗争，其动机斗争有两个特点：第一，儿童不善于运用抽象原则来帮助进行动机斗争，更多的是被具体事件所左右；第二，儿童在动机斗争时，当前的事件比过去或将来的事件更有推动力。那么，针对案例中张明的这种情况，怎样的心理辅导才有效呢？我们接着看案例中老师的做法。

老师节的早晨，当我走进教室的时候，黑板上早已装饰得五彩缤纷，班长代表全班同学送给我一个小而精致的影集。打开第一页"师恩难忘"四个大字映入眼帘。从第二页开始，便是同学送我的节日贺卡，我怀着激动而兴奋的心情翻看着，怎么没有张明的名字呢？我又翻看了一遍，确实没有。

"张明，今天是老师的节日，你也应该跟老师说句心里话，给老师提意见也行啊！"我亲切地说。

张明没有说话，其他同学却七嘴八舌地说起来：

"张明说，影集应该由全班同学一起送给老师，让班长代表，他不同意。"

"张明还说，应该为老师送一个大大的礼物，就送张贺卡，太没劲了。"

我看张明坐在座位上不说话，便走到他跟前说："张明，你知道老师想得到什么礼物吗？"

"好成绩。"他不假思索地说。

"你说得很好，老师希望你好好学习，取得好成绩，老师还希望你与同学和睦相处。"我说这话的时候，他好像并没有听，而是在看我手中的影集。我又说："你是不是很喜欢这个影集啊？那好，老师就让你来保管它。你可不要小看它，那可是全班同学对老师的祝福啊！"

"决不能让他保管，他一天犯那么多错误，政教处的小黑板上几乎天天都有他的名字，这样的坏学生，怎么能保管这样珍贵的东西呢？"一位同学马上表示反对。

他用眼睛狠狠地瞪着那个刚才说话的同学。我耐着性子继续对张明说："老师相信你能保管好，不过老师有一个小小的要求，你可一定要做到啊！从现在起，你每犯一次错误，就从这个影集拆下一页，并在那一页记上时间、地点、犯下什么错误，是这个星期的第几次。"

一个星期过去了，他一共拆了下10张，其中恶作剧6次，违反学校纪律被政教处登小黑板4次，在这短短的一周内，他似乎跟以前没有什么两样，但越往后，时间隔的越长。从这可以看出，他还是很在乎那个影集的。我一边翻看，一边说："唉，一个星期以后，老师的祝福就全没了。"他低下头，似乎很惭愧，这是我第一次看到他这种神态。

我想他应该是第一次知道自己一周内犯10次错误是这样惊人的数字。

第二个星期拆卜9次，与第一周比，这是一个了不起的进步。第三个星期拆下4张，第四个星期拆下1张。以后的几个星期里，有时候一两张，有时候1张也没有。

他完全变了。渐渐地，他改掉了爱搞恶作剧的毛病，并且期末被评为礼仪队员。

本案例的精彩之处是辅导老师能够抓住日常生活中的时机、事件，与调皮大王进行周旋，最终使他改掉了恶作剧的毛病。在辅导中，老师采用了行为治疗方法。通过拆下学生特别心爱的影集页，使学生自己看到了自己的错误。对于专爱搞恶作剧的调皮大王，采取简单粗暴的方法是无济于事的，关键是要给他自我完善的机会。在这个过程中，老师一定要给予肯定和赞赏。这样不仅能够使他改掉毛病，更重要地是能够使其学会自律，使他一生受益。

这个案例值得我们借鉴。

如何对待爱说脏话的学生

曾在网上见过一名老师（网名：木木可可）写的请求帮助的文章。他这样写道：

"有一名男生特别爱讲脏话，我刚接这个六（4）班时，他甚至在课堂上也口出脏言，课后就更不用说了。我曾经找他谈过，他告诉我说是在四年级时看一些港台电影学会的，他也知道说脏话不对，让全班同学讨厌，可他就是改不掉。我一方面转移他的注意力，在课堂上引导他多思考，多发言，不给他讲脏话的机会，另一方面在他讲过脏话后进行严厉的批评。

后来，他的确进步很大，不再经常说脏话了，可是好景不长，他又开始了！

我现在对这个问题很头痛，希望得到您的帮助，谢谢！（木木可可）"

案例中的男生爱说脏话，无疑具有心理方面的原因，那么该如何对他施以心理辅导呢？通常认为，首先应该"确诊"他爱说脏话的具体原因。

他说他的脏话是从港台电影学会的，恐怕不是这样简单。许多孩子都看过同样电影，为什么不骂人？可能还有其他原因。

（1）关注一下他的情绪是否有问题。学生如果被家庭问题、人际关系问题、学习问题搞得很郁闷，或者很自卑，有的人是要用骂人来发泄的。他骂完后，心里痛快。果真如此，解决了他的情绪问题，让他看到自己进步的希望，才能挖掉骂人的根子。

（2）查一查他的家庭教育。如果家长管得过严（用骂人发泄），或者管得过松（为所欲为），或者家长本人就爱骂人（上行下效），孩子都有可能骂人。如果有这种情况，应做做家长的工作。

（3）仔细调查一下班里是否还有其他人和他一样爱骂人，只不过比较隐蔽。如果有这种情况，那他骂人就有土壤。解决了土壤问题，有助于纠正他的骂人现象。

（4）观察一下他骂人时的表情。如果特想通过骂人来吸引什么人，从表情上是能够看出来的。果真如此，去做做那个他想吸引的人的工作，让他们在此生骂人时作木头人状，效果会很好。

最好少批评，虽然批评可能很正确，但是若不起作用，就要想主意、换办法。例如：可以和他约定，每当他当众骂人时，老师就不声不响地递给他一块餐巾纸，让他擦擦嘴；可以把他骂人的话录下来，让他自己耐心听下去。

这些办法可能比严厉批评给他的印象更深刻。但注意不要把孩子搞得太难堪。有些人骂人的毛病与年龄有关，最好一边教育，一边等待。

总之，爱说脏话的恶习，经过辅导，是可以改正的。

如何对待迷恋网络的学生

我们先来看两个案例。

一、高一的小草本是个成绩全优的好学生，自从迷上网络，她每天要花4个小时甚至更多的时间待在聊天室，与人分享她的快乐、痛苦、不安和恐惧。到了周末，甚至整天待在电脑前。一年不到，她的成绩变得一塌糊涂，而视力也下降得惊人，并开始出现躯体症状。她疏远了现实的朋友，逃避家人对她的关心。

二、张旦是某市高一学生，家里条件甚为优越，但是父母对她的零用钱却算计很清。固定的早餐、午餐和公车费算过后已经所剩无几，可她正处于爱打扮、互相攀比的年龄，没办法，只能从生活费里节省。

渐渐地，她强烈地觉得要自力更生了，甚至学着别人在网上开个人商店，经营一些小东西。可是只能倒卖自己不用的二手货，响应者很少。

一个偶然的机会，她的网友邀请好参加联众游戏里的"财富游戏"，这种游戏比较简单易学，更重要的是，玩家在网上手持虚拟货币，通过联众的部分棋牌类游戏进行网络竞技，最后按自己手中的虚拟货币分输赢，这种游戏与其他网络游戏最大的不同是，虚拟货币可以在线下与现实货币进行兑换。她第一次出手输了50元，但没有接对方给的卡号把钱汇出去。她认为是自己初次玩技术不精，再说她也不舍得给别人钱。

第二次她赢了80块，她半信半疑地把自己的地址告诉输家，没想到一个星期后她竟然收到了对方的80块！太刺激了！还有这么赚钱的游戏呀，开始几个月里，她的手气很好，总是在赢，最多的时候她竟然一次赢了350块！

这样的"好运气"让她对"财富"的幻想一发不可收拾，她开始逃课，周末的时候找许多理由跑出去上网！父母成天忙了生意不太理会，没想到他们的女儿已经疯狂地迷上了"财富"。

第三个月，她开始倒霉，一直在输。赢的钱迅速填回去，也疯狂地想再找到昔日的好运气，她开始跟父母骗钱，跟同学借钱，有时候赢，有时候输，到最后学习一落千丈。她总是奢望靠玩游戏成为大富翁，直到前不久她一次输掉了1 200块，她没有按对方的地址汇钱过去，对方带了几个人找到她把她揍了一顿，她才知道网络赌博其实和现实赌博一样残酷无情。

近年来，中国的因特网日益火爆，蓬勃发展。它正以疯狂的速度渗透到社会的各个角落，它改变着我们的生活，它所带来的影响远远超过了人们的想象。网络将使以制造业为中心的工业社会转化为以信息产业为中心的信息社会。在信息社会，人类生活的各个方面都将不同于以往，地球村将正式成为一种可以触摸的概念，变得实在起来，尽管网络本身是虚幻而难以描述的存在。不可否认的是，因特网给人们带来了无数的便利和改变。它无疑可以称得上是一项伟大的技术。

但是，因特网也像其他事物一样，在产生积极影响的同时，也会产生一些消极的效应。特别是中小学生，当他们面对这些五彩十色的外部信息时，由于年龄较小，自制能力弱，好奇心强，还尚未形成较为成熟的是非观和判断能力，很容易受其中一些不良信息的影响。不同的网络活动对中小学生心理的影响是不同的。对于他们来说，因特网是"大灰狼"还是"牧羊犬"，不得而知。

1. 不利于健康性格的培养

网络暴力文化的肆虐造成中小学生的人性危机，使他们的个性趋于暴戾凶残，甚至丧失行为的自控能力，危害社会。

网络暴力文化是指互联网中宣扬的用暴力手段来解决人们日常生活中的问题文化观念。暴力文化认为暴力并不是非法行为，而是人们生活的重要组成部分，是解决问题的重要手段。在这种文化氛围中，暴力作为一种价值观念已渗透到群体成员的品质之中，他们把使用暴力看成理所当然的事，甚至崇尚暴力，而对于未使用暴力者歧视或排斥。这种暴力文化对沉迷于网络中的中小学生影响尤为深刻。

有人做过统计，在互联网上流动的非教育信息中，有 70 %涉及暴力。境内外的暴力文化在网络上的表现主要是枪战、暗杀、绑架、武装走私、贩毒、武打、帮派行会、有组织犯罪等。美国"9·11"恐怖事件发生时，一些正在看电视的少年纵情大叫"真酷"，以为新闻报道是电视剧，因为在电子游戏中就有飞机撞大楼的暴力情节。现在，网络暴力文化冲击校园，一些中小学生深受其害，学会了用以暴制暴的方式解决矛盾。网络暴力文化的肆虐使中小学生人性泯灭，以致丧失自控能力。心理学者认为：中小学生的斗殴往往是在盲从、冲动和不计后果的情况下完成的。无论家庭、学校，还是社会，都有责任关心中小学生的成长，关注他们的精神世界，培养他们的健康心理和健全人格。

2. 影响学生良好道德品质的形成

网络黑客文化的侵袭造成中小学生的信任危机，使他们在尔虞我诈的虚拟环境中丧失基本的责任感和正义感。"网络黑客文化"是指互联网中以黑客行为为乐的文化观念。黑客攻击网络已不是新鲜事。据统计，全球平均每20 秒就发生一次网上入侵事件。网络黑客攻击网络主要有几种原因：炫耀其超人的电脑技术、窃取网络相关资料、表达对网站的抗议或不满及其他因素等。

国内网络出现一种先攻击网站，然后敲诈勒索，甚至索要"保护费"的黑客，其行为如黑社会势力，因而被网络公司视为"网上黑社会"。这往往使涉世未深的中小学生产生人与人之间的信任危机，安全需要得不到保障。同时，进入互联网的中小学生往往会受到网络黑客文化的影响而产生道德失范的意识与行为。一方面，中小学生认为网络上很难讲道德；另一方面，他们有意或无意地做些违反道德规范的行为。

3. 影响学生正确价值观的形成

"网络泡沫文化"是形容那些通过网络连续不断地向大众传递的经过渲染的文化信息，尤其是那些经过包装和夸大的低俗的意识形态、价值理念（如个人主义、享乐主义等）。这些网络泡沫文化会瓦解教育主渠道的权威性，毁掉构建的真善美的标准，对中小学生的人生观、道德观产生巨大冲击，造成中小学生的价值观危机，使中小学生自我迷失。

这是一种"新形式的殖民主义"。这种价值观"侵略"，无形中会使中小学生产生认同，使他们的人生观和道德观紊乱，丧失辨别是非的能力。例如，网络对某知名富豪"超级暴富"和"网络神话"的过度渲染，造成了中小学生对他的盲目崇拜，甚至效法他的中途退学，创办公司、企业，完全不顾环境的约束。可见，崇尚新知识、思想活跃、人生观和道德观尚未完全成熟的中小学生面临严峻的网络文化考验，不少中小学生可能因上网"饥不择食"而导致价值观危机。

4.造成学生的信念危机

网络黑色文化的攻击造成中小学生的信念危机，使他们的信仰支柱产生动摇，甚至迷失自我，丧失上进心。网络黑色文化是指互联网中刻意制造的社会政治、经济、组织混乱的信息。网络社会提供了一个独特的虚拟环境——电子空间，网民以"隐形人"身份在网上自由操作，摆脱了现实社会诸多人际关系的束缚，极易放纵自己的行为，忘却社会责任，丧失道德。有人利用互联网发布黑色信息，从封建迷信到反动言论，都通过互联网迅速传播，一些非法组织通过互联网发布危害国家安全的信息，蛊惑人心。网络空间上的这种思想斗争、意识形态斗争，对任何一个国家的安全、意识形态、执政方式和社会道德规范都提出了严峻的挑战，这是教育工作者不得不予以密切关注的。在这种"电子炸弹"的狂轰滥炸中，中小学生极易迷失方向，信仰产生动摇，民族自尊心、自豪感产生动摇，从而丧失奋发向上的信心和动力。这对于一个民族，一个国家来说是相当危险的，老师必须认真对待网络黑色文化的流毒，保持自己民族的优良文化传统。

5.不利于形成健康的性观念和性心理

网络黄色文化的扩散造成中小学生的性心理危机，形成不健康的性观念和扭曲的性心理。网络黄色文化是指互联网中充斥的不健康的性文化。在网络上，要得到含有色情内容的图片、数字影像、文字是一件轻而易举的事情。目前，世界上的色情信息网站多达几十万家，在互联网上可以随便点击。这对自制力较差，且正处于性意识确立和发展的关键时期的中小学生来讲，可谓贻害无穷。淫秽色情制品通过网络对中小学生造成"黄色污染"，严重摧残着中小学生的身心健康。近年来，我国中小学生因有意无意访问色情网站而走上堕落和犯罪道路的案例时有披露。此外，热衷于"网恋"的中小学生经常沉迷于转换性别角色和社会角色来上网交友、谈情、游戏，容易产生性别角色心理问题，形成不健康的性观念和扭曲的性心理。

所以说，当学生分享网络便利的同时，也给教育者带来了新的课题——如何对待学生因网络影响身心健康发展的问题。在目前网络立法还不健全的情况下，学校教育要根据中学生的心理、生理特点，主动积极地开展有意义的心理辅导活动，构建中学生网络道德教育体系，积极教育引导中学生接受有益的网络知识，以正确心态对待网络，避免因迷恋网络带来的心理和生理问题。

6. 要关爱学生的内心需要，关注学生的心理健康

市场经济的多元化、信息化、开放性和多样性，必定对人的价值取向的多样性和人格的多重性影响深远，这对正处于成长期的中小学生来说则在可能性上加剧了这一影响。从小的环境来看，当代中小学生基本上是独生子女，物质相对丰富，而且现在社会生活节奏加快，不少父母因为工作忙碌，无暇与子女交流、谈心，部分家长只关心学生的学习，忽视了学生的心理感受，导致学生内心孤独、精神世界空虚。网络的出现为这些学生提供了交流的场所和环境。但由于网络自身的虚拟性和无节制、无道德性，进一步加剧学生与社会的隔离，引发了中小学生的网络人格与现实人格的扭曲和背离。这就要求学校教育、家庭教育都要从学生的心理、生理发展规律出发，尊重学生的心理感受，引导学生正确认识自我。

7. 要给予学生生活体验的空间，参加社会实践活动的机会

当代中小学生是在安定优越的社会环境中成长的。由于学校、家庭从他们的安全等原因出发，制造了一个相对封闭的成长空间，从而使用学生的心理脆弱，意志力不强，抗诱惑能力、抗挫折能力较低，对生活的认识层面，个人体验少。渴望参与的愿望在现实社会中不能实现，就在网络虚拟中放大甚至泛滥。可以说，学生对网络的热衷与沉迷，在一定意义上就是对现实生活中缺乏体验的一种矫枉过正。让学生参与社会实践活动，接触社会、了解社会生活，在生活中体验，在体验中认识社会、认识自我，正确地面对挫折和失败，从而确立正确的人生观、价值观和世界观。

8. 将中小学生的求知欲引向正确的轨道

老师应设法引导中小学生的求知方向。从现代中小学生积极向上、求知欲望高涨的心理特点出发，帮助他们树立远大的目标，培养其高尚的情操，增强其自控能力。例如，学校要经常开展各种文体活动，"双休日""寒暑假"举办各种兴趣小组活动、社会调查活动和各种特色培训班，积极鼓励其参加社会实践活动，有意识地将中小学生的视线从网络上转移开。

9. 开展正常的性知识教育，消除对性的神秘感

老师可通过心理健康课程或心理健康讲座等方式，对其进行一些性知识的教育讲解，如请有关心理专家或医生做心理卫生辅导和青春期卫生及性知识教育，对于中小学生在成长过程中出现的性生理现象和性困惑，切不可因觉得不便而敷衍了事。在性教育方面，学校应及时开设正式的性知识教育课，

消除中小学生对性的神秘心理，使中小学生对性有正确的认识，以消除对黄色网站的热衷或迷惑。

10. 做好上网学生的心理疏导工作

网络世界的精彩丰富和网络文化的简单快捷，对学业重负下的中小学生具有极大吸引力，因而也极易使之沉迷上瘾。老师不能因噎废食，不能因为上网会对人的心理产生障碍而禁止或阻止学生上网。相反，应积极让已掌握计算技术的学生上网，但对因上网而导致心理障碍的学生应积极疏导。

（1）积极引导学生上网。网络世界上信息量巨大，能做的积极的事情很多，可以引导学生上那些有助于学生学习知识、开阔眼界的好网站。

（2）防患未然。应在学生上网前就向学生传播有关上网可能导致心理障碍或者可能遇到的各种各样的问题信息，以及防止方法，使学生尽量避免上瘾。

（3）对已患上上网心理障碍的学生要及时转介给心理治疗专家进行矫治，如适当控制上网时间，要求学生在上网的同时不要忽视与同学、家长、老师的人际交往，与家长保持密切联系，引导家长正确指导孩子上网等。学生的烦恼是不少的，老师要及时发现学生的心理问题并及时帮助解决。

（4）老师可以利用网络对学生实施在线辅导。老师既是对科学知识的教授者，也是学生心理问题解决的指导者。老师应有学生的联系方式，增强与学生的沟通。学生在节假日里，除向老师请教学习问题外，如果有什么不顺心的事和烦恼，都可以在约好的时间里和校长、班主任、心理辅导员、任课老师联系。这正是充分利用网络的积极因素，开创心理健康辅导新空间，及时地解决学生的心理问题。

11. 提高学生的选择能力和免疫力

要加强学生的政治思想教育，增强政治敏感力和鉴别力，树立对中国社会主义制度的优越感和民族文化的自豪感。加强对学生科学的世界观、人生观、价值观和道德观教育，培养他们健全的人格和高尚的道德情操，使其在西方的价值观和腐朽生活方式、黄色信息面前，能够自觉地抵制诱惑。

12. 学校应对学生上网硬性约束

学生由于年龄小，自我约束力比较差，学校就应该通过规定来对学生的上网行为进行约束。

（1）规定上网时间。这些需要学校与学生家长沟通，家校配合，同时也需要社会的配合，国家限制中小学生在网吧上网的原因之一也是为了防止学生整天沉迷在网络里。

（2）制定学生文明上网公约，倡导网络道德自律。上网学习必须有指导、约束。为了消除网络的负面影响，重视对学生进行网络道德教育，在电脑课、德育课、班会上大力宣传正确上网行为，让学生参与制定对网络的科学认识，使他们既认识到网络对学习的巨大推动作用，又充分认清网络对心理健康的严重危害性，自觉地树立健康的网络观念。

13. 完善校园网络

一个完善的校园网络是防止学生受到不良思潮侵蚀的必要硬件。通过安装防火墙、多媒体教育学平台（含网络监控），以及反黄软件等上网辅助软件加强网络管理，及时对网上无用和有害信息屏蔽或删减，最大限度控制网络信息的污染程度，保障网络信息的安全。这样学校可以保持对网络的知情和监控，既争取了对网络的主动权，又增强了对网络的可控性。同时注意占领网上阵地，在校园局域网的共享服务器上存放大量健康向上的、吸引学生注意力的资料文件（包括课内、课外、娱乐等方面的知识），且在尽可能的情况下增加视频，增加趣味性。同时也有帮助学生学习的学习方法、试题、练习；有指导学生解决心理障碍的文章；有中外名著；有科普知识；也有经典电影大片、益智小游戏等健康向上的娱乐项目。学校还通过举办"网上家园"班级、个人主页设计、计算机知识比赛等活动，把学生对网络的好奇心转移到正确合理地使用网络上来。

总之，网络时代，中小学生的心理健康问题也具有了新的特征，这也给教育工作者提供了一个崭新的课题，而心理健康教育也必将顺应时代发展而发展。让大家行动起来，积极学习网络知识，变被动为主动，通过不断地探索和尝试，把网络时代的心理健康教育推向更高台阶。

第二章

如何对待课堂行为习惯的问题学生

如何对待总是在课堂上顶嘴的学生

我们先来看一个案例。

Y是某中学初中三年级一班的学生。他是老师眼中典型的"差生"和"问题学生"，他最大的特点就是愿意顶嘴。一次上语文课，老师发现Y没精打采，总是思想开小差儿，无法回答老师提出的问题。老师便问他为什么，他说昨天晚上帮一个好朋友做航模，几乎一夜没睡。老师很生气："你现在是读初中，不是小学。现在是要想法考进重点高中。航模顶什么用？""我只是想帮帮他。"Y反驳道。"帮别人也不能影响你自己的学习呀，你连自己的学习任务都没有完成有什么资格去帮别人？你父母会准许你去做航模吗？""他们知道的，他们从来不反对。""他们知道你上课违反纪律吗？知道你没有完成作业吗？知道你几乎没有希望考上重点高中吗？"老师更生气了。"我爸妈都是研究生。"Y不甘示弱。"研究生又怎样！"老师的权威受到了挑战，他抑制不住内心的愤怒，把Y狠狠地批评了一顿。Y不服，公然与老师顶撞起来。又一次上语文课，Y仍然没有注意听课，偶尔看一看放在桌子上的《初中生报》。老师走过来，看了他几眼，他却无所畏惧。老师一把夺过报纸。Y说："我没有看，只是放在桌子上。放在桌子上也不行吗？"老师说："还想狡辩？！"Y十分气愤，把桌子上除语文书外的所有书都推到地上，同时说道："桌子上只准放语文书吗？那好，把其他东西通通扔掉！"又是一节语文课，Y无心听课，漫不经心地拿出一本通俗小说，还故意让老师看见。老师显然很生气，走过去，正想伸手去拿小说，可Y却早已有了准备，迅速换了语文课本，并主动递给老师说："拿去扔掉吧！"此后很长一段时间，Y不断与语文老师无礼顶撞，发生一些课堂冲突。他自己成了这所学校有名的"调皮捣蛋鬼"。

"顶嘴"，顾名思义，是指学生在课堂上，由于与老师或同学存在不同甚至相反的设想和看法，通过语言表达出来的行为。这种现象是由于学生在认知发展过程中，思维的独立性和判断性只有一定程度上的发展，还不成熟，因此容易产生偏激，喜欢钻牛角尖，固执己见，更为极端的就是案例中学生Y无礼顶撞的情况。孩子为什么会顶嘴呢？这跟家庭教育关系很大。

第一，不良的家庭氛围所致。如果父母缺乏修养，举止粗俗，彼此间缺乏尊重，动辄脏话满嘴，互相说些"抬杠"的话，孩子一旦具备了一定理智水平，就会从心底里不尊敬父母，顶嘴便成了家常便饭。

第二，父母的教育方式简单拙劣。再小的孩子心里也有一杆秤，如果父母在教育方式上不肯用心，只凭一时喜怒，赞扬或批评孩子，或只是发号施令、训斥孩子，孩子一时会被父母的威风吓住，作听话状，再稍大一些，则不会买父母的账了。

第三，父母说话不讲究艺术，令人生厌。说话是一门艺术，父母教育孩子要结合孩子注意力集中时间短、对道理的领悟能力较弱等特点，有的放矢，才能收到事半功倍的效果。有的父母缺乏这方面的知识，说话抓不住重点，常会告诫孩子"学习别马虎""你总贪玩儿""总让人操心"等，让孩子不仅印象不深，而且十分厌烦；还有的父母是"婆婆嘴"，一件事儿没完没了地重复说，这也是引起孩子顶嘴的原因之一。

第四，父母所持的观点不正确。人无完人，为人父母者受文化水平、职业、性别等限制，有时所持观点本身就是不正确的，孩子难以苟同，自然要进行辩驳，有的父母脸上挂不住，就斥责孩子和大人顶嘴，实在是委屈了孩子。

再从青少年的心理特征方面加以分析。处在青少年时期的孩子，他们的"自我意识"逐渐增强。此时，孩子已显示出一定的评价别人与自我评价的能力，有一定的独立性，处处流露出一种"成人感"。这正是青少年自我意识的一个重要特点，是孩子个性发展的转折点。在主观上，他们感到自己是一个"大人"，但客观上，他们的行为还稚气未脱，而父母、老师也往往把他们视为小孩，不尊重他们的意见和行为，无视他们自我肯定的需要。这些需要有其积极的一面，也有其不足的一面。因此，父母和老师的训斥和无原则的迁就，都会给青少年带来不良的影响，阻碍他们个性的正常发展。学生的顶嘴，正是他们"自我意识"的外在表现，从某种意义上来讲，是一种正常的心理反映，而不是什么失礼行为。但是，无礼顶撞实属问题行为。

很少有比顶嘴更令老师生气的行为。当有个学生对你说"我没有必要按你说的去做"或者"你不知道怎样教"，这是考验人的耐心的，即使脾气最好的老师也会被激怒。用这种无礼的方式对老师说话的学生，使得课堂管理更加困难，也有损老师在其他学生心目中的威信。如果其他学生也效仿，就会造成更加严重的问题。你对待一个顶嘴的学生，重要的是忍耐。他的言词常常与你的言行无关，事实上，他也许是在生活中遇到了挫折，借机宣泄，你只不过充当了"出气筒"。虽然这种情况下保持镇静并不容易，但是从长远看来忍耐是最有效的措施了，而责骂、威胁或训斥可能恰恰使之受到别人的注意，从而更想顶嘴。

这时，老师应该这样做。

（1）不要视其为人身攻击。听见学生顶撞你而不生气可能是困难的，此时你要提醒自己：他的无礼言语或许和你的言行没有多大关系，或许只是把烦恼、忧伤发泄在了你的身上。去了解事实的真相，会使你透过学生激动的表情看到困扰他的根源。

（2）心平气和地告诉学生他的言语不当。面对学生的顶撞而保持心平气和是不容易的，但是大喊或者训斥恰好会引起大家对他的注意，以至于他的言行过激。如果你感觉想要发脾气，做几次深呼吸，然后用克制而坚决的态度告诉那个学生你希望他用尊重的口吻对你讲话，不要迁就他，要让学生意识到顶嘴更难如其所愿。向学生简单交代后就继续做你的事情，不要给他争辩的余地。

（3）单独找学生谈话。顶嘴的学生预想你会给予严厉斥责，而用理解的口吻与之谈话会使他感到意外。告诉他虽然他的言语不敬，但是你也不认为那是他的本意，让他知道你能理解当学生有心烦的事情时会用一种不礼貌的语气讲话。问他是不是有不顺心的事情，或者是不是你伤了他的自尊。找到你能够使他从烦恼中解脱的办法。告诉他你希望他尊敬你并且你也会用同样的方式对待他，如果学生同意，就此握手言和。

（4）当学生有不礼貌行为时，要让他意识到。也许他在顶嘴的时候并没有意识到自己言语有何不妥，如果你对此质疑，可以和他确定一个暗号，如叫他的名字或者扬一下眉毛，当他处于一触即发时提示他。

（5）记录学生的言语。故意让他看到你在写字，如果他问你在写什么（即使他不问），告诉他你在记录他所说的话，以便于存档并给他的家长看。

（6）如果学生还顶嘴，就要采取措施。如果不断地顶嘴扰乱了教学并有损你的威信，会导致严重的结果。

如何对待上课传纸条的学生

我们先看一个案例。

一天中午，数学老师边批作业边说道："你们班近期的作业情况不妙，越来越差，而且上课时有不少学生在传纸条！""真的吗？"我说。"历史课上也是的！"张老师也凑上来插了一句。我吃惊不小，作为班主任，这可是失职。于是，语文课上，我特意观察了一下：发现他们做笔记时，似乎挺认真的，然而发觉他们会彼此丢眼色。于是，我故意转身在黑板上写字，好让他们"有机可乘"，果不其然，我猛一回头，小辉正伸手接邻桌一位女同学的小纸条。遭到我的突然"袭击"，他俩一下子变得尴尬万分。为了不影响正常的上课，我没有说，打算等课后再找他们谈心。

经过与学生交流，班主任找到了"传纸条"现象的群体心理动因。

（1）"学样"。用心理学术语，就是"从众心理"，即众人都在做，我也跟着做，并不去想该不该、好不好，由此减轻来自群体的心理压力。群体违纪，个体承受的压力要小一些。

（2）"新奇"。这是对新异刺激物的敏感与趋向心理。"传播纸条"有别于私人说话，具有隐蔽性。当私下说话成为课堂违纪行为后，这种变相的上课私下说话的方式，因其新奇而迅速在学生中蔓延，成为群起仿效的对象。

（3）"不由自主"。有的人有着易受暗示的心理个性，特别容易受到周围环境的影响。当"传纸条"成为众人的一种行为趋向的时候，他就会自然受其暗示，你来我往，也传起纸条来。

根据以上分析，班主任制订了相应了辅导策略。

（1）淡化对"传纸条"的关注。因为过多的关注容易引起逆反心理。冷处理，要使这一事件在学生中由热到冷，乃至淡而无味，以利于班级良好学习风气的形成。

（2）师生共同参与制订班级公约，暗示这种行为属于违纪。人群中的交流是必须的，然而应注意时间、地点，以及由此而产生的负面影响。

（3）增加课堂上的提问和讨论，让他们集中精力思考问题而无法分心，减少思想上开小差的机会。

（4）提倡写日记。由此产生的暗示效应可使学生想写的驱动或冲动得到转移，为他们设置倾吐内心冲动的载体，以其朝良性方向发展。

（5）设计新颖、有趣的班会。倾吐是人保持健康、平衡心态所必不可少的。学生中基本上都是独生子女，在家庭中很难获得兄弟姐妹般的心理沟通，当他们把这种需求转移到学校的同学身上时就很自然了。老师给他们提供交流的时间、空间、氛围，避免在课堂上不合时宜地写与传。

经过一学年的努力，"传纸条"现象逐步从课堂上销声匿迹了。这个案例带来的启示如下。

（1）班级中出现问题时，一般应从长计议。每一个群体都会把自己特有的印迹通过个体的自觉认同打在个体的心上，使个体的言、行、情、态，甚至思维方式、气度等都带有群体的印痕。试图用强制、命令的方式去消除群体影响是不明智、徒劳无益的，适当的方法给予群体以指导，促使其改善面貌。考虑到学生中的群体心理的连锁作用，让"师生"情结健康发展。

（2）"传纸条"并不都是消极的，关键看场合。如果提供合适的时间，一项消极活动就可产生积极的效应。我们班的写作水平总体提高，师生关系融洽、平等。这样看问题，就突破了心理定式。

（3）课堂任何现象都是有原因的。切不可简单以违纪来"框定"学生。切实从不同成因人手做好研究工作，"润物细无声"地设计好心理调适活动，才能产生预期的工作效果。否则，可能扩大其消极影响，使学生经受更深的心理创伤。

如何对待经常迟到的学生

小军是一所中学的初二学生，他成绩一般，在学校还算是比较"中规中矩"的那一类，平时话不多，同学关系也不错，对老师也很尊敬。但有一个最大的毛病，那就是经常上课迟到。虽然老师对他进行了多次批评，但他往往只坚持几天，又"旧病复发"了。小的举动令班主任深感头疼。

学生经常迟到确实是令老师很恼火的一件事情。在学校的纪律评比中，这常常是最刺眼的一个项目，每天都立竿见影。有学生经常迟到，班主任压力很大，处理起来，也就很难保持冷静的头脑：容易发脾气，容易搞体罚，容易请家长，容易激化矛盾。按说迟到不是什么太大的事情，可是由于如下原因，它可能在老师的心目中成为很大的问题。

老师对经常性迟到的认识，最容易出现的问题是孤立地看迟到现象。他们往往不善于把迟到放到学生整体精神状态的大背景中来观察，就事论事，头疼医头，脚疼医脚，又急于求成，这就容易失败，那该怎么办呢？

应先找到学生经常迟到的原因，再施以心理辅导。据初步分析，常见原因有以下几种。

1. 恐惧老师，恐惧学校

这种学生的主要问题不是迟到，而是他们根本就不愿意到学校来，但迫于家长催逼，又不能不来，于是老大不情愿，能晚点就晚点。少在学校呆一会儿，是他们最大的愿望。

有些学生虽然迟到，但是一旦来到学校，还是能高高兴兴学习，起码也能在下课的时候高高兴兴游戏。但是被迫来到学校的学生不同，他们整天没精打采，只是偶尔能高兴起来，而他们精神最好的时候是快放学的时候。

他们为什么会这样呢？

有的可能是老师恐惧症。这种学生见老师就躲，见老师就害怕，他们可能是受过老师无数的批评，很少或从来没有被老师表扬过，也许某个老师严重地伤害过，使他从此望老师而生畏。如果老师发现某个经常迟到的学生看见老师就蔫，可是和同学在一起要相对好一点，那可能就是这种学生。解决这种孩子迟到问题的方法是和他搞好关系。如果他发现有一个老师真正关心他、喜欢他，能看到他的优点，他就可能高高兴兴来上学，而很少迟到了。

有的可能是学校恐惧症。就是说，学校里有他特别害怕的人或事情。可能是因为在学校受欺负，可能是因为生理或性格原因被同学起外号、嘲笑，被孤立等，还可能是早晨来校时有大个学生劫他的钱，他不敢告诉家长、老师，只好晚到一点，以避开麻烦。这种孩子，当你批评他迟到的时候，他很可能不加申辩，只是一声不响，因为他无话可说，或有话不敢说。遇到这种情况，老师一定不要轻易批评他，而要尽可能和蔼地向他询问情况。对他说："我相信你不愿意迟到，你迟到一定有自己的苦衷，告诉我，我会帮助你。你要是不说，老迟到，学校会给你处分的，那不是很冤吗？"

很多老师遇到学生迟到的问题，总是满腔义愤，告诉学生迟到如何如何错误，不迟到有多少多少好处。这常常是废话，其实关键是向学生询问具体的、真实的原因，当我们把学生的具体问题解决了，迟到现象才能解决。

2. 家长纵容造成的习惯性迟到

有些学生是迟到的老手了。他们从幼儿园开始就常常不能按时到校。稍微有点不舒服，家长就说："得了，今天不去了，反正家里有姥姥看着。"旷课尚且不在乎，迟到更不当回事了。家长根本就没有把孩子每天按时上幼儿园看成是一种早期的纪律训练和规则意识训练，看作是未来孩子上学的重要准备。他们只有疼孩子的本能，没有教育观念，只图眼前讨好孩子，不为孩子计长远。幼儿园再好，也不如在家舒服自由，家长一放松，孩子自然顺势而为，能赖在家里就赖在家里，久而久之，就拿迟到不当回事了。常常看到有些小学生甚至中学生，迟到、旷课满不在乎，老师批评他，他还挺委屈，可能就是这种孩子。在他们的习惯中，迟到是正常的，因迟到而挨批评是很奇怪的，因为他们的家长从来都没有因为他们迟到而着急、生气过，只有纵容。这种家长后来当然会变脸。上了小学，纪律严格了，迟到几次老师要打电话给家长，再迟到学校要给纪律处分。这下家长着急了，于是开始每天催逼、唠叨，甚至打骂孩子，态度来了个180度大转弯。要知道家长是成年人，你转弯容易，孩子跟得上吗？他已经习惯了懒散呀！于是孩子就要对家长不满、反抗。这就是亲子战争的萌芽。家长应该反思一下，早知今日，何必当初？当初要是始终让孩子按部就班上幼儿园，如今上学就不会有迟到现象。可见，有些中小学生因迟到弄得老师天天打电话给家长，正是家长自己种下的恶果。

也有的孩子开始还算比较规矩，按时上幼儿园，按时到校。忽然得了一场病，在家休息，家长百般照顾，孩子尝到了不上学的甜头，病好之后，家长老觉得孩子可怜，于是在上学问题上就难免放宽了要求，今天不去就不去了，迟到就迟到了，孩子也不容易嘛。这样，孩子也就养成了懒散的习惯，甚至可能装病不上学。这都是家长"心软"造成的恶果。

所以，如果老师遇到有学生连续迟到，先不要着急批评，而要了解一下他的"迟到史"，他是从什么时候开始爱迟到的，家长那时的态度是什么。如果确属家长纵容造成的习惯性迟到，那就一定要把家长请来，给他讲清前因后果，让他认识到自己的失误，以后再也不要袒护孩子的迟到现象了。注意，如果家里有隔辈人（爷爷、奶奶、老爷、姥姥），光做父母的工作还不行，要争取所有家长统一认识。但在行动上，要告诉家长，需要坚定，不能急躁。孩子有个头疼脑热，不要大惊小怪，凡是能坚持上学的，家长要一致主张孩子上学。为了帮助孩子养成好习惯，可以暂时请一位家长陪送孩子上学，但是要逐渐撤出来。孩子因为迟到而受罚，只要老师的做法不过分，家长就不要替孩子说话。老师也不要急躁，因为养成一种新的习惯，至少需要一百天，而克服一种旧习惯，则往往需要更长的时间。老师如果因为学校评比造成焦虑而对家长、学生过分施压，恨不得立竿见影扭转学生的迟到现象，可能会适得其反，弄不好还会酿成事端。

3. 家长包办过多造成的习惯性迟到

有的学生经常迟到既不是因为学校恐惧症、老师恐惧症，也不属于家长纵容造成的习惯性迟到。家长不但不纵容，反而从孩子很小的时候就因为上幼儿园、上小学的迟到、旷课问题与孩子进行过"持久战"。打也打了，骂也骂了，赏也赏了，罚也罚了，动之以情，晓之以理，大道理讲了无数，家长嘴皮子都快磨破了，最终孩子还是常迟到。这是怎么回事呢？

一方面，要考虑是否有人掣肘。父亲要求严格，母亲却给孩子说好话；父母要求严格，隔辈人却护着孩子，不能形成合力，如此，严格是没有效果的。孩子有保护伞，就会磨蹭。遇到这种情况，要先协调一致，再说其他。

另一方面，可能是家长包办太多。有很多家长从叫孩子起床开始，什么都替孩子做。催逼孩子起床，一件一件给孩子穿衣服（孩子此时半睁着眼睛），拉孩子进卫生间，甚至帮孩子洗脸刷牙。如果家长这样伺候，则无论你嘴里说的话多么严厉，他都不会着急，因为他心里有底——反正你比我还着急，反正这都是你的事情，反正你得替我把一切做好。有的孩子甚至经验丰富到了这种程度，他能从母亲喊他起床的声调中准确判断出，什么时候我可以不理不睬，到了什么火候我就必须起床了，我妈真急了。起床上学本来是孩子分内的事情，竟然变成了"给妈妈起床，给妈妈上学"，主动完全变成了被动。人之常情是，只有自己的事情才会抓紧，别人的事情总不那么急迫，如此，孩子迟到也就是很自然的了。这种孩子真的迟到了也狼狈，也害怕，也后悔，但是他们不会反思自己如何磨蹭，而会埋怨家长："就赖您！干吗不早点叫我？"而这种家长挨了孩子的数落，居然好像自己理亏了一样。孩子迟到，家长负责，迟到的问题就很难解决。

这种家长需要老师指导。老师要告诉他们，迟到不迟到是孩子自己的事情，家长不要替他承担责任，家长顶多做一些帮忙的工作，而且尽可能减少。比如，早晨叫孩子起床，就不应该是家长的事情，闹钟可以叫，手机可以叫，凭什么还要麻烦家长？等到孩子将来上了大学，家长难道也每天叫孩子起床吗？等到孩子就业了，到公司上班了，家长也要叫孩子起床吗？如果将来不能这样做，那现在就不要惯孩子的毛病，以免将来不习惯，带来更大的痛苦。有的家长可能会说："我现在每天叫他，他还迟到呢，要是不叫，不是更要迟到吗？"不一定。家长要是跟孩子说清楚，让孩子自己负责自己的事情，很可能他反而会有进步。还有一个办法是家长故作懒惰或者疲倦状，和孩子"交换位置"，也就是说"我早晨起不来，我是弱者，我需要照顾，请你早晨叫我起床，好吗？"对有的孩子，这招比较灵。注意，如果孩子不起床，家长千万不要唠叨，提醒不要超过三次。另外，也不要总是说孩子"爱迟到"。这样说多了，孩子就可能认定自己是一个爱迟到的人，这种角色认定会更加强化孩子的迟到现象。

　　总的来说，学生经常迟到的问题，还要靠家长帮助解决，而要想借得家长的"东风"，老师就必须学会指导家长，给他出具体的主意。单纯责怪家长，是不能解决问题的，因为家长很少有愿意孩子迟到的，他只是教育观念有些毛病，又缺乏方法。

如何对待上课"戴耳机听音乐"的学生

　　我们先看一个案例。

　　去年我接了一个初三班级，这个班级学习成绩两极分化特别严重。全班53人，男生有31人，个个人高马大，而且一开学我就发现：不少男生对学习毫无兴趣，课堂上从不愿认真听课，常常戴着耳机听音乐。有一次下课后，一位任课老师气呼呼地跑来找我，说这个班没法上课了，许多男生根本不听课，让他们摘下耳机，还要强词夺理，影响课堂纪律，更不要说学习效果了。为此，我只要一没课，就偷偷去观察有多少人在"听"，奇怪的是：每次都没发现戴耳机的现象。可任课老师的反映却一直不断。怎么回事呢？后来在学生的周记里，我了解到：原来班上一名坐在最后一个位子的"号召力很强"的后进生，不认真听课，却时时注意着我的动态，只要我一从楼梯拐弯处走过来。他便"干咳"几声，然后其他一些学生得到暗号，立刻摘下耳机，装作认真听课的样子。真是孩子！但他们为什么要这样做呢？这种不良现象的背后到底隐藏着怎样的心理呢？

　　班主任经过与这些学生谈心，分析了以下原因。

　　（1）主观原因。首先学习成绩不理想，缺乏自信，又不愿意与老师同学沟通。因此，得不到帮助，越学越吃力，作业与考试是他们最头痛的问题，而考试成绩则将他们逼到了自卑的角落。

（2）老师原因。有些老师常常戴着"有色眼镜"去看待这些"后进生"。他们稍有不妥之处，便缺乏耐心，甚至挖苦他们，严重地伤害了这些学生的自尊。他们既然感受不到来自老师的关爱和鼓励，自然对老师所教的学科也不愿意学，并用"戴耳机"等极端行为来表现。

（3）同学原因。这群学生学习成绩不理想，又在课堂上影响他人，自然会受到来自其他同学的鄙视，饱受冷嘲热讽，感受不到爱的温暖，自然离集体越来越远。

（4）家庭原因。父母长辈之间的矛盾，以及父母对孩子教育方式的不当（或过分宠爱或过分严厉），使孩子产生了紧张恐惧的心理，消蚀了孩子的爱心和真诚，使孩子对学习产生倦怠之心，并学会用偏激方式来解决生活中的人或事，影响孩子的人际关系，使他们远离同学和老师。

根据以上分析，班主任制定了一些教育教学策略。

（1）教给这些"后进"学生正确的学习方法，培养他们的学习兴趣，使他们体会到学习的快乐，提高学习成绩。引导他们从最基本的知识学起，只要他们有些小的进步，就给予鼓励，让其体会到学习的乐趣。同时教以良好的学法，并定期辅导和关心他们，从而使这些学生的知识、情感得到多方面的进步。

（2）老师要采取隋感倾斜，用爱心来温暖他们的心灵，点燃他们的理想之灯，帮助他们走出自卑的沼泽地。"后进生"最需要的就是"爱"，老师必须用语言和行动告诉他们："老师爱你！"给出一个鼓励的眼神，一个会心的微笑，一句温馨的话语，甚至课堂上的一个肯定。让他们明白老师心中永远有他们的位置，老师永远都在关注他们，老师是不会用"有色眼镜"去看待他们的。

（3）鼓励全班其他同学都与他们交朋友，让大家都来关心他们，帮助他们，这不仅是学习上的帮助，更是精神上的融合。任何人都是社会的人，只有在集体的温暖里才会溶解他们结冰的心，让他们感到自己不是"异类"，这样才能使他们逐渐恢复对学习的兴趣。

（4）家庭是爱的港湾。在家庭中，父母要共同为孩子的成长营造健康和谐的氛围，给孩子创设健康成长的环境，不要因为大人之间的矛盾，给孩子稚嫩的心灵蒙上阴影。父母是孩子的第一任老师，民主的家庭往往能使孩子的心理更健康。

经过班主任与任课老师的共同配合，与学生父母的努力，与这群"戴耳机听音乐却不听课"的学生多番的思想沟通，多次的心灵交流，他们在思想上行动上有了很大的转变，扰乱课堂的现象消失了。一年后的中考中，这群学生取得了理想的成绩。这个案例启示我们，当班级出现问题时，特别是出现群体心理问题时，一定要了解事情的原因，一定要透过现象看本质，然后再采取相应的策略，切不可操之过急。而且对于老师，深入学生尤其是"后进"学生的心灵，是长抓不懈的工作。一定要真诚，要有爱心，老师有责任和义务让这些学生少受、免受心理创伤，并在学习和心理上迎头赶上，与其他学生一样健康成长。

如何对待上课爱搭话的学生

我们先来看一个案例。

我任教的班级里有一个叫方方的男生，他学习成绩、品德行为都很好，但是有一个"坏习惯"：上课时总是爱搭话。有一次，英语课上听写句子，我说："What are you going to do?"他也大声复读一遍，搞得同学都大笑起来。听写完后，我让同学把本子交上来，他也站起来大声地说："交上，交上，快点交上。"有时，我批评学生，他就搭上一句："是的，对的，没错。"如果碰上课堂中做游戏，那方方就更乐的，不管是谁在参与，他都要去搭两句。为此，同学对他很反感，不爱搭理他，其他任课老师也责怪他影响了课堂纪律。

老师该如何纠正学生上课爱搭话的坏毛病呢？

1. 观察与分析

案例中的老师暗暗地考查方方，发现他是属于那种喜欢表现、对人偏热情的学生。因为喜欢表现，所以当老师、同学注意不到他时，他就会主动搭老师的话，以引起老师、同学的注意；因为对人过于热情，所以一遇到有趣、新鲜的事那就更喜欢搭腔了。在一次英语课上，老师让学生说一说长大后的理想是什么。当有学生站起来说："I am going to be a farmer."（长大后我想做农民。）时，全班学生都哄堂大笑起来，方方马上大声地说："笑什么，做农民很好的，我以后也要做农民。"这样一说，全班学生的目光都齐刷刷地转向了他，他把头仰得高高的，一副很满足的样子。

2. 为学生提供自我展示的机会

为了找到其爱"搭话"的原由，老师找了方方谈话，一起与他分析，帮他改掉这个"坏习惯"。方方也明确表示他只想引起同学、老师的注意，时间一长，就成了"惯性"，有时他自己也不知道为什么会这样。老师渐渐体会到他的真实心情，因此也努力为他提供更多的表现机会。在课堂上，老师时常请他回答问题，只要他想说，只要他举手，老师就会请他来回答。有时，请他当老师评价同学的回答，有时请他客串课堂游戏，即使没有任何任务也总是以关注的眼神有意地与他交流，使他感到老师时刻在注意着他，如当学完单词，进行巩固性练习时，老师就让方方充当小老师，让他上台来抽卡片，让同学猜猜他抽出来的是哪一张卡片。当同学表演完对话时，老师就让方方来点评他们表演得好不好，分析优、缺点分别是什么，等等。由于上课说话的机会多了，他就不再那么喜欢搭话了。但是老师又发现，如果他回答错了或评价同学有误时，同学会嘲笑他。每当这时，他就会情不自禁地站起来反驳，而且得理不饶人。在这种情况下，同学就会联合起来与他辩论。而他呢，就更要抢同学的风头，好似有一种不说清楚不罢休的气势。

3. 帮助学生排除影响自我展示的干扰因素

鉴于以上认识，老师觉得如果双方再斗嘴下去，非但前功尽弃，而且还可能产生其他事端。因此，决定为他排除自我展示的干扰因素，稳定情绪，让其慢慢地趋向平缓。为此，老师私底下召开了班干部会议，对所有班干部说："大家觉得方方最近表现怎么样？"有学生站起来说："他最近好多了，上课也不再像以前那样爱说话了。"又有学生说："好是好多了，可还是不够好，有时也要搭几句。""你们老说他'不自量力'，他当然要反驳了。"李强站起来为方方打抱不平。

老师抓住机会进入了主题。他问学生："你们说李强说得有没有道理？"同学都不好意思地说："我们是不对，但方方也太过分了，不知道也把手举得高高的，老师还老让他回答，还让他指手画脚评价我们，他连自己都管不住……"于是，老师说："那是老师不好，没有和你们说明原因，为什么老师常常让方方来回答，因为老师想改掉方方上课爱搭话的坏习惯。"学生明白了老师的用意，就讨论开了，最后决定，由班干部和那些喜欢取笑方方的学生说明原因，老师找方方谈话。

4. 帮助学生更好地进行人际关系

老师把方方叫到了学校的花坛旁，拍了拍他的肩膀，对他说："老师看到了你的进步，你上课不像以前那么爱搭话；老师也看到了你的优点，不喜欢和同学斤斤计较；老师也看到了你的决心，不管别人怎么说，你还是下决心改正上课爱搭话这个缺点，并且在努力做着。但老师也看到了你的不足，那就是你没有找到如何反驳同学说你'不自量力'的好方法。"方方点了点头，老师接着说："你想知道老师的方法吗？""想知道。""你应该在课后与那几个说你的同学个别交流，不应该上课就反驳他们。你上课一反驳，那不是又随便插话了吗？"老师说。他愉快地接受了老师的建议。在班干部的配合下，许多同学也明白了原因，不再取笑方方了，方方的这一改变换来了更多的鼓励和帮助。

几个月后，方方变了。他不再管不住自己，而是学会了控制自己的情绪，上课时安静了，回答问题也准确了，成为上课举手积极分子，而且英语等各方面成绩都更上一层楼了，他还被选为学习委员，成了老师的好助手、同学的好榜样。

如何对待课堂上多动的学生

我们先看下面这个案例。

"我很想认真学习，可就是控制不住自己的多动，希望老师能帮帮我。"在和肖雨谈话时，他说了这样一句话。肖雨是王老师班上的一名学生，课堂上特别好动，几乎停不下来，总喜欢回头说话，东张西望，手脚不停，有时坐立不安，而且时常口中念念有词，甚至无法控制地站起来，离开座位。于是，王老师和肖雨约定：如果以后上课时，他还是控制不住自己，王老师就在他的课桌上放一个粉笔头，以示提醒。

对于一贯多动的学生，要改变其多动的行为习惯，不是一朝一夕的事，需要一个不断改进和调节的过程。通常多动的学生注意力不易集中，而且冲动任性，不服管束，常惹是生非，学习成绩较差，又缺乏自信心，总认为自己智力不如别人，成绩无法提高，因此愈发散漫失控。但是，这种多动的学生与多动症儿童还是有本质区别的。患多动症的儿童在任何场合，都不能较长时间集中注意力，即使看"小人书""动画片"时，也不能专心致志；但仅是多动的学生在看"小人书""动画片"时，能够全神贯注，还讨厌其他孩子的干扰。他们的行动常有一定的目的性，并有计划及安排；而多动症患儿却无此特点，他们的行动较冲动，且杂乱，有始无终。另外，多动的孩子在严肃的陌生环境中，有自控能力，能安分守己，不再胡乱吵闹；多动症儿童却无此能力，常被指责为"不识相"。从学校教育实践中发现，课堂上多动这种问题行为的形成，主要是由于学生缺乏学习兴趣，从小未养成良好的学习习惯而造成学生在课堂上好动，不认真听课，影响自己和他人学习，这是一种行为习惯上的偏差。鉴于多动学生的这些特点，老师要想改变他们多动的坏习惯，首先要帮助他们树立自信心，让他们感受到自己并不是"笨"，而且多动的毛病是可以改变的。同时，让他们感受到老师的关爱，使学生愿意配合老师的教学，从主观思想上与老师达成一致。案例中，老师从谈心开始，与学生交流，倾听学生的想法，使学生对老师产生一种信赖。然后，老师以一种帮助朋友克服困难的方式，向学生提出"放粉笔头"的建议，取得了良好的教育效果。

活泼好动是少年儿童的天性可一旦这种天性演变为一种无法控制的坏习惯，就会变成一种多动的问题行为，这种不良的行为将直接影响到学生的学习效果。多动的问题行为，是指学生在课堂学习过程中，由于自控力低下而引起的在课堂上注意力不集中、好动、严重分散学习精力，因此无法认真听课，对老师讲课的内容一知半解，长此以往学习成绩就会逐渐下降。如何有效应对学生在课堂上的多动，是中小学老师应该掌握的一项技能。一般经常使用的方法如下。

（1）信号暗示。授课过程中，如果发现哪个同学表现出东张西望、坐立不安，用信号暗示比较方便，如突然停顿、走进学生、用眼神暗示等，用以提醒、警告学生，并不影响正常讲课。

（2）使用幽默。课堂气氛沉闷，学生注意力就容易下降，产生问题行为，这时老师可以用轻松幽默的语言来调节气氛，提示学生。

（3）创设情境。针对个别学生好动的特点，老师在课堂上可适时创设一些活动情境，让学生参与一些活动，或让他们做一些相关的别的事情，如小竞赛、小表演、小制作等。

（4）有意忽视。某些学生的问题行为隐含着想赢得他人注意的愿望，如果老师直接干预，可能正好迎合了他的目的。因此，老师有意忽视，学生反倒会自觉没趣而改变其行为。

（5）转移注意。对于那些自尊心较强的学生表现出的问题行为，如果当面直接制止，可能会收到相反的效果或产生后遗症。这时可运用比喻、声东击西加以暗示，使之转移注意，从而停止其问题行为。

（6）移除媒介。有时学生在课堂上做不相干的事，如读漫画书、玩电子游戏玩具等，老师可将这些东西拿走，清除媒介物，从而制止这种行为。

（7）正面批评。如果上述各种方法对制止学生的问题行为都不奏效，那么就要正面严肃批评，指出其错误，制止其行为。当然，正面批评要建立在尊重学生人格的基础上。

（8）利用惩罚。对于个别比较严重又难以制止的多动行为，可适当利用一些惩罚措施。如运用得当，可以起到制止问题的作用；如运用不当，不但不能制止问题行为，反而会造成逆反或对抗性行为。因此，必须慎用惩罚，不到迫不得已最好不用。

案例中，老师与学生之间的约定，其实是一种暗示和提醒的手段。通过这个暗示和提醒，学生从主观意识上，已经开始有了转变的欲望。事实上，暗示与提醒要比课堂上的批评效果更好。试想一下，当学生在课堂上又出现多动的问题行为时，如果老师用粗暴的态度干预和批评，必然会影响整个课堂教学，而且对问题学生来说，只是受老师的严厉指责的威慑，可能有几分钟被迫听课，但是几分钟之后往往又会重蹈覆辙。这就是老师在教育活动中常常碰到的所谓"无可救药"的状态。案例中的老师采用的方法达到了很好的效果。

如何对待上课总爱"自说自话"的学生

我们先来看一个案例。

英语课上，所有学生都专心致志地做着课堂练习，老师在走廊间走来走去。突然"哈哈……"一阵笑声在安静的教室中响起，所有的目光一瞬间集中在一个男孩子身上。男孩不以为意，自顾自说了句："总算做好啦！交啦！交啦！"老师马上制止他，让他安静，以免影响其他同学。但是他仍摇头晃脑地一边发出哼哼声，一边径自上台交了本子，回到座位坐下。全班同学都笑了，英语老师则郁闷不已。下了课，英语老师到我这儿来"诉苦"。当时，我想可能是个别现象，所以也不以为然，只是用言语安慰安慰英语老师。一个星期之后，语文、音乐、美术老师在同一天都向我告了状，原因是班上有许多学生在上课时，不时发出怪声音。

从案例中可以看到，首先，学生在班级中的这种"自说自话"的现象是比较普遍的，关键在于是否超越了"度"。适度的"自说自话"是不会影响到整个班级的，但是超越了这个"度"就会影响到其他的师生。

其次，基本上学生都希望老师承认他们的价值、其他同学肯定自己在班级中的地位。为了这个目标，有些学生就比较喜欢表现自己的能力或勇气，甚至故意做一些不被老师接受的事，被老师批评，也是表现自己勇气的一个方面。

最后，学生中有一部分是比较喜欢起哄的，他们虽然不敢当面锣、对面鼓地和老师直接"斗争"，但是一旦有人带了头，他们也就开始起哄了。

根据以上对学生心理的分析，案例中的老师采取以下策略。

（1）"避实就虚"。当学生想看老师如何处理这件事时，老师首先避开不谈，跳开注意点，使他们十拿九稳的心理得到一次冲击，这时老师就可以有足够的时间去想对策了。

（2）"敲山震虎"。当着他们的面，从学生的一方了解情况，使其感到老师对他们这件事是经过仔细了解的，并不是"道听途说"，让他们感到自己其实在班级中并不是"一呼百应，群龙之首"。

（3）"遇强更强"。三年级的孩子心力还没能坚强到进办公室而不害怕的地步，适当的以"请"进办公室来进行心理震慑是必要的。老师用简洁的语言叙述意图，能够得到最好的效果。

（4）信守承诺。作为班中团体的带头人，他们一般是能够说到做到的。行动之前要订好承诺，这会起约束作用。同样地，这也表明老师相信他有"信用"，这种心理暗示是变相的赞赏。

（5）表扬的作用。及时的表扬、当众赞赏他的"守信"，这是对个人最大的表扬和鼓励，这可以使学生感到"守信用"的好处，拉近师生的距离，同时也是对学生行为的无形约束。赞其"守信"，对于小团体中的带头人而言，也是巩固他地位的时刻。

（6）看样学样。团体中的带头人可以产生带动整个团体的效果，既然他已经"偃旗息鼓"，那么其他人作为追随者就会"看样学样"。班级中的这个团体比较松散，如果没有人带头叫板，那么"喊叫现象"很快就会停止。这也是"团体效应"。

传统教育学表明，对学生成长影响最大的不是老师，而是学生群体自身。如何使老师在与学生的平等交往中做得更高明，最终取得教育主动权，正是老师所应探讨的问题。此例中，班级中的小团体起着重要的"破坏与帮助"双重作用。起先是他们开始的"破坏"，破坏了班级的正常教学秩序，最后又是他们的带头作用，使教学秩序得到了恢复。从头到尾，老师控制了自己的情绪，并没有当众指责他们中的任何一个人，只是巧妙地使带头的人暂时成为"我要的人"，并用表扬的方式来稳固这个人的地位，使他心灵触动，这时，他就彻底成了支持老师观点的人，最后把老师的观点——上课不吵闹，彻底变成群体的观点，使他们跟随老师的意愿，改正错误，老师的策略就算成功了。总之，多利用群体的力量有时会事半而功倍。怎样合理利用？那就得看班主任自己如何拿捏分寸。

如何对待上课捂热水袋这类东西的学生

我们先来看一个实例。

下课铃响了。我刚想拿起讲义离开教室，只见学生如潮水般涌出教室。不一会儿，饮水处便门庭若市，人声鼎沸，我禁不住好奇地在教室门口观望：饮水机旁黑压压一片，里三层外三层，挤满了人，弯弯曲曲的长龙延伸出几米远，无一例外，每人高举或手捧一个热水袋……各种各样的吵嚷声此起彼伏，真是寒冬腊月里难得一见的热闹场面啊！装好水的学生手捂着暖烘烘的热水袋，心满意足地回到教室；还没装到水的则继续等待。

突然，小云同学气喘吁吁地跑来对我说："老师，不好了，小刚和隔壁三班的小明打起来了，小刚手还被烫伤了！"我一听赶忙跑了过去，只见小刚和小明两个人都面红耳赤，还在你推我搡，互不相让。我立即把他俩叫到我的跟前，发现小刚的手上的确有一块硬币大小红红的伤痕，我立刻做了处理。这时，上课铃响了，没有装到水的学生只能拿着空热水袋悻悻而归，嘴里喃喃自语："呆会儿下课，我一定要抢先一步，不然又要被别人捷足先登了。"饮水机前仍有两三个学生在那里逗留，我只好提醒他们说："上课了，赶快回教室上课。"他们这才心不甘情不愿地回教室去了。

在我回办公室的路上，又碰到班上的好几个学生，都是去上厕所的。唉！下课光顾着装热水袋了，连上厕所都顾不上了。当我再一次路过饮水处时，看见地上都是水，这么冷的天水很容易结冰，学生踩在上面很容易摔倒受伤。我赶紧从厕所里拿来拖把，把水拖干净。在回办公室前，我特意又到教室外转了转，这是一堂数学习题课，站在窗前，我发现有多数学生一手捂着热水袋，一手做作业；有的甚至两只手捂着热水袋好长时间才写上几个字。

下课铃响了，饮水机前立即又变得热闹非凡了，上课铃响后好一会儿那里才恢复平静，而地上却又再一次变成了"汪洋一片"。

漫长的严冬才刚刚开始，这该怎么办才好呢？隔壁三班的班主任用了一纸禁令，虽然用热水袋的学生少了，但我也听到了学生对班主任的这条禁止令的诸多抱怨。我考虑再三，觉得这事得从长计议。我先找几位学生个别聊天，有的不以为意："上课捂热水袋并没有影响我上课。"有的认为老师小题大做："这么冷的天，教室里那么冷，捂个热水袋取暖用得着这么大惊小怪吗？"确实，这是再小不过的事，处理起来却还真是不容易。

捂热水袋虽是小事，其中却涉及对班级群体心理认识的大道理。具体分析如下。

（1）自身取暖的需要。这种正常的生理需要是造成学生捂热水袋现象如此普遍的最根本的原因。

（2）父母之命难违。班主任经过调查了解，班中一部分同学捂热水袋是父母给他的建议。孩子回家向父母述说自己受冻的情况，父母于心不忍，就给孩子热水袋让他装满热水来捂手取暖。有的孩子起初是不愿意的，可父母的话让他们无法拒绝。

（3）别人这么做，我也这么做。在调查中，班主任从很多学生口中听到这句话，这是典型的从众心理，即众人都在做，也就跟着做。别人捂热水袋取暖，我也可以这么做呀。

（4）对新奇事物的追求。在调查过程中，班主任发现班中有不少的学生身边不止有一个热水袋，有的学生有三四个。热水袋的花色品种还真多，有传统橡胶的，有穿了毛茸茸大衣的，有透明印有卡通图案的；有心形的，有圆形的，有各种各样动物形状的。现在的热水袋可说是取暖和把玩兼具，甚至可以说是一件小小的工艺品，这么可爱、好玩又新潮的东西，自然很容易因其新奇而被学生迅速感知，从而群起使用。这是对新异刺激物的敏感与趋向心理。

根据以上分析，班主任制定了相应的班级工作策略，具体如下。

（1）金点子比赛。让学生想想除捂热水袋外，还有什么好方法可以让身子暖和起来？然后利用午会课的时间交流金点子。学生想出的金点子还真不少：课间的时候不要老是呆在教室里写作业，多到户外踢踢毽子、跳跳绳，通过运动增加身体热量，上课的时候就不会那么冷了；下课的时候还可以多喝些开水来驱赶严寒；可以带一副能让自己的手指灵活运动的保暖手套，这样可以避免做作业时手指冻僵而不便书写的问题出现；课堂上老师多设计一些新颖、有趣的活动，如做实验、表演课本剧、排练小品、动手做等，人一动起来，就不会觉得那么冷了，自然也就想不到通过捂热水袋来取暖了……老师对学生的聪明才智充分加以肯定和表扬，鼓励学生多采用这些方法来取代捂热水袋取暖。

（2）故事会。利用午间活动的时间讲讲能体现顽强意志力的人物故事，激励他们向这些人学习，从耐寒开始锻炼自己的意志品质，培养自己顽强的毅力，互相比一比谁的意志力更顽强。对班中没有捂热水袋的几位学生进行表扬，用榜样的激励作用来促使学生自觉向他们学习。

（3）致家长的一封信，取得家长的支持。给家长写封信，信中阐明不让学生捂热水袋的理由，希望家长支持。有了家长的配合，事情就进展得顺利多了。家长也都很支持，欣然同意了。

（4）辩论赛。围绕"上课和做作业时捂热水袋好不好"展开辩论，在充分尊重学生的前提下，让学生发表自己的观点。在论辩中，学生自己感悟到上课或者做作业时捂热水袋是弊大于利，并从中明白：行为规范中虽没有明文禁止，但也应自觉不使用。

（5）讨论会。学生在围绕"有无必要拥有三四个热水袋"展开讨论时，达成共识：这是一种浪费，根本没有必要。对新奇的事物要有克制能力，不能盲目追求。

策略才刚刚实施，捂热水袋的现象已明显减少，在上课和做作业时已没有学生捂热水袋了，下课时，饮水机前装水的长龙也消失了，代之以丰富多彩的课间活动，班主任也没有听到学生抱怨老师不近人情。这个案例启示我们：班级中出现问题时，尤其是普遍性的问题，切不可操之过急，而应当先了解学生的心声，分析成因，对症下药。只有当你梳理通了学生的想法，学生才会自觉改正，这样才不会出现由于群体心理的连锁作用而产生的"顶撞"现象，学生也不会受到心理创伤。

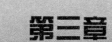

第三章

如何对待性格个性上的问题学生

如何对待学习有马虎的毛病的学生

有位老师曾讲过这样一件事。

晨晨是个活泼机灵的小女孩。她上课专心听讲，积极举手发言，表达能力很强。在我心目中，她是一个优秀学生。但几次数学小测验，她的成绩都不及格，我很纳闷，凭她的能力得八九十分应该没问题。每次问她考不好的原因，她总是说："我都会，就是马虎，下次考试一定认真！"我想可能是她没有发挥好，只要对所学的知识掌握，考试成绩多少都无所谓。

两次单元测试，她又都没及格，我认识到了问题的严重。

我去家访，同晨晨妈妈谈起孩子的学习，妈妈夸晨晨聪明，做事麻利，每天作业写得都很快，从不用家长操心。晨晨的妈妈是酒店经理，每天工作忙，很晚才回家，没有时间管孩子。晨晨回家报喜不报忧，家长根本不知道她学习落后。当着晨晨的面我也不好戳穿，只好再找机会让家长了解实情。

第二天晨晨主动找我，她说："谢谢老师，没有向妈妈告状。"我教育她要诚实，要向家长汇报自己的真实学习情况，这样才能得到家长的帮助，成绩才会提高，晨晨答应今天回家就把自己的学习情况向家长汇报。

过了几天，晨晨的妈妈主动来学校找我了解孩子的学习情况。原来晨晨向家长汇报了自己最近学习落后的情况，并且说自己以前隐瞒了家长，现在知道自己错了，请家长原谅。我趁机把晨晨找来，当着妈妈的面表扬她知错就改，请求妈妈不要责怪她，希望晨晨今后要及时向家长汇报自己在校的真实表现。接着，我找出刚刚考完的单元试卷，先让晨晨把试卷中因马虎做错的题目自己订正，并找出马虎的原因，我一边帮她分析一边记录（见表1），然后再辅导她不会的题目。

表1　第二单元测试错题分析记录单

姓名：晨晨　　　　　　　　　　　　　　时间：2007 年 10 月

题目	错例	错题原因	正确答案
平行四边形的面积是 24 平方厘米，底是 6 厘米，底对应的高是多少厘米？	42÷6=7（厘米）	抄错数：将"24"写成"42"。	24÷6=4（厘米）

续表

题目	错例	错题原因	正确答案
一个三角形的底是 20 分米，高是 14 分米，这个三角形的面积是多少？	2×14=28（平方分米）	三角形面积忘记"÷2"计算乘法忘记补"0"。	20×14÷2=140（平方分米）
一块三角形铁皮，底边长 2.4 厘米，高比底边短 8 厘米，这块铁皮面积是多少？	2.4×8÷2=9.6（平方厘米）	审题错误；把第二个已知条件看错，高比底边短 8 厘米，看成高 8 厘米，两个条件单位名称不同没看出来。	2.4×10×8÷2=96（平方厘米）

　　我指导晨晨把试卷错题订正之后，又统计了因马虎丢掉的分数，整张试卷扣掉 51 分，其中马虎丢分 32 分，不会做的题目失分 19 分。通过分析记录，晨晨和妈妈认识到了马虎的后果，知道了马虎的具体原因，找到了下面这几类粗心的现象：在做题时多个"0"，或者少写单位了；小数点的位置点错；上边一行算式中的数字是"23"，换了行书写就变成"32"；本来解决问题的题目连续两问，她只解答第一个问题，第二问没看见；有的是不写单位，或者漏答；有的题目看错条件，还有的看错问题，总之，有些不是由于不会而导致的错误。我让晨晨准备一本"记错本"，把作业和考试中的错题都记在本子上，有时间拿出来翻一翻，提醒自己注意。

　　晨晨妈妈感慨地说："我总认为晨晨比较聪明，学习一定能不错，我知道她是个马大哈，做题粗心，但我想只要不是不会可以原谅，也就没在意。"

　　接着，我又给晨晨讲了下面这个故事。

　　人们都喜欢用"马虎"来形容某人办事草率或粗心大意，殊不知在这个俗语的背后，还有一个血泪斑斑的故事。

　　宋代时京城有一个画家，作画往往随心所欲，令人猜不清他画的究竟是什么。一次，他刚画好一个虎头，碰上有人来请他画马，他就随手在虎头后画上马的身子。来人问他画的是马还是虎，他答："马马虎虎！"来人不要，他便将画挂在厅堂。大儿子见了问他画里是什么，他说是虎，二儿子问他，他说是马。

不久，大儿子外出打猎时，把人家的马当老虎射死了，画家不得不给马主赔钱。他的小儿子外出碰上老虎，却以为是马想去骑，结果被老虎活活咬死了。画家悲痛万分，把画烧了，还写了一首诗自责："马虎图，马虎图，似马又似虎，长子依图射死马，次子依图喂了虎。草堂焚毁马虎图，奉劝诸君莫学吾。"

诗虽然算不上好诗，但这教训实在太深刻了，从此"马虎"这个词就流传开了。

我对晨晨说："马虎既是一种态度，也是一种习惯，不及时纠正不但会影响学业成绩，将来还会酿成大祸。"

晨晨惊诧地说："真没想到，马虎这么可怕！"

晨晨妈妈开始重视矫正晨晨马虎的毛病，经常帮晨晨检查作业，每次都能找到错题。妈妈打电话求助，她在电话里无奈地对我说："我发现晨晨写作业从来不自己检查，反复叮嘱也不听，请您帮我说说她，因为孩子就听老师的话。"我跟晨晨的妈妈商量，今天不帮她检查作业，明天我批改作业发现错误太多时再找她谈话。

我又找来晨晨，表扬了她的进步，又对她写作业提出以下建议：

(1) 放慢写作业速度；

(2) 必须自己检查；

(3) 检查方法：做一道检查一道，确信没错再做下一道；

(4) 复查时用反向代入法检验。

同时规定，如果妈妈检查作业出现了错误要在作业下边写清楚，老师批改作业要扣分。

通过观察，我发现晨晨做练习或考试时，不用草稿本，不论数字多大都口算。我要求她准备一本草稿本，写作业或考试时先把草稿本放在桌面上，两位或两位数以上四则计算尽量在草稿本上算，不要口算。

在妈妈的严格要求下，晨晨照我的要求来做，作业错题的数量明显较少。

在个别辅导过程中，我发现晨晨知识掌握不扎实，有的知识模棱两可。例如，计算面积应该用面积单位，她写长度单位；本来题目要求计算图形的周长，她用面积公式来算。我指出晨晨的这些缺点，提醒她重视基础知识的学习，平时加强复习和练习，打牢基础，马虎与不熟练、含混不清有关。

一个学期过去了，晨晨基本上改掉了马虎的毛病，学习成绩有很大提高，现在已经进入了优秀学生的行列。

这个故事反映的是"马虎"问题。在学习过程中，有些学生经常会出现马虎现象，具体表现：一是在答题过程中不认真思考，不仔细审题；二是因为不会检查，在复查中无法发现并改正错误。马虎既是态度问题也是习惯问题。马虎是一种不负责任的表现，也是应付了事的生活态度，不但影响今后的学习，还会形成不求上进的思想品德。

马虎的原因是多方面的，有的是性格问题，急性子爱马虎；有的是态度问题，对学习不认真就容易马虎；有的是熟练问题，对知识半生不熟最容易马虎；有的是认识问题，没认识到马虎的危害……解决马虎问题必须对症下药，根据产生马虎的原因，有针对性地做工作。

1. 对马虎的危害认识不足

马虎既是一种人生态度也是一种行为习惯，不求甚解、粗枝大叶、稀里糊涂、丢三落四、敷衍塞责都是马虎的具体表现。许多学生和家长对此没有清醒的认识，不能采取措施及时进行矫正，久而久之形成马虎的习惯，影响孩子的发展。故事中的晨晨认为马虎不是不会，只要用心答题马虎的毛病就会改正；家长认为孩子比较聪明，学习应该不错，马虎只是小毛病。

2. 没有形成良好的学习习惯

习惯是经过反复练习而形成的较为稳定的行为特征，学习习惯是指学生为达到好的学习效果而形成的一种学习上的自动倾向性。著名教育家叶圣陶先生说，什么是教育，简单一句话，就是要培养良好的习惯。学习马虎、工作粗心、生活应付了事，渐渐地就会形成马虎的习惯，因此老师和家长一定要认识马虎的危害，采取措施进行矫正，从小培养学生认真仔细的良好学习习惯。故事中的老师和家长相互沟通，密切配合，共同矫正晨晨的马虎毛病，收到了良好的效果。

3. 知识掌握不扎实

熟能生巧，熟能生准，知识掌握不扎实也是造成马虎的原因。计算"2+3"等于几，成年人随口答来一定不会错，但一年级孩子就可能错，因为他还没形成自动反应。所以，基础知识的掌握，到了能自动反应的程度，马虎才会大大减少。晨晨对所学知识掌握得不熟练，有时模棱两可，因此容易马虎。

4.性格原因

一般来说，大大咧咧性格的人学习和做事爱马虎，因为他们不拘小节、办事粗心，反映在学习上，容易增加失误。

那么，老师该如何对马虎的学生施以心理辅导呢？

5.让学生认识马虎的危害

让-雅克·卢梭（Jean-Jacques Rousseau）有句话很精辟人之所以犯错误，不是因为他不懂，而是因为他们自以为什么都懂。想要解决"马虎"问题，如果在思想上没有足够、正确和清醒的认识，那么"马虎"的问题是解决不好的，它会像幽灵一样随时出现，会消蚀本已拥有的成就，更会影响以后的行为习惯。晨晨的老师通过讲故事，让晨晨认识马虎的危害；又通过统计考试马虎失分，让晨晨认识到马虎给学习带来的后果；在同家长交流时，从影响孩子发展的角度谈了马虎的危害："马虎既是一种态度，也是一种习惯，不及时纠正不但会影响孩子的学业成绩，还会形成不求甚解、粗枝大叶的思维方式和生活态度。"只有家长和学生认识到马虎问题的严重，行动才会更自觉。

6.帮助学生找出各种马虎现象

马虎的现象因人而异，老师要帮助学生找到马虎的具体表现，让学生知道自己粗心的原因，有利于自我认识、自我矫正。故事中的老师在同晨晨订正试卷错题时，用列表法列举出晨晨马虎的情况，让晨晨知道自己易出错的地方：抄错数，三角形面积忘记"÷2"，计算乘法忘记补"0"；审题错误，把第二个已知条件看错，高比底边短 8 厘米，看成高 8 厘米，两个条件单位名称不同没看出来，并让晨晨准备一本记错本，把作业和考试中的错题都记在本子上，有时间拿出来翻一翻，提醒自己注意。

7.教给学生预防粗心的技巧

故事中的老师教晨晨复查时用反向代入法检验；编一本错题集，了解自己易出错的地方，以便纠正；对写作业提出具体要求，①放慢作业速度，②自己必须检查，③检查方法是做一道检查一道，确信没错再做下一道。这样做，学生粗心现象会明显减少。教给方法比唠叨责怪更有效，因为对于学生的粗心问题，老师和家长反复叮嘱，毫无意义。

8.老师要注意培养学生良好的学习习惯

培养学生良好的学习习惯是教学中的重要目标，如到了中高年级要指导学生使用草稿纸，列竖式计算时退位和进位要写上标记等。一开始就严格要求，才能养成认真仔细的好习惯，习惯往往比方法更重要。

如何对待经不起挫折的学生

我们先来看一个案例。

暑假开学，班里转来一名叫李响的新同学。

两周后，李响的母亲突然打来电话："老师，李响不想上学了，我很着急，你说该怎么办？""为什么不上学了？"我好奇地追问。"我去学校和您详细谈谈吧！"

见到了李响的母亲，她焦虑地对我说："在以前的小学，由于李响的成绩比较好，深受老师的宠爱，老师视他为宝贝，几乎任何表扬都有他。现在换了学校，你没有经常表扬他，经历了两次小测验之后，成绩也没处于最前列，他感觉你心目中没有他。以前的辉煌已不存在，他很失落，觉得班上同学之间的竞争很激烈，自己不是竞争对手……"

我忽然意识到，自己当了多年的班主任，只看到孩子天真可爱的一面，却忽略了一个令人深思的问题：这是些"草莓族"的孩子，外表看起来色彩鲜艳，"疙疙瘩瘩"的挺有个性，里面却苍白绵软，稍一施压就变成一团稀泥，他们的心理承受能力太弱了。

"你回家多做做孩子的思想工作，让他到学校来，我们一起想办法吧。"送走了家长，我的心依然难以平静。今天的孩子是"抱着蜜罐"长大的，丰衣足食，但他们缺少最起码的承受力和应变力。在一个新的环境里，以前的特殊地位没有了，心理上得不到满足和平衡，就不想上学，这是多么可怕的心理性挫折！

第二天，李响来了，但我没有单独找他交流。我努力地忽视着他的存在，同时也在暗示他：不要总是一味地以自己为中心，环境发生了变化，你由主角变为配角，不被重视，你需要的是调整心态，适应新的变化。既然生活充满了艰辛和残酷，与其将来让他在挫折面前自怨自艾，不如现在就把挫折"送"给他。

四天过去了，星期五，我们以"给挫折一个微笑"为主题开了一次班会，会上我给大家讲了张海迪的故事。这个榜样，使学生们知道了，挫折是生活中不可避免的，是生活的一部分，任何人在他的生命旅途中都会遇到挫折。虽然人们不喜欢挫折，但挫折却不会放过任何一个人，所以，既然躲不掉，就只有勇敢面对了。

周末，我让每个学生向父母了解他们心中的忧愁。李响同学在日记本上写道："直到今天我才知道，我的学习状态是父母最大的忧愁，然而他们并没有放弃，一直在努力着……人生的路是坎坷的，学习上的挫折是可以战胜的。我要感谢这次挫折，它使我在追逐梦想的旅程上，经历了暴风雨的洗礼，我要带着喜悦与欢快的心情，与父母携手，同看美丽的彩虹……"

之后，他在学习、生活中表现出了极大的热情和主动，成绩也不断地提高。

然而，我没有就此搁浅，我要把真正的挫折教育贯穿整个生活实践。在上课、班级管理中我有意识地给他们适度的"挫折"：对那些学习总是拔尖的学生，让他们尝试一下失败和挨批评的滋味。考虑到现在的学生非常缺少实践的磨难，我就有意识地增加劳动实践。通过周前集会、升旗仪式、学科教育及个别谈话等各种方式，培养孩子在"黑暗中看到光明"的自信心。

我的学生渐渐地变得豁达开朗，遇到挫折也能输得起。有一次年级拔河比赛，我们班输了，回到教室，李响带头哭，但我知道这是孩子在抒发情绪，我没有打断，也没有评论。很快，他又第一个站起来说："一句名言说得好，'人的生命似洪水在奔腾，不遇着岛屿和暗礁，难以激起美丽的浪花'。越王勾践卧薪尝胆的故事早就成为后人逆境奋起的典范。'天外有天，人上有人'，失败也是我们难得的一笔财富。"很快大家忘掉了不愉快，重新振奋起来。这时，我深深地知道平日潜移默化的挫折教育，正是孩子成长不可缺失的营养，是他们人生的必修课。

参加素质教育实践，学生在农村吃住一个星期，每天都要劳动，最后一天进行十公里的登山远足，李响同学的两只脚都磨破了，但是他们不但坚持了下来，而且没有一个叫苦的。此时，我既心疼，又自豪！

新年联欢会上，同学互赠着自己制作的贺年卡。我郑重地说："我送大家的礼物是——挫折！其实，这份礼物在'给挫折一个微笑'那次班会后，你们就已经收到了，正是一次次的挫折，才造就了你们今天的自信与顽强……"教室里响起了掌声。

上述案例提出的问题特别有时代意义，案例中反映的老师开展挫折教育的经验也十分珍贵。

人生哪有不遇到挫折的，挫折几乎是生活的一部分内容。学生如果不能学会如何对待挫折，他就是一个"发育不全"的人。当学生遇到挫折、失败时，作为老师，不可怨天尤人，更不可满不在乎，重要的是与学生共同面对挫折与失败，认真找出问题之所在。一方面，老师要认识到，学生在遭遇挫折时有各种各样的心理反应是正常的，要允许学生通过各种途径去发泄。另一方面，作为老师，当挫折出现时，还要使自己的认识高于学生，要想方设法抓住契机教育学生，帮助学生树立自信心，学会根据自身的条件和实际情况选择努力方向，确立奋斗目标。

本案例通过李响同学想退学事件，叙述了班主任老师对学生进行挫折教育的过程和方法。老师没有简单的就事论事，不了了之，而是以此为契机，针对学生受挫后心理承受力差的特点，在对学生进行教育的过程中，善于用心去发现问题，用开主题班会等多种方式，别出心裁地解决了问题，使学生内心受到触动，达到了自我教育的目的。

人生的路上难免会遇到挫折，但是不要放弃，摔倒了再爬起来，同时思考为什么会摔倒，怎么爬起来，以后如何避免摔倒，从而领悟到人生的真谛。班主任在工作中，要教育和引导学生正确地面对人生中的各种挫折，在挫折中磨砺意志，在失败中吸取教训，在挫折和失败的磨炼中不断成长。

如何对待胆怯退缩的学生

小D，男，13岁，初中一年级的学生。他头脑灵活，学习成绩一般；性格比较内向，不善言辞；总是看不到自己的长处，习惯拿自己的缺点和别人的优点做比较；课上不积极发言，胆怯退缩；面对班里、学校组织的活动总是躲避，即使参加也多是躲在一旁沉默寡言；与其他同学相处时态度冷漠，遇事冷淡且缩手缩脚。同学觉得他言行很古怪，所以躲避他。他有着强烈的自卑感，这是他平时的一贯表现。

一次语文课上，他的胆怯退缩和不自信得以凸显。上课铃声响了，语文老师走进教室。按照惯例，先要复习上节课的内容——听写生字。其实小D课下已经复习得很充分了，但是当老师问："哪个同学愿意到黑板上写？"他却狠狠地低着头，压抑着内心非常想去的想法，于是机会被别的同学争取到了。他后悔地咬着自己的嘴唇，"小D，你是胆小鬼！"不知道这是多少次责备自己了。接着老师讲授新课《春风吹》。"春天来了，春风吹绿了各种树，也吹绿了路边的冬青。这句话说得对吗？"老师提出问题以后，同学展开了激烈的讨论。这回小 D 发誓一定要举手回答。他畏畏缩缩地举起了手，可是刚举了一半又很快地放下，然后用胆怯的眼神偷偷打量着周围。细心的语文老师看到了这一情况，用信任与鼓励的眼光看着他并微笑着说："小 D，你来说说好吗？"同学用惊讶的眼光齐刷刷地注视着小 D，只见他迟疑了一下，用怯怯的声音回答道："不……不对。因为松树冬天是绿的，冬青冬天也是绿的，所以说，吹绿了各种树是不对的。""哗——"全班同学报以热烈的掌声。老师也激动地说："你真行！老师为你感到高兴！"这句话也像春风似的吹进了小 D 的心里。当教室又响起一阵掌声时，他发自内心地笑了。

胆怯其实无处不在。美国斯坦福大学心理学家菲利普·津巴多（Philip Zimbardo）通过对近万人的调查发现，大约有 40 % 的人认为自己羞怯、腼腆。另一项由心理学家伯纳多·卡达西组织进行的对 1 600 人的测试表明：羞怯者竟占了 48 %。所以，老师应该正视胆怯这一心理反应。案例中，小 D 的父母均在外地做生意，由于经济紧张，将小 D 寄养在爷爷奶奶家。爷爷奶奶成为家庭教育的承担者和与学校的联系者。父母只是每年探望小 D 两次。现在家庭生活支出全靠爷爷的退休金，奶奶偶尔摆摆菜摊儿，生活较为艰辛。因此，总是感觉底气不足，比其他同学"矮半截儿"。从小 D 的表现看，他属于环境（家庭和学校）不良造成的强烈自卑导致自尊心的缺失，自信心的丧失使其总是表现得唯唯诺诺，胆怯退缩。人本主义心理学认为，每个人都有实现自我价值的需要，都有实现自我潜能的能力，在生活中都需要他人的关注。同样小 D 也需要父母的关爱和同学及老师的欣赏与鼓励。但由于不理想的生活环境使他的这种需要得不到满足，逐渐形成一种长期困扰其身心发展的不良情绪。另外，随着自我意识和独立意识的发展与增强，表现自我的需要越来越明显。但是他摆脱不了低人一等又自以为是的精神痛苦，本打算获得别人的尊重，但结果却恰恰相反。小 D 由于不能得到老师和同学的理解和尊重，从而对学校和班级产生不信任感。同时，又因其现阶段的心理特征和家庭中父爱、母爱的缺乏，他很想加入学生中来，找到归属，获得承认和尊重，体验成功和自信，但由于受到不合理信念的驱使，他的这些愿望不能成为现实，从而形成心理矛盾冲突并受到困扰。基本需要的缺失，造成他的心理失衡：每当和同学的亲近行为受到拒绝时，都会给他内心带来极大的心理压力，自信逐步丧失，最后导致心灵的自我封闭。虽说胆怯是人类在漫长的进化过程中为适应环境而逐渐形成的，是人类的一种本能的防御反应，目的是保护自我，但是这种心理毕竟对青少年的成长尤其是社会性的发展是不利的。

因此，在教育管理中，老师对这种隐性的问题行为也要认真防范，及时矫正，案例中的语文老师对这个问题就处理得很好。她运用积极的心理暗示，给小 D 以正面的鼓励和支持，为他提供了在众人面前展示自己的机会，帮他树立了自信心，这样的暗示反复出现，就可以使小 D 的自信心得到增强和巩固。

接下来具体谈一下老师应该如何有效应对学生胆怯退缩的问题行为。

1. 争取家长的配合

教育家苏霍姆林斯基说过，教育的效果取决于学校和家庭教育影响的一致性。如果没有这种一致性，那么学校的教学和教育过程就会像纸做的房子一样倒塌下来。仍以案例中的小 D 为例。首先应该和孩子的家长取得联系，客观地告知家长孩子现在存在的问题，让家长反思一下，平时在教育孩子的过程当中存在哪些不恰当之处，并及时纠正，与老师密切配合。例如，小 D 的妈妈每天给他出大量的数学练习题，放学回家，除了吃饭就是做题，回家就像钻进了鸟笼一样。通过与老师多次共同座谈，小 D 妈妈终于明白了：大量的机械式练习只能使孩子步入"单调重复—枯燥厌倦—效率低下"的怪圈，再加上家长一味加压呵斥，久而久之，在恶性循环中，扼杀了孩子的天性，导致小 D 对学习彻底丧失信心，甚至自我封闭，对遇到的问题采取逃避的态度。解开了小 D 妈妈的心结，小 D 也像解放了一样，常常皱着的眉头舒展了。其实，到这里问题就解决了一半。

2. 奉献师生的关爱

师爱的力量是无穷的。但只有科学、理智和艺术的师爱，才能像润物细无声的春雨深深浸入学生的心田。学生也只有亲其师，才能信其道。所以，作为老师要尽可能地从学习上、生活上关心学生，尤其是对那些存在一定问题的学生，无条件地支持、鼓励、帮助他，让他深刻体会到老师对他的期望和关爱。课堂是学生表现自我、体验成功、树立信心的重要舞台。因此，老师要立足课堂，细心留意学生的情绪反应，充分利用老师的教学语言和体态语言，如一个鼓励的眼神，一声亲切的赞许，都足以让那些胆怯的孩子感受到老师的关爱、信任和支持。老师要把握时机，选择一些难度适宜的问题让他们回答。特别是在他想举手回答问题但又犹豫时，要用信任的眼神看着他，直到他大胆举起手。当他回答正确时，可以让全班同学为他鼓掌。当他回答有误时，也不要批评训斥，要用尽可能亲切、委婉的语气告诉他继续努力。另外，还要抓住课余时间与学生搞好情感沟通。课余时间是师生友好交往、和谐相处、心灵沟通的最好时间。而友好、和谐、民主、自由的班级氛围才会让那些孤独、胆怯、自卑、退缩的孩子感到温暖。因此，老师要时常教育学生：同学之间怎样团结友爱，怎样互相关心，怎样和谐相处，怎样学会宽容别人，怎样珍惜同学之间的友情。在教育其他学生的同时，鼓励像小D一样的学生和同学一起活动、游戏。让他们从中体会老师和同学亲如一家的感觉，让他们不再感到胆怯、无助和孤独。

也许，过不了太久，你就会发现你所面对的学生都那么活泼、可爱而自信！

如何对待冷漠的学生

我们先来看几个教育案例。

案例一

情景一：某老师早上上班，正好遇见以前教过的几个学生一起上学。谁知这几个学生看见迎面而来的老师，急忙把头偏向另一边，继续谈论着他们的话题，对曾经的"恩师"视而不见。

情景二：某校一班主任工作兢兢业业，就在中考前几个星期，突然病倒，被确诊为胃癌。班长提出班上学生自愿捐款，为她买点礼品，并准备利用星期天去看望班主任，可班上很多学生表现出一脸的不情愿。下课后，有的同学私下嘀咕道："我没钱，上次不是已捐过款了吗？"有的同学说："我不去，星期天还要去补课。"有的同学说："星期天我要去亲戚家吃饭。"还有的同学说："我不去，听说这病会传染的。"

案例二

某校六年级一名学生因为学习用功，成绩不错，被老师安排和一个成绩一般的同学同桌，希望他能帮助这个学生。可他面对同学的求教总是很不耐烦，敷衍了事，甚至拒绝借出课堂笔记和复习资料。还有，某两位小学生总在别人受到批评时就开怀大笑，看到别的同学摔倒擦破了脸，他们不但不去安慰还幸灾乐祸地哈哈大笑。又有一些学生，看到另外两个学生打架，他们不但不去劝说，反而围起圈子喊着号子说："打得好，使劲打！"

案例三

某校初三学生进行第一次模拟统考，在阅卷中，有一篇作文让阅卷老师潸然泪下。在文章中，作者写道，在她五岁时，父亲在一场突如其来的车祸中身亡。从此，她与母亲相依为命。可天有不测风云，人有旦夕祸福，两年前，她母亲积劳成疾，终于病倒，被市医院确诊为"糖尿病"。小小年纪的她饱尝了生离死别的痛苦，好在有党和政府的关心帮助及社会各界和亲朋好友的无私捐助，才使她得以继续在校学习，母亲的病情也有所好转。文中体现出"社会主义制度的优越性和人间处处是温暖"的主题。负责批阅作文的老校长愧疚难当，觉得自己没有尽到了解、关心和帮助学生的责任，这是自己的失职。放下试卷，他立刻去找该同学表示歉意，并提出要给予经济上的支持。可哪里知道，那位同学却淡淡地说："作文的情节是我虚构出来的。"

由于社会风气的影响，市场的趋利性、排他性和商品交换原则及追求利润最大化的原则的盛行，社会失范行为处处可见。受其影响，一些学生对"不谦让，不为别人着想"习以为常，并随着年龄的增长，自私、霸道表现得越发突出。学生周围的人群，包括家长和老师，有时"恨铁不成钢"，用尖刻的语言奚落、讽刺、挖苦孩子，伤害了孩子的心灵，使孩子的情感日渐冷漠。独生子女的地位，使一些学生养成了"一切以我为中心"的心理，在人际交往中与他人难以沟通，从而产生隔阂，对人冷淡。有的学生"感觉人与人之间的关系太冷漠"，自己索性也冷漠；有的学生在人际交往的矛盾冲突中受不得半点委屈，心理承受能力差，加之年轻气盛，互不相让，产生了疏离感；还有的学生由于好高骛远，产生了理想与现实的矛盾，滋长了不满和失望的心理，加上不能进行自我调整，由此产生了对人对事的冷漠。

学生心理的冷漠化倾向，是一种致使青年学生人格变态发展的"病菌"。它不利于培养和提高青年学生的思想道德素质，不利于培养身心俱健的一代新人。老师不能对孩子心理冷漠的现象掉以轻心。

对待学生的冷漠化倾向，老师可以尝试以下措施。

1. 通过班级氛围改变学生的心理

老师要着力在班级内营造良好的舆论氛围，唤起学生内心的良知、正义感、荣誉感和羞耻心，充分发掘学生内心世界的"性善"部分，从而自觉主动地约束自己的行为，不断提高自身的道德素养，形成健康积极、乐观向上的道德情操。老师也可以通过一些文化活动来感染、鼓舞和引导孩子，激发孩子"感恩知足"的感激之情，培养乐于助人、关心他人的同情和怜悯之心，并且将这种情感用语言和行动表达出来。

2. 有针对性地进行心理健康教育

如果发现某些学生的这种心理特征特别突出，老师要有针对性地对学生进行系统的心理健康教育，通过对学生日常交往所表现出来的思想品行进行案例分析与评价，逐步提高他们辨别是非的能力。同时，引导学生对自身的言行进行自我分析、自我评价、自我体验，懂得如何善待自己、善待别人，正确处理个人与社会的关系。

3. 教会孩子做人的基本知识，建议从家庭做起

家庭是子女品德形成和发展的摇篮。孩子不仅需要呵护，更需要潜移默化的道德教育，如良好的行为习惯、礼貌礼节、待人处事和兴趣、价值观的培养。例如，好吃的东西总是给孩子，差的给大人，家长认为理所当然，孩子也欣然接受。久而久之，孩子对"不谦让，不为别人着想"习以为常，并随着年龄的增长，自私、霸道表现得越发突出，甚至凌驾于父母之上。老师发现孩子身上的问题后，要及时进行德育教育，教孩子回报大人的爱心，激发他们的感激意识。

如何对待虚荣心强的学生

有这样一个教育案例。

小英平时在物质上讲排场、搞攀比，在交际上好出风头，在人格上很自负，嫉妒心重，在学习上不刻苦，还经常会吹牛、攀比、挖苦、排斥别人。看到同学背了个新书包，小英就一定要让父母也给她买一个新的；看到同学家长开着汽车来接，总是表现出蔑视的态度，吹嘘自己的叔叔（或其他亲戚）家有好几辆高档轿车；看到同学穿了新衣服，就说人家这不好、那不好；看到同学成绩考得比她好，就说人家作弊；她还爱撒谎，说自己家有很多好东西（其实家境并不是很好），某某领导是自己的亲舅舅；喜欢在背后说人坏话，揭人短处……因此，她在班级里的人际关系比较紧张，同学都不喜欢跟她玩。

虚荣心是一种常见的心态，是自尊心的过分表现。虚荣心强的学生总是否定自己的短处，总是要诋毁别人。因此，他们有时缺少远大的理想，缺乏

良好的人际关系。假如无条件满足虚荣心，很容易导致他们犯罪或受骗。所以，辅导学生克服虚荣心理是很有必要的。

1. 帮助学生认识虚荣的危害

学生之所以会存在虚荣心理，就是因为他们没有意识到它是有危害的。老师可以通过讲解图文或观摩影片的形式，向学生宣传一些由于虚荣而犯罪或受骗的典型例子。看完后，可以组织学生对相关内容进行主题讨论，也可以让学生对相关主题以书面等形式发表各自的看法。让他们从中认识到虚荣心的危害性，纠正他们原有的错误认知，从而使他们有动力去行动、去克服。

2. 帮助学生树立正确的审美观

面对社会、政治、经济、文化的转型，科学技术的迅猛发展，以及"信息社会化，社会信息化"的总体趋势，学生将承受各种意识形态的冲击。面对诱惑，对于判断能力差的小学生来说，就更不容易分清事物的美和丑了。所以，老师要想方设法让学生认识到什么才是真正的美，什么是真正的丑。老师可以在班上组织学生开展大讨论，确立如"朴素与艰苦奋斗是美还是丑"之类的主题，让学生各抒己见。最后，由老师做总结性的发言。如果是高年级学生，老师还可以组织学生开展辩论赛，让学生搜集大量有力的论据，通过正、反两方唇枪舌剑的较量，使学生理解到朴素、艰苦奋斗的含义，体会到美的真谛。在实际生活中，他们就不会再刻意去追求外表装饰，虚荣心在他们身上也就没有生存的空间了。

3. 帮助学生树立正确的荣辱观

每个人都好面子，特别是小学生，由于他们看问题存在盲目性、片面性，所以很难对"面子"有正确的认识和态度。老师要通过各种形式，如小品、课本剧等，吸引学生积极参与活动，使他们从一个个鲜活的实例中得到深刻、具体的体会，逐渐树立正确的荣辱观。要让学生知道"面子不可没有，也不能强求"，让学生体会到做人必须"实"，绝不可"打肿脸充胖子"，过分追求荣誉，很容易使人格受到扭曲。同时，老师还要引导学生正确看待失败与挫折，让学生明白"失败乃成功之母"。如果学生能从失败中总结经验，从挫折中悟出真谛，那么他们就能重拾自信。

4. 帮助学生学会把握攀比的尺度

攀比是一种常见的心理现象，但需要把握好比较的方向、范围和程度。老师在引导学生与他人比较时，要立足于社会价值，而不是个人价值，如比一比个人在学校和班上的作用与贡献；要引导学生立足于健康的比较，如比勤奋、比刻苦、比干劲、比实绩，而不是贪图虚名、嫉妒他人、表现自己；要引导学生把握好比较的分寸，让学生学会正确地评价自己，正视自己的实力，避免能力一般的与能力强的相比。

5. 积极发挥榜样的作用

老师要积极树立正面典型，用榜样的力量来教育那些具有虚荣心的人，这往往比空洞的说教更有教育效果。老师可以从大量的名人传记、名人名言及现实生活中，以那些脚踏实地、不图虚名、努力进取的英雄人物、社会名流、学术专家为榜样。有可能的话，也可以就地取材，从本校或本班找出正面的典型事例，用学生身边的人和事作为榜样，能起到更好的效果，这能让学生觉得更现实、更具体、更有说服力。平时，老师就要时刻注意引导学生向这些人学习，努力完善人格，教育他们做一个"实事求是、不慕虚荣"的人。

6. 提高学生的自信心

具有虚荣心的人，大多也存在自卑心理。虚荣只是他们的一种心理补偿，他们竭力追求浮华，无非就是为了掩饰深层的心理缺陷。在这种情况下，老师的首要任务就是帮助他们建立自信心。老师要善于发现学生身上的闪光点，并能及时地抓住，还要想方设法地帮助学生将这一闪光点放大，让它能成为照亮学生心理的明灯。要发现学生身上的优点，主要是靠老师平时细心观察，也可以借助一些其他方法，如帮学生建立成长记录袋之类能全面反映学生情况的方式，这可以避免因老师的一时疏忽而有所遗漏，还能得到来自家长、老师、学生多方面的评价，从而更客观、更全面地了解学生，如果情况比较特殊且有条件的话，还可以建议学生参加一些自信心心理训练以克服自卑。

如何对待心理偏激的学生

我们先来看一个案例。

晶放学后常去书店、礼品店、超市闲逛。有一次，不知怎么回事，她突然产生了一种想偷东西的念头，于是趁人不备将一件文具藏到口袋中，伴着一阵心的狂跳很快走出商店。回到家中，看着偷来的文具，她产生了一种从来没有的兴奋感。以后就一发不可收拾，她只要一到商店，就想顺手牵羊"带"走些东西。如能得手便感到很刺激，无法得手心里就觉得憋得难受。其实她自己并不需要那些东西，她常将偷来的东西送给同学。只是每次得手后，都会有种莫名的快感。然而，事后又会很紧张，常常自责，想不干又控制不了自己，常处于极端矛盾之中。最近，她和同学一起逛超市时忍不住又偷了一件文具，恰被同学发现。在她的再三恳求下，这位同学答应不张扬出去，但再不愿也不敢和她同行。晶也因自己的偷窃行为和偏激心理感到痛苦，她向本校的心理健康老师求助。心理健康老师与她进行了深入的交谈，从她的谈话中了解到：晶从小聪明活泼，父母对她的期望值很高，从小就让她学很多她不感兴趣的东西，如舞蹈、乐器、英语等。上了小学后，父母对她的学习一直抓得很紧。为了让她的成绩保持在班级前三名，每天除学校作业外，还有大量的家庭作业，每逢双休日还得外出补课。于是，晶开始用拖拉作业的方法逃避家庭作业，而后连学校的作业也少做或不做，成绩每况愈下，引起父母和老师的不满。晶觉得自己很失败，越来越沉默寡言。自从她第一次在商店得手后，突然感到一种从未有过的刺激和兴奋，从此便欲罢不能。

在和晶的谈话中，心理健康老师发现：一方面，晶从小被父母强迫学习许多她不感兴趣的东西，小小年龄的她除顺从外别无他法。上学后过高的家庭期望值反使晶产生厌学心理，而学习成绩下降又使她越来越自卑，认为自己是个失败者。每个学生都渴望自己取得好成绩，受到师长和同学的认同。由于反复失败，这种愿望会被压抑到心灵深处，甚至在不能顺利实现时，成功的愿望就以扭曲的形式表现出来。晶就是在这种失败与渴望成功的不成熟的心态中，追求错位的"成功"，以此来"证明"自己存在的价值；另一方面，晶在谈话中承认自己有一种报复的快感。过高的期望值使她在被束缚、被压抑与自由发展的矛盾中痛苦不堪，无法将这种情感表达出来，更无力反抗，但在青春期的逆反心理影响下，潜意识中的不满、报复心理便会像火山一样爆发出来。晶难以自拔是因为她虽然知道自己的行为是不被容许的，但这种行为却能给她带来"成功"的快感。

针对此原因，心理健康老师给晶进行了心理治疗。第一，和晶一起分析这种不良行为的潜意识根源。她是个聪明的孩子，很快就领悟到自己错位的成功和报复心理对自己成长的不利。第二，利用厌恶疗法，使晶想象自己拿东西"被抓后"的情景，她感到害怕极了。第三，帮助晶认识什么是真正的成功，让她发现与开拓自己真正的兴趣，鼓励她多与同学交谈，积极投入集体活动中去。经过两个月的治疗，晶的情况有了好转，通过偷东西来实现报复的偏激心理基本消失。

上面的案例带来的启示是：学生的偏激行为不能简单地归结于思想道德问题，其中隐藏着个人自我意识发展需要的错位及潜意识中自我防卫的逆反心理。老师要细心挖掘学生偏激心理的根源，对症下药。第一，当学生出现偏激心理时，老师要首先纠正学生的偏颇认知。

偏激在认识上的表现是看问题绝对，片面性很大，常按照个人的好恶和一时心血来潮去论人论事。缺乏理性的态度和客观的标准。易受他人的暗示和引诱，如对某人产生了好感，就认为他一切都好，明明知道是错误，是缺点，也不愿意承认等。偏激还容易使学生莽撞行事，不顾后果，如学生往往认为友谊就是讲义气，当他们的朋友受了别人"欺侮"时，他们往往二话不说，马上就站出来帮朋友打架，这些都是由于学生知识经验不足，辩证思维的发展尚不成熟，不善于一分为二地看问题，以致往往抓住一点就无限地夸大或缩小，自以为看到了事物的全部，极易出现以偏概全的失真判断，导致错误的结论。老师应帮助学生拓宽兴趣范围，积累丰富的知识经验，掌握基本的思维方法，引导学生全面、灵活、完整地评价事物，冷静、客观地看待问题。

第二，要引导学生加强意志力的培养，教学生进行情绪调解和积极的自我暗示。

老师应使学生明确行为的主要目标，严格规范自己的行为，"当行则行，当止则止"（王阳明《传习录》），提高自我控制能力。同时引导他们从小事做起，从今天做起，逐步磨炼意志；不要让学生认为克服心理障碍很难，不愿意努力；让学生明白，冲动的时候应该冷静思考再思考以暗示自己，克服偏激行为和意见。

如何对待存在攀比心理的学生

我们先看一个案例。

晓薇来自一个中等富裕的家庭，爸爸妈妈都是中学老师，对晓薇很宠爱，一般晓薇有什么要求，只要不过分，爸爸妈妈都会满足她。但是，最近妈妈发现晓薇越来越爱打扮，而且要求越来越多，老是缠着妈妈给她买首饰、买头饰，如果不同意就又哭又闹的，把妈妈弄得没办法。前段时间，晓薇又缠着妈妈要买一个头饰，妈妈这回坚决不同意，所以晓薇回家就把自己关在房间里，一个星期都没有理妈妈。妈妈被气得哭笑不得，正想和晓薇和解的时候，接到了晓薇班主任陈老师的电话。陈老师在电话里告诉晓薇的妈妈，晓薇今天把班上一位女生的一个漂亮的水晶头饰弄坏了，结果和那位女生吵了起来，还差点打起来，幸好被同学们拉住。妈妈一听吃了一惊，乖巧的晓薇竟然差点和人家打起来了，这怎么可能呢？妈妈匆匆赶到学校，看见了低头玩指甲的晓薇，而老师的办公桌上放着一个被弄坏的水晶头饰，妈妈一看，这个头饰跟前段时间晓薇吵着要的那个头饰几乎一模一样，妈妈心理开始有些明白了。

晓薇的诉说证明了妈妈的猜测，被弄坏头饰的女生叫清清，是班上一个很张扬的女生，她家境很好，总是带着很多漂亮的东西到学校里向同学们炫耀，为了笼络人心，还经常请同学们吃东西。晓薇很看不惯清清，但是却也很羡慕清清总是有那么多漂亮的东西，于是她也开始学会了买首饰、买头饰来打扮自己，因为在学校里要穿校服，所以她们都在一些装饰品、文具、手表等上面做文章。最近，清清的爸爸又给她买了一个很漂亮的水晶头饰，晓薇看见了，又是妒忌又是羡慕，于是回到家里也缠着妈妈给她买，但是妈妈怎么都不同意。今天，清清又把她的水晶头饰拿出来炫耀，晓薇气不过，借口拿来看的时候把它弄坏了，清清很生气，骂了晓薇，于是两个人就吵了起来……

改革开放和市场经济的发展，使人们的生活水平不断提高，发生了巨大的变化，而孩子在这样一个提倡消费的社会里，他们的消费行为却并不如想象中健康，其中攀比消费行为就是一个很突出的问题。

现在的初中学生早已学会了"吃要美味、穿要名牌、玩要高档"，他们身上穿的是上百元的衣服和鞋袜，上学放学有车接送，身上披金戴银，其消费水平和消费档次都让人吃惊。很多学生不是根据自己的主观需要和承受能力来决定自己的消费行为，而是盲目地赶时髦、讲攀比。别的同学喝饮料，我当然不能喝白开水；你有手机，当然我也不能跑在后面。学校似乎成了他们的竞赛场，可是他们比的不是学习、才华、能力，而是自己父母的地位、权力和财富。

如果家里有了这样的爱攀比、赶时髦的孩子，那付出的代价无疑是惨重的，尤其是对于那些家庭环境较差的，会不堪重负；而一旦家庭无法满足孩子，他们会片面地认为自己的家庭不好，父母没有能力，从而影响亲子关系，拉大家庭成员之间的距离。另外，如果学生的不合理需要得不到满足的时候，他们可能会通过一些不合法的途径，如偷、抢、勒索别人等方式来满足自己的欲望。可见，攀比消费行为对于初中学生来说是百害而无一利的。那造成学生攀比消费行为的原因又是什么呢？归结起来有这样几个方面。

第一，家庭环境的影响，父母的榜样作用。家庭是学生生活的第一社会环境，而父母的言传身教对于孩子而言更是有着很重要的意义。但是在有些家庭里，父母本身却是爱虚荣、爱攀比的人，老爱在自己的朋友或亲戚中炫耀自己的财物或成就，有时甚至把孩子作为攀比的对象，那孩子耳濡目染，久而久之也会形成爱虚荣、爱攀比的性格。

第二，学校忽视消费教育。这些年来，很多学校都在片面地追求升学率，而对于学生的日常生活能力的培养，尤其是消费能力、生存能力、交际能力的培养尚未引起足够的重视。比如，政治经济学是在高中才开设的课程，但其中涉及的内容多抽象理论，少现实生活；多概念原理，少实际操作，也对学生消费观念和消费行为影响不大。所以，对于学生而言，这方面的教育就是空白，有调查显示：40％的学生认为学校开设的政治课及形势教育课、社会调查活动对提高他们的商品活动能力没有帮助，28％的学生认为稍有帮助，而23％的学生认为上述活动根本就没有这方面的内容。

与此同时，即使有些学校开设有关方面的课程也是从节约的方面去谈消费的问题，这明显已经跟不上形式，是不全面的。从我国目前人们物质生活水平不断提高的情况来看，学校的消费教育应着眼于让学生会花钱，即该花的不应吝啬，不该花的绝不浪费，而不是仍旧片面地强调勤俭节约。

第三，社会风气不良所致。改革开放引入市场经济，也使人们的生活方式发生了很大的变化。在多元的价值观冲击下，人们的消费方式也发生了很大的改变，其中不乏高消费、盲目消费的现象。而对于尚未具备判断力的初中生来说，社会风气对他们有很大的影响，尤其是当学生把这些风气带到班集体，形成了攀比的班风时，对学生的影响会更大，因此如果不善加引导，就会对学生造成负面影响。

那么，如何帮助学生消除这种物质、金钱上的攀比想法和行为呢？下面几个方法供参考。

1. 晓之以理

造成学生爱攀比的原因，主要是爱慕虚荣的不健康心理。这样的学生，在虚荣心的驱使下，会忘记父母赚钱的艰辛，忘记勤俭简朴是中华民族的优良传统。所以，老师首先要让他们懂得自己的这种攀比行为，是建立在父母辛辛苦苦赚钱的基础上的。这里老师可以运用讲故事、演课本剧的方法，对之晓之以理。故事情节可以设计如下。

乐乐同学的家长，平时生活非常节俭。为了省1元车钱，每天摸黑起床步行去上班；为了省几元钱的餐费，平时总是自带腌制的酱萝卜、咸菜；为了多赚点钱，每天起早贪黑地工作，还经常承担加班任务等。他们唯一的希望就是让乐乐能更好地生活，为乐乐的学习创造更好的环境。可是乐乐呢？每天在学校与同学攀比谁的衣服好、谁的学习用品好，还经常要求父母帮他去买名牌物品，学习成绩却不怎么好。

老师可以让学生相互探讨：乐乐是个怎么样的孩子？你想对他说些什么话？你以后会怎么做？让学生在讨论的基础上明辨是非，并充分感受到父母用心良苦及工作的艰辛，萌发"自己应该把更多的精力放在学习上以此回报父母"的思想，从而产生行为矫正的内驱力。

2. 杜绝消极的暗示

有些家长很爱"讲面子"，不管有钱没钱都喜欢跟别人进行比较，特别是对待自己的孩子，总希望自己的孩子比别人强，给他们吃得好、穿得好、用得好，这自然给了孩子如下心理暗示：我什么东西都要比别人好。这样，当他们发觉比别人差时，就会产生攀比心理。因此，老师必须联合家长一起对学生进行教育，建议家长给孩子买东西时要以实用节俭为原则。平时，在语言上、行动上不与别人进行攀比，用自己的实际行动来教育孩子，杜绝消极暗示。

3. 巧妙地转移视线

学生的主要任务是学习，老师要引导学生把对物质、金钱的攀比，转移到学习方面的"攀比"。这里，可以采取"比学赶帮"的方法，即让学生之间形成良性竞争，每个人都应该争先恐后地进行学习，每个人都应该积极学习别人的长处，比一比谁的学习水平更高、谁的进步更大，让那些学习上比较优秀的同学，帮助那些"学困生"，比比谁帮助的"学困生"进步更快。当然"学困生"之间也可以积极地进行比较，争取赶上比自己学习好的同学。同时，每个学生还可以同自己以前的学习水平进行比较。每当学生进步时，老师要积极鼓励每名学生，对他们进行奖励。

4. 拒绝不合理需求

老师要建议家长不能一味地迁就、满足孩子的欲望和需求，要毫不犹豫地拒绝不合理要求；要培养孩子一种恬淡寡欲、知足常乐的心境，使他们拥有一种清静、安闲、自在的健康心理。另外，对孩子的需求不能简单地满足，要让学生明白，任何东西只有通过努力，才能得到报酬。如当学习成绩有进步时，学会一项新本领时，做了一件好事……在这种情况下才允许他们提出要求，而且是合理的要求，最终矫正他们"我想怎样就怎样"的不良心态。

如何对待产生嫉妒心理的学生

玲玲是班上公认的"好学生"，学习成绩优异，还擅长唱歌、跳舞、讲故事。然而，她最大的缺点就是看到别人超过自己时，心里就特别不舒服，还常常忌妒那些比自己好的同学。

有一次，班级里选拔同学参加学校的讲故事比赛。结果，她没被选上，同学们选了王丽参加比赛。为此，玲玲心里就非常不自在，在背地里说王丽并没有什么真水平，只不过是运气好罢了。当王丽向她请教讲故事的方法时，她挖苦说："你这个故事大王还用得着问我吗？"王丽向她借比赛服装，她也故意说没有。

还有一次期中考试，成绩一向不如她的同桌却在考试中超过了她，她不服气地说："同桌是偷看我的。"其实并不是这么一回事。

就这样，同学们看到玲玲总是嫉妒别人，渐渐地都疏远了她，她感到非常孤独、寂寞……

玲玲的表现就是嫉妒心理在作怪。

嫉妒心理是害怕别人超过自己而产生的一种莫名其妙的怨恨情绪和苦恼、难堪、怨愤的不健康的心理。在这种心理支配下，往往会利用贬低别人的方法排解心头的不满，结果是同学反目，好友成仇。可见老师有必要帮助学生克服这种不健康心理。

1. 分析嫉妒心理产生的原因，做到防患于未然

工作实践中可以发现，学生产生嫉妒心理的原因，一是由于老师对学生的评价不公，褒贬不当，造成学生之间在对比中产生了心理差距，从而诱发部分学生的嫉妒心理。二是由于学生个体之间存在着差异和某些学生存在着不健康的竞争心理所致。学生虽然在同一个年级和环境里学习和生活，但是由于他们之间存在着智力和非智力因素的差异，在某方面有可能甲同学超过了乙同学，或乙同学超过了甲同学，甚至平时较好的同学被较落后的同学超过。对此，若没有健康的竞争心理和虚心学习的态度，就容易产生嫉妒之心。

针对嫉妒心理产生的原因，老师可以做到防患于未然。具体做法很多，

如加强班集体建设，营造团结、友爱、和谐的班级氛围，促使学生都能在班集体里充分发挥自己的特长，以基本形成学生之间的心理平衡。再如老师应努力培养学生虚心好学的品质，极力促成学生之间的相互学习、取长补短。利用社会上虚心好学的人怎样"青出于蓝而胜于蓝"的事例，培养学生谦虚的品质，使他们懂得追求进步的人绝不会嫉妒别人。三是老师要对每位学生进行恰当的评价，批评和表扬都应注意分寸，防止因褒贬失当造成学生之间的心理失衡，而诱发嫉妒之心。这就需要老师对学生的情况透彻地了解，并做到一视同仁。这些都是预防嫉妒心理的良方。

2. 分析嫉妒心理的实质，指导学生的思想修养

虽然嫉妒心理的背后隐藏着极其珍贵的东西——竞争心理，但其消极面是主要的，处理不好很容易形成一种不健康心理，而且从某种意义上讲是心胸狭窄、自私自利的表现。在嫉妒者看来，别人的长处是对自己的威胁，承认别人的才能就等于贬低了自己。可见，要消除学生的嫉妒心理，关键是提高学生的思想认识，加强道德情操的修养，引导学生懂得"人生重在自我完善而非击倒别人""与其嫉妒别人，不如完善自我"的道理。为此，老师可以运用革命前辈虚怀若谷、豁达大度、"宰相月土里能撑船"的典范，指导学生充分发挥自我意识的积极作用，进行自我道德修养，提高他们的心理调控能力，及早地控制和消除嫉妒心理，使他们逐步成为宽宏大量、能够为他人的进步感到高兴的人。思想觉悟提高了，不仅能虚心好学，不嫉妒别人，而且对别人的嫉妒也能原谅，甚至能够有意识地将自己的缺点公之于众，以缓和对方的自卑感，产生平等感，起到缓和嫉妒的作用。

3. 分析嫉妒心理的危害，进行耐心疏导

嫉妒心理通常处于隐秘的、不公开的状态。但是，中小学生的嫉妒心理具有明显的特征：一是嫉妒对象的局限性，即他们朝夕相处的伙伴；二是表现的公开性，嫉妒心理一旦产生，就会直接指向嫉妒者，而且一有机会就予以发泄；三是认识的片面性，既不能正确评价自己，也不能正确评价同学，不能正确对待荣誉。可见，其危害是显而易见的。因此，老师要善于发现，及时引导，通过事实，讲清嫉妒心理既给自己带来困扰和苦恼，影响自己的思想和学习的进步，妨害身心健康发展，也会造成同学之间的隔阂，影响团结和班级工作，影响班集体的建设，甚至因为互相嫉妒、互相打击而酿成不幸事件。

事实证明，嫉妒心理很容易使人做出违反道德观的事情，破坏人与人之

间的关系。

在学生中，嫉妒心理多产生于优秀学生和特长生中。这些学生由于老师和家长的宠爱，同学的羡慕，头脑里容易产生骄傲情绪，一旦别人超过自己，就不满，甚至嫉妒。例如，某班班长由于学习委员的学习成绩超过了她而生嫉妒之心，使他们互不合作，造成了不良影响。班主任认真坦诚地找班长谈了话，要求她考虑和学习委员不团结的原因；与此同时又和学习委员谈了心，指出他学习的进步是个人努力的结果，告诫他要戒骄戒躁，还和他一起认真分析了他的缺点和班长的优点，要求他对班长应当表现出容人之大量。在学习委员的配合下，班长终于认识了嫉妒之心的危害。班干部的团结也促进了班集体的建设。可见，对嫉妒心理要采取耐心疏导的办法才好。

第四章

如何对待人际关系处理上的问题学生

如何对待有社交恐惧倾向的学生

在中小学生中，有社交恐惧倾向的学生并非个案，那么，如何对他们进行心理辅导呢？我们先来看一位心理咨询老师讲述的真实故事。

1. 咨询者的基本情况及主要问题

小叶是某校初三年级的一名男生，今年15岁，人较矮且有些胖，身体健康。小叶是家里的独子，家境比较富裕。小叶常常独来独往，没什么朋友，而且有时不来上课，在家里玩电脑游戏或看电视。父母要求他什么，他要么不理睬，要么大吵大闹，甚至把自己关在房间里，不出去，也禁止任何人进入他的房间。

在学校里，看见老师和同学都会让小叶感到害怕和紧张，上课时他从不把书放在桌上，也从来不做作业，上课铃声响了才进教室，下课铃声一响就跑出教室，独自在校园的某个角落里等着上课铃声响起……小叶对绝大多数事情和问题都采取逃避态度，认为所有的事情都是别人的错，从初一下半年开始一直如此。小叶性格非常孤僻，令人难以接近，而且他认为自己的行为是正确的。

2. 既往生活史与当前情景

小叶回忆，小学一年级时，他与一位同学打架，脸被刮伤后，就不喜欢与同学交流了，认为别人会对他造成伤害，因此不喜欢与同龄人在一起玩，每天放学回家就呆在自己的房间里。那时所有的邻居都认为他是一个乖孩子。小学高年级时，因为他比较胖，同学常常以此取笑他，他经常反抗他们。

进入初中后，有些同学常常欺负他。开始的时候，他常反驳他们，并到班主任那里去告状。班主任批评了那些同学之后，他们会收敛一段时间，可是过不了多久，同学就又开始欺负他了。每个星期回家，他都会把学校里被别的同学欺负的事情告诉父母，但父母却常常说："你有没有去惹其他同学呢？""是不是你不好呢？""你去跟老师讲了吗？"之后，他再也不把学校里受同学欺负的事情告诉父母了，变得更加孤僻寡言了。

初一下学期时，某天晚自修，来到教室时他发现自己的桌子被人搬到了教室外面，他非常不解，大叫起来："是谁把我的桌子搬到外面来的？马上把它搬回去，我哪里惹了你了？我有什么地方对不起你的？"他对这件事非常生气，老师和家长劝他，他也不能接受。后来不知是谁把桌子搬到了教室里。

这件事情发生之后，他对什么事情都变得无所谓了，都采取逃避的态度。他认为所有的人都非常可怕，于是每次都等上课铃声响了才进教室，下课铃声一响就跑出教室，独自在校园的某个角落里度过课间休息的时间。回家后，他就把自己关在房间里，不允许任何人进入他的房间，变成了一个十分孤僻寡言的人。他常常说"生活没意思，不如死了算了"等话，所以他妈妈非常害怕，事事依着他，对于他的要求不敢说"不"。

总之，小叶孤僻、恐惧交往、自我封闭。他最快乐的时候就是玩电脑游戏或独自看电视的时候。

3. 生理、心理、社会因素分析

生理因素：每次不想去学校他都说自己身体不舒服，不过去医院检查，没有发现什么生理疾病。

社会因素：①在班级里没有一个能沟通的同学或老师，非常害怕在学校里会发生某些无法应付的事情，在人多的场合非常恐慌，常借口身体不适，不上学。②走路都躲着别人，害怕会碰到别人，把一切问题都归咎于别人，认为所有的人都可怕。这种思想导致他的问题越来越严重。③父母常常拿他跟别的孩子比，说他如何不好，他都不理会，但他需要什么时如果不满足他，他就会发脾气，要死要活，使他的父母非常担心。

心理因素：他认为自己这样的行为没有错，看问题总是从自己的角度去分析，把一切都往坏的方面想，消极的认知心理非常严重。自信心、自知性差，又有自卑感，情绪长期被压抑，陷入寂寞和抑郁之中，精神消沉、性格孤僻、焦虑不安，甚至出现恐惧心理。

4. 既往咨询史

1. 2004年8月初就诊于某医院儿科，以"脾气差、任性"为主诉。病历：近两年来脾气暴躁、任性，发脾气时乱打人，与同学相处不融洽，常与同学打架（代诉）。初步诊断：行为问题。处理：行为纠正。

2. 2004年8月底就诊于某医院，以"紧张、怕事"为主诉。病历：不喜欢与人交往，紧张怕事，夏天都穿两件衣服，怕露肉……初步诊断：抑郁症。处理：吃药。

3. 2005年3月上旬就诊于某医院，症状改善不明显（代诉）。处理：吃药。2005年9月中旬复诊两次，医生都要求其吃药。

吃药时，小叶会好一些，但一不吃，就又是老样子。治疗没有实质效果，索性就不吃药了。家长对医院失去了信心，又不知道该怎么办，束手无策。

5. 分析、评估与咨询方案

小叶在小学时与同学的交往中受过伤害：有一次跟妈妈发生争吵时，妈妈刮破了他的手；在学校里一次老师打了一下他的脸，这些在他心中留下了阴影，使他越来越不敢接近别人。他认为在接近别人的过程中可能会发生自己不想发生的事情，如被别人碰到、打到，被别人带坏；如吸毒、杀人、斗殴等，他不想变成这个样子。学校里个别同学老是欺负他，他将对他们的厌恶泛化到所有的同学身上，从而将自己封闭了起来。

自从小学时被同学打了以后开始变成这样，最初大家还认为他是一个乖孩子——从来不到外面去胡闹。随着时间的推移，家人和邻居发现，从来没有一个同学或朋友到他家玩，他几乎没有任何朋友，他们开始担心小叶行为、心理上有问题。

进入初中后，由于青春期的到来，小叶进一步关注到自己的形象问题（又矮又胖），于是自卑感顿生，变得更孤僻、封闭，恐惧心更强，更不愿意跟人接触了，对别人不屑一顾。可是他内心又非常虚弱，很怕别人伤害他，因此常常把自己禁锢起来，关在房间里。他把房间的门、窗户、窗帘都紧闭，似乎这样才安全。

通过以上的分析，基本上可以判断小叶为具有交往恐惧心理问题的学生。

具体目标：消除该生的交往恐惧症状，改善人际关系，提高生活适应能力。

长期目标：在达到具体目标的基础上，完善该生的个性，健全人格，增强其社会和生活适应能力。

根据以上的评估与诊断，结合学生"被动"辅导的情况，制定如下辅导方案。

（1）采用"社会支持疗法"，争取同学、父母、邻居等周围人员的配合，改善来访者与周围人的关系，满足来访者爱与归属的需要，让他感觉到家庭和班集体的温暖，消除他的戒备心理，使他产生安全感。

（2）利用理性情绪疗法，进行"破"和"立"两方面的干预。一方面设法动摇、破坏来访者的非理性信念和消极思维，另一方面帮助其树立理性信念和积极思维，帮助他从积极的角度来看待问题，认识到自己存在的问题，萌发解决问题的欲望。

（3）介绍系统脱敏法，让来访者学会放松的方法，应用想象情境脱敏法和真实情境脱敏法，将来访者恐惧的项目逐步暴露在实际情境中来进行系统脱敏。

（4）要求来访者与相关人员建立"偶联契约"，明确要建立的行为要求和行为标准，使来访者与同学、老师、亲戚、邻居、父母之间都建立友好关系。

6.咨询过程及分析

（1）第一次交谈

初三新学期开学，我接任小叶所在班的科学教学和班主任工作。小叶是最后来注册的，他妈妈陪他一起来。当我走近他时，他直往后退。我想把手搭在他的肩上，他赶紧逃开，吓了我一大跳，我还以为自己什么地方做错了。

我跟他母亲整整谈了两个小时，初步了解了小叶的情况。他妈妈提到用转学、留级、休学等方法来改善他的状况，我认为这样不能根本解决问题，同时我指出了她的一些做法所存在的问题，并告诉她我会尽最大的努力去帮助小叶。

开学两个星期后，我开始进行班集体建设，同时把小叶存在的问题及以前同学对他造成的伤害与全班同学进行了交流，商讨解决方法。很多同学都意识到了自己的过错，都主动表示要帮助小叶，帮他走出困境。我要求学生不能再出现欺负小叶的行为，同时要表现出对他的某些行为的宽容（如不来上课，上课迟到，下课铃声响后就走出教室，上课不学习、不听课，不交作业等），不能像以前一样骂他、批评他、把他关在教室外面，要尊重小叶。渐渐地，班里形成了尊重、爱护小叶的氛围。

有一次，由于拉肚子，小叶把大便拉在了座位上，如果是以前，班里可能要翻天了，但是这次同学都表现得很克制。第二天来上学，同学们也没有取笑他。小叶在这种比较和谐的环境中过了一段时间，在这期间好几次我要求他中午到办公室里来和我聊聊，他每次都答应，但很快又反悔，最后他还是选择逃避，没有来赴约。

（2）第二次辅导。

一天早上，我把小叶叫到办公室，拿了张椅子请他坐下。他一直忐忑不安，不断搓手，四处张望。我微笑着面对他。

师：你现在有什么感觉？

生：害怕！

师：你是否看到老师就害怕？

生：是的……不是……不知道……

在谈话的过程中，他的眼睛一直没有正视过我，一直在回避我的目光。

师：你对学校有什么感觉？

生：只要一走进校门我就开始害怕，走进教室就更感到不安了，最好能够马上离开教室。

师：是什么原因引起的呢？

生：我也不知道。

师：那你最喜欢干什么事情？

生：不上学，一个人待在家里看电视或玩游戏。

在将近半个小时的谈话中，都是我一问他一答，没有取得实质性进展。我感觉到他很紧张，又非常戒备，十分不自在，便终止了这次交谈。他如释重负地离开了办公室。

自从那次之后，我开始有意无意地接近他，使他逐渐消除对我的戒心。我还常常在教室里表扬他，上课也常常向他微笑。渐渐地，他开始看见我就会露出笑容，在路上碰见，他也会喊我。

（3）第三次辅导

由于办公室里人比较多，学校又没有专门的心理咨询室，感觉谈话时他很拘束，我想利用周末学校办公室里没人的机会对他进行辅导，但是被他拒绝了，我决定周末到他家进行家访。他听到我要去他家，非常紧张。

到他家后，我们开始进行交谈。谈话中，他一直微笑着坐在我的对面，没有像以前那样紧张了。

生：老师，我以后一定不会再旷课了，一定每天都到学校上学。（他以为我来家访的原因是因为他旷课。）

师：那当然，以后不能再旷课，但老师这次不是为这件事情而来的，而是想了解你为什么害怕去学校，害怕在教室，害怕与同学交流。你这样不喜欢与同学交流是从什么时候开始的呢？

生：（开始沉默了）我这样很好，我不想跟他们说话，不管是男同学，还是女同学，他们都冷落我，他们都喜欢笑话我。

师：现在的同学还那样吗？

生：那倒没有，现在比以前好多了，不再有人欺负我了。

师：你愿不愿意告诉老师在以前与人交往中遇到的让你感到困惑的事？

他讲述了自己记忆中最深刻的几件事，并把问题扩散到与所有人的交往中。最使我困惑的是他并没意识到自己的行为有问题，而是认为"我害怕与他们交流，我就不跟他们交流，这样也有错吗。"

我决心纠正他这种错误的认识。我计划用"合理情绪疗法"来改变他的思维方式。首先，我举了一个例子，介绍 ABC 理论，帮助他认识到"境由心造"的道理，来纠正他不合理的思维方式，如"我走路时躲避别人，是为了防止别人碰到我""我不跟别人交往，是因为那些人会带我去打架、赌博、吸毒，你总不想我变成这样的人"，等等，不断地冲击他的极端思维。

我还与他展开辩论，对他的消极思维进行点拨。我采用了多种方法。展开—质疑式：你有什么证据证明只要与别人交往，就会打架、赌博、吸毒，如果这样的话我们不都变成这样子了吗？应用—极端式：是不是你有一次与别人打架，就认为所有同学都会欺负你，打你吗？真的像你所说的那样所有的人都是坏的吗？夸张式：是不是要告诉所有的人，交朋友会使你变成一个恶棍？对他自认为合理的思维进行反驳、辩论，达到"破"的目的，建立新的合理的观念和思维方式。我还让他大声地对自己说"我能行，我能与别人交流"，为进一步开展工作打好基础。

我提出让他尝试与父母、邻居、亲戚、同学交流，他迟疑了很久，没同意。最后，我提出想参观一下他的房间，他断然拒绝。应该说，这次会谈有一定的效果，但不能说十分成功。

（4）第四次辅导

上课间隙，我把小叶叫到办公室里，坐下后，我就单刀直入展开话题。

师：你与同学、朋友交流时，最怕什么？

生：老师，是我不想与他们交流，并不是怕他们。（他低着头，好像很没有底气。）

师：既然不害怕，那好，如果我要求你必须与同学交流，你会怎么办？

生：（他迟疑了一会儿）老师，我害怕，我不想与同学说话。

师：你是不是感觉自己很紧张？（他点点头）

师：如果把你的紧张感消除，你会与别人交往吗？（他点点头）

在一个专门的咨询时间里，我给小叶介绍了系统脱敏的方法，让他学会用放松来消除紧张的对抗性活动。我先让他把肌肉紧张起来，然后开始放松，从头部→颈部→上肢→胸部→腹部→下肢……让他一部分一部分、一点一点地放松，令全身产生一种完全、彻底放松的感觉。

开始时我用暗示的语言，如"感觉暖流流过肌肉，所有的紧张流出手指和脚趾""注意紧张后你的肌肉完全轻松自如的感觉""你会体会到全身变得越来越松弛、安宁"，等等，协助他将身体处于放松状态。小叶喜欢这种放松的方式，因为这让他感到轻松。同时我们也确定了引起他紧张的情境梯度，从想象远远地看见认识的同学→渐渐地接近同学→走到同学的身边→与同学相互微笑点头→同学与你交流→同学带你去其他同学中间→你与其他同学一起交流等；交替进行，先放松，然后想象情境，再放松……从体验引起最小紧张度的情境开始，渐渐向引起较大紧张度的情境前进。

在接下来的两个星期的交流中，每一次放松后我都和他进行心得交流、感受交流，同时给予鼓励，做良性的强化。经过一段时间的训练后，他的精神面貌好多了。

在这期间，我一直与小叶的母亲保持联系，建议她从积极的角度来看待小叶，在平时的生活中注意观察，多发现小叶的闪光点，并及时给予表扬。

（5）第五次辅导

经过一段时间的相处后，小叶对我已经没有太大的隔阂，已经比较信任我了。我提出让他真实与同学交流看看，他表示可以尝试一下。我问他最喜欢与班里哪位同学进行交流，他提出想与一位女同学交流。交流前，我对那位女同学作了交待。交流时，他们都挺尴尬，讲了几句就结束了。那位女同学回去后，小叶第一次展现出开心、真挚的笑容，体验到了愉悦的感觉。我趁热打铁，与他一起商讨制订交往计划："对于你与其他人交流，我们来制订一份计划，这份计划包括你与同学、老师、父母、邻居等的交流，我们约定，如果你做到了，你想要什么奖励，我们会在适当的范围内给予满足。"计划制订得很详细，如在学校里与同学之间：①与同学见面时同学与你打招呼，你有回应的，给予表扬，并在你的成长记录中计一分；②主动与同学打招呼的，计二分；③找一位同学聊天一次加三分……还有与家人、邻居等人的交往上的约定。他要求获得金钱奖励，通过与其家长磋商，确定了物质奖励机制。同时我又和小叶的同学及其家长协商好，把这套契约实施下去。

经过一段时间，小叶有了进步，脸上有了笑容，也很少旷课了。他能逐渐接近别人，但还略显被动，还需不断引导和帮助他，使他不仅行为上，整个人格上都有了长足的进步。

这个案例有很大的启示意义。

学校开展心理辅导活动课或心理咨询等是一件好事，因为有相当数量的学生需要心理上的辅导和帮助，通常把需要帮助的学生分为三个层面。

（1）有心理问题倾向的学生，他们开始对问题有了一定的消极思维，但还十分朦胧，不过他们自己缺乏辨认是非的能力。这些学生只要稍作引导可能就能解决问题。特别是在初一、初二时，学生处于青春期，学生容易出现各种问题，需要老师加以关注。这一时期的孩子还没有足够的判断能力，也不会十分注意，如果在这期间能及时地发现学生的心理问题倾向，及时地给予辅导，把问题解决在萌芽状态，就不会出现严重的行为问题和心理问题。

（2）有心理问题或困惑的学生。由于倾向性问题没有得到及时处理和解决，发展成为心理问题，使消极的思维方式战胜积极的思维方式，出现各种问题。学生会出现一些心理症状，如自责、孤僻、自闭、冲动等。此时如果能及时矫正学生的问题，那么问题一般不会变得更严重。出现这类问题时，有的学生会找心理辅导员，但更多的学生会埋在心里，使问题越来越严重，直至影响学习、生活、人际交往。

（3）有心理疾病的学生。心理问题不及时矫治，就可能发展成心理疾病。到这一阶段，那些不良的行为被当事人所认可、所接受，他不认为自己有问题，也根本不会去寻求帮助。心理疾病不及时治疗，可能酿成无法挽回的后果。

有心理问题主动去咨询的毕竟是少数，这些学生表现出一定的自知能力，他们已经意识到问题的存在，又有非常强烈的求治动机，这对于整个咨询过程是一种动力。但绝大多数存在心理问题的学生不会主动去找心理辅导员。怎样面对这部分自己没有意识到，或即使意识到问题所在也不会去找心理辅导员的学生呢？这是心理辅导员和班主任需要探讨的问题。

生病就要医治，同理，有了心理问题，也要及时矫治。

中小学生中存在心理问题的学生其实不少，尤其是高年级学生。给予他们及时的辅导、正确的帮助非常重要。中小学班主任了解一些心理健康方面的知识非常必要，应一直坚持自学心理辅导方面的课程，努力在育人时做到"心育"，在育人的过程中，实施以心理辅导为主，以训导、教导为辅的模式，以"主动辅导"的方式面对有心理问题倾向、行动问题或心理问题的"被动求助"学生，收到了很好的效果。当然也可能会碰到不少钉子，如案例中的小叶一开始不承认自己的问题，拒绝接受老师的帮助，在交流或测评中提供假信息等，咨询中阻力很大。

此外，还有很多有问题的学生自己不知道，需要老师去引导、去发现，让他们认识到自己的问题所在，并有想去解决的意愿。如有一个学生迷上了看小说，沉醉在其中，有时在教室里看小说时还会哈哈大笑起来；还有上网入迷的学生，沉迷于虚拟世界中无法自拔。这些学生根本没有意识到自己所存在的问题，当然也没有解决的动机。

每次学生向老师诉说某个心理困惑时，老师都应想方设法去帮助他们。班主任在工作中要注意心理辅导，把学生的心理问题解决在萌芽状态，让学生能够健康成长，度过青春的"暴风骤雨期"，将其变成人生的"黄金期"。

如何对待讨厌老师的学生

有一位中学心理咨询老师，讲述过一件他亲身经历的对学生进行心理辅导的事。

对面的这个叫孙洋的男孩子虽然刚上初三，但已经拥有了高高的个子，只是脸上未消的稚气透露出了他的不成熟。

进来坐下后，他就一直在咬着自己的嘴唇，在沉默了一段时间后，他突然冒出了一句话："老师，我不想上学了！"

"哦？"我心里一惊，"那是为什么呢？"

"我……我……我讨厌那个该死的张老师！我再也不想见到她了……"在孙洋这么说的时候，手握成了拳，脸上充满了愤怒，而眼中分明出现了一层水雾。

"看得出来，你很愤怒，也很委屈，在你和那位张老师之间一定发生了什么让你不能忍受的事情。"

孙洋眼里的雾气更重了，但随即他强迫自己把泪水都收了回去。接着他说起了自己的故事。

"老师，其实我并不是讨厌所有的老师，我刚开始的班主任也不是她，我们刚开始的班主任是教语文的方老师，她人也挺好的，讲课特别活，还巨开朗，我们都特别喜欢她，我那会儿也玩命地学习，所以初一、初二的时候我的成绩就特别好，还是班里的体委。那时候，我就有一门课不太好，就是物理，因为我太讨厌教物理的张老师了，她动不动就训人，老把我们当成三岁小孩子似的，老挑我们的错，虽然她没直接训过我，可我就是打心眼里不喜欢她！可是，老天爷就是要跟我们作对，我们班的方老师要回家去生孩子了，所以学校就让物理张老师做我们的班主任了。唉！"

看着他一脸的无奈，我猜那时候听到这个消息，他一定是非常的失望。

"从那时候起，我们班的好日子就过去了。她就像是个希特勒，把我们管得喘不过气来，刚开始我们还反抗过她，想着能把方老师给'闹'回来，可后来听说，等方老师休完产假再回来，我们也差不多快毕业了，而且有一次有个什么主任来我们班说，原来方老师管我们班，我们班太散，所以学校是特意请严厉的张老师做我们的班主任，说初三这一年特别关键，就需要一个严厉的老师，这样才会对我们有帮助什么什么的，真是胡说八道！不过，从那以后，我们也就没想了，知道闹也不行了。"

"但是，虽然你们不闹了，可你的心里还是不服气，是吗？"

"是有些不服气。可是，这回的事一点儿都不赖我，全是张老师的错！今天上午下操以后，我看到我的好朋友李强捂着肚子蹲在地上，脸色特别白，我就问他怎么了，他跟我说他的肚子特别疼，我就带他去找校医，可是没找到，我们也没找到张老师，我就带着他去医院看病去了，后来医生说他是早上吃饭没吃好，是胃不舒服，给他开了点冲剂，喝了就没事了，可看完病以后，就快到中午了，我就没回学校，等吃了中午饭才回去。可没想到，下午上课的时候，张老师把我们俩叫到办公室，说我们一定又是逃课打篮球去了，我们想解释，她就是不听，给我气的，我当时就说她：'你讲理不讲理，什么水平啊，你也配当老师！'……结果她一下就怒了，说我又逃课又说谎，还顶撞老师，非要请我家长，说明天家长不来，就不许我上课！我爸从小就对我要求特别高，也特别严，要是他的火被张老师点起来，我就完了！"

看到他眼里的绝望，我对他说："张老师错怪了你，你觉得又愤怒又委屈，同时，心里还特别的害怕，是这样吗？"

孙洋使劲地点了点头，眼泪顺着他的脸颊流了下来……

在我的支持与陪伴下，他有了充分的宣泄。在他的情绪基本平息下来以后，我问他："心里感觉怎么样了？还是很讨厌你们张老师吗？"

"嗯，我心里好点了，可我还是讨厌她，谁让她冤枉我们来着！"

"她不调查清楚就说你，确实有些不好，可是，我还有些好奇，为什么她一看到你们没在，就认为你们是逃课打篮球去了呢？是因为你特别爱打球吗？"

孙洋听到这句话，红着脸说："我是班上的体育委员，是挺爱打球的，而且，上个月学校组织篮球赛，我为了我们班能赢，确实也偷偷地在副科的课上练过球，可是……可是这次不是呀……"

我听了这番话，笑道："哦，我明白了，你们老师是因为上次的这件事，就先入为主了！"

"反正她是老师，她就不该是这样！"

"哦？那你认为老师应该是什么样子呢？"

孙洋愣了一下，想了想说："老师？应该是知识渊博，胸怀宽广，幽默，成熟，最重要的是，我们都已经长大成人了，老师就不应该把我们当三岁孩子似的，老说我们！"

"嗯，你确实已经长大了，看，比我都高啦，可我看你可并不怎么成熟呀！"

这句话让孙洋一下子就瞪大了眼睛，说："为什么您这么说呀？"

"呵呵，你看，你刚才还在说，因为喜欢方老师就玩命学语文，因为不喜欢张老师，就不爱学物理，这是成熟的人的选择呢，还是小孩子的做法呢？还有，一般成熟的人，看周围的人也会比较全面，会接受周围的人有优点、也有缺点的事实，不会把人想得那么完美哟！"

孙洋陷入了沉思，过了一会儿，他抬起头来说："老师，您的意思是说，我对张老师的要求太高了？"

"你说呢？刚才你一直在说你们张老师的缺点，如果你是成熟的，就一定能发现她其实也是有优点的呀！现在能想得起来她的优点吗？"

"哦，她嘛，她做事情挺认真的，对工作负责，还有……比较公平，不偏袒成绩好的同学。"

听到这儿，我鼓励他说："真好，听到你能这么说，我真的为你高兴，因为你向着成熟又迈近了一步！"

孙洋用手抓了抓头，不好意思地笑了，说："老师，我知道了，人都有优点和缺点，老师也一样。"

看到他能这么想，我知道他已经不会再那么讨厌张老师了，接着，就又跟他讨论了一下如果是成熟的人，应该怎么去处理这件事，他想起来，可以把去医院时挂号的单子拿给爸爸和老师看，看到他为自己的新想法而发光的脸，我由衷地笑了……

其实，在学校里，老师和学生的冲突是经常发生的，那么这些冲突是怎样造成的呢？

首先，从青少年自身的角度看。

第一，初、高中的学生正处在青春期，这个时期是一个矛盾重重的时期，这主要表现在：心理上的成人感与半成熟现状之间的矛盾；心理断乳与希望在精神上得到父母的支持和保护的矛盾；心理闭锁性与需要理解、交流的矛盾；要求独立自主与依赖之间的矛盾；自以为是与常常出现自卑感之间的矛盾等，因而这个时期的学生也经常让家长和老师们"头疼"。他们由于"成人感"的形成，自以为已经成人，要求具有和成年人相当的社会地位和决策权，反对从属地位，更反对权威式的干涉。

第二，这个时期的学生开始对自然世界、社会生活、人际交往等问题进行思考，并且形成着自己的看法，但由于他们发展水平的局限，其观念具有幼稚性，表现出主观、片面和绝对性，他们不理解为什么父母与老师的想法与他们格格不入，更反对长辈们强加给他们的观念。

第三，由于随着生理加速发展，心理发展相对缓慢而造成的身心发展现状的不适应和不平衡，使他们在缺乏准备的条件下，面对许多矛盾和困惑，常常让他们处在焦虑的情绪背景中。在这种背景下遇到不满和不平之事，容易出现突发式的情绪失控，就会与家长和老师产生冲突。

其次，从家庭教育的角度看，现在的家庭大多数都是独生子女家庭，这些"独苗苗"们受到家人的百般宠爱，关爱有加，俨然成了家里的"小皇帝"和"小公主"。在这种情况下成长的青少年比较容易以自我为中心，不太注重他人的感受，也经不住批评与挫折，心理承受能力明显不足。另外，有些家庭偏重孩子的文化教育，对孩子的为人处世、与人交往、沟通的能力却缺乏培养。在这种情况下，就很容易与别人发生冲突。

最后，从社会发展的角度看，政治上的"民主化"、经济上的"市场化"、文化上的"多样化"、大众传媒的"丰富化"正成为社会变迁和发展的基本方向。伴随着生产力的解放，人的独立人格、人的价值和尊严、人的创造性和人的自由意志受到关注、尊重和提倡，学生的自主意识明显增强。另外，随着我国法治体系的健全，《中华人民共和国未成年人保护法》、《中华人民共和国老师法》的实施，学生和家长的维权意识逐渐增强，有些老师还不适应。由于青少年的思想还不成熟，很容易把老师正常的教育批评与侵权相混淆，造成与老师的冲突。

从教育事业的发展看，随着社会的进步与教育理念的更新，师生之间的关系越来越平等，老师"权威"地位开始"松动"，学生的主体意识得到提升，师生互动过程中学生由消极被动转向积极主动的态势逐步显现出来，但有些老师还不能适应这种新的关系，对学生还采取家长式的作风，造成了学生的反抗。

就案例中的孙洋来说，在他的头脑里，认为自己已经成人了，所以对采取家长式管教方式的父亲和张老师就特别的反感。（其实，他一开始就讨厌张老师，应该也是一种对父亲的移情吧。）加上发生了这件事，张老师也确实过于主观，冤枉了孙洋，造成了他强烈的愤怒与委屈，甚至产生了不想上学的念头。

那么，怎样对这样的学生进行心理辅导呢？

1. 从即时的角度出发，辅导老师可以从几方面入手来帮助这些孩子

（1）以倾听来处理学生的情绪

和老师发生矛盾的学生，常常是带了许多自己的情绪，在情绪状态下人容易不理智，产生冲动行为。因此，遇到这样的学生要先处理他的情绪，待其情绪有一定的缓解之后，再做其他处理。

处理情绪的最简单方式就是倾听。不做任何判断，先让学生把事情的来龙去脉说完，把自己的观点表达完整。注意在倾听中老师不要急于加入自己的看法，也不要做任何评价。

（2）对学生的苦恼表示理解

学生和老师的冲突，往往都有自己的苦衷，辅导老师要更多地从共情的角度来了解学生，深入孩子的角色来了解孩子具体的烦恼。这样可以拉近老师和孩子之间的距离，以便后面问题的进一步解决。

（3）帮学生区分自己的苦恼和对老师情绪的关系

当学生的情绪渐渐平复，感到自己的问题有人理解，他们会渐渐变得理智起来。这个时候，辅导老师慢慢帮助他们看待自己和老师之间发生的冲突，分析其中学生由于个人问题冲动的部分及老师自身问题的部分，将两者区分来看待。这样可以降低学生对老师的指责，看到自己身上的问题。

（4）重新看待老师，更客观地评价自己的老师

帮助学生看到老师的心理状况，指出老师也是人，也有自己的缺点，降低学生对老师的不合理期待。和学生一起重新评价自己的老师，让学生看到她的优点，也理解她的局限，并为今后和发生过冲突的老师继续相处做好姿态和心理准备。

2. 从长远的角度出发，可以对这样的学生进行行为上的训练

（1）情绪控制上的训练

和老师容易发生冲突的学生，也往往是情绪自控能力不强，容易冲动的学生，因此在情绪控制方面的训练可以对他们的冲动行为改善有许多帮助。

（2）问题处理上的训练

从积极看待冲突的角度来对学生进行身心调整。因为，这样的学生容易将冲突看成是老师对自己的贬低、进攻，帮他们从意识上区分老师的关心和方法的问题；指导他们辨识什么是关心，什么是方法的不恰当。

同时，在遇到问题时，如何以非冲突的方式来解决。这个可以用情景训练，提出一个问题情景，而后和学生一起找出不同的处理方法，可以允许学

生提出更为极端的方法，然后对每种方法的利弊来做分析，再和学生一起选择最恰当的、最有长远效益的方法。

注意这个过程应该是由学生自主选择的过程，老师只是起到一个引导的作用，不要过分强加学生。学生的认识有一个过程，老师的循循善诱非常重要。

这个方法可以用小组的方式，做一个小的团体，请大家一起来选择和建议，这样对学生的影响会更大。在小组成员选择上，可以考虑请不同龄的学生来一起参与，这样可以增加看待问题的角度，有利于学生扩大眼界。

（3）对老师进行相关培训

作为辅导老师，在做学生工作的同时，也需要对其他老师进行一些相关的培训，以帮助现代的老师转变观念，学会更好地应对越来越多、越来越激烈的师生冲突问题。这方面，心理辅导老师可以做如下工作。

（1）帮助老师了解青少年的身心发展规律，懂得青春期的孩子的苦恼与挣扎，多从学习、生活等方面关心他们；因为有的时候，学生并不是真的要和老师作对，而是受成长过程中的苦恼与情绪的左右，又不知如何解决与排遣造成的。这时，就特别需要老师的关怀与耐心。

（2）过去，人们都认为冲突是坏事，它会对冲突双方的关系造成破坏。其实，冲突也是师生共同成长的好机会。

第一，要理解这是青少年发展阶段的必然。处在青春期的中学生们经常带有情绪化，他们经常以反抗的形式来表达自己的不满与愿望，作为成年人要善于听出他们情绪化的语言之外的含义。

第二，冲突创造了一个建立新关系、新制度的好机会。冲突使那些本来隐藏的问题表面化了，如果能够建设性地解决冲突，师生关系反而会改善。

第三，青少年由于发展还不成熟及家庭教养模式的影响，还未形成良好的人际沟通方式及交往模式，而冲突的发生正是一个好的机会，使老师能通过言传身教，教会青少年如何处理各种情绪及与人的关系。

第四，冲突过多、过强，冲突过少、过弱，乃至没有冲突，对组织的发展都是不利的。适当的冲突、恰到好处的冲突，对组织的生存与发展不但不是坏事，反而是好事。学校教育教学工作中，师生冲突的发生与存在是不可避免的，也没有必要避免，关键是将冲突控制在适当的水平上，使之发挥建设性的作用，避免其破坏性的影响。

如何对待故意惹老师生气的学生

那是一个非常普通的日子，我们班级正上着语文课，那是一节作文课，老师布置的作文题目叫"懂你"。为了让同学们对这个题目有更深的认识，语文老师应同学的要求唱了《懂你》。她唱得非常深情，可是下面却有一个发出了不和谐的声音："唱得好难听啊！"教室里马上传出了一阵笑声，接着又有人说"今天天气很好啊"，另外一个接了一句"下雨了"，下面又是一阵笑声。当她去责问捣乱得最厉害的那个学生为什么要那样说时，那个学生却抵赖说自己并没有那么说。接着她说一句那个学生就辩一句，下面的同学要么沉默、要么在笑。她当时非常生气，就请班长到办公室来叫我过去。当我赶到教室，她非常激动地跟我讲述了刚才发生的一切，此时下课的铃声响了，只见她对着全班大声说了这样一句话："我再也不会来给你们班级上课了！"说完她就走了，含着眼泪离开了我们班级。

我们认为发生这样的事情看似偶然，其实却有其必然性，过去也经常发生由于部分学生调皮捣蛋而惹语文老师或其他老师生气的事情。为了妥善解决好这件事情，同时达到更好的教育全班同学的目的，班主任根据班中同学的心理特点把他们分成以下四种。

（1）学习积极性很低，成绩很差，经常在课堂上讲一些莫名其妙的怪话，以此来达到吸引老师和同学注意的目的。这种同学虽然班级中只有几个人，但是他们的破坏力很强，像讲语文老师"唱得好难听"的那位同学就是其中的典型代表。

（2）学习积极性较低，自控能力较差，经常会跟随上面第一种同学一起起哄。这种同学在班中大概有七八个人，像上面提到的讲"今天天气很好"和"下雨了"的两位同学是其中的代表。

（3）有一定的学习要求，可是却缺乏应有的是非观念，因此有时会在无意之中犯一些低级的错误。这样的同学在班中为数不少，像这件事情发生的过程中多次发笑的那些同学都属于这种类型。

（4）有较强的学习要求和是非观念，可是却缺乏足够的与班中不良现象作斗争的勇气。这样的同学在班中占大多数，在这件事情中他们选择的是沉默。

针对以上四类同学不同的心理特点，班主任制定了以下四种不同的策略分别进行个别或集中的教育。

对于第一种同学，首先把他们叫到办公室进行严厉的批评，必须让他们意识到自己所犯错误的严重性：他们的错误行为不仅严重地扰乱了学校正常的教学秩序，影响了老师正常的教学计划，而且也给包括他们自己在内的所有同学造成了非常大的损失，同时他们的行为也在班级同学中造成非常坏的影响，严重打击了老师工作的积极性。当然班主任之所以选择在办公室里进行教育，主要是为了尽可能地保护他们的自尊心，以减少他们的对立情绪，使教育起到更好的效果。针对他们经常在课堂上讲一些怪话主要是为了吸引其他同学注意的心理特点，班主任对他们进行如下引导："你们想让同学关注自己本身没有错，但是选择在课堂上讲一些怪话的方式是非常不可取的。你们应该通过努力学习，不断提高学习成绩；积极参与学校组织的各项活动，争取为班级争光。只有通过自己的进步来吸引同学注意的作法才是可取的，才是真正有价值的。"

对于第二种同学也在办公室里对他们进行了严肃的批评，一定要让他们明白在课堂上公然起哄是非常严重的错误行为，他们这样做既违反了校纪校规，也极大地助长了第一种同学的气焰，造成了非常恶劣的影响。同时要让他们明白随便插嘴和起哄是他们平时一贯对自己要求不高的结果，希望他们能从此严格要求自己，争取做一名尊师守纪的好学生。

对于第三种同学，班主任让他们意识到了今天他们不合时宜的几次发笑致使当时班级的场面更加混乱，这无形之中对整件事情的发展起到了一种推波助澜的作用，最终造成了非常严重的后果。一个人必须要明辨是非对错，该严肃的时候必须要严肃，尤其在课堂上更应该如此，否则就会像今天一样在有意无意之中对自己和他人造成非常大的影响和伤害。

对第四种同学而言他们本身并没有犯什么错误，但是班主任要求他们能够勇敢一点，能够在发生类似今天这样事情的时候团结起来，勇敢而坚定地站在老师一边，与那些犯错误的同学作斗争，不要选择沉默，哪怕只是当众讲几句公道话也是好的。

在对他们进行教育，使他们对自己的行为有了充分的认识之后，班主任要求全班就以"懂你"为题写一篇文章，把自己内心对老师真实的想法写下来给她看，真诚地表达自己的歉意，请她回来继续给大家上课。

全班同学尤其是那几个犯错误的同学都对自己的行为后悔不已，他们都非常用心地写了作文，很多文章写得很感人，很多人在文章中流露出了对那位语文老师的喜爱，真诚地表达了自己对老师的歉意，并希望老师能够回来继续教他们。那位语文老师看完全班写的作文后被深深地打动了，第二天她带着笑容走进了该班。经历这件事情之后同学们乖了很多，该班的纪律也有了明显的好转，师生关系也变得更加融合了。

如何对待小刺猬型学生

我们先来看一个案例。

读小学二年级时，小静因父母离婚转入陈老师班上就读。由于她平时比较沉默，一开始，老师和同学都觉得她是个性格比较内向的孩子。谁知刚过了两星期，她周围的同学就陆续到陈老师面前去告状，说她脾气很坏，常常为了一点点小事与他们吵架，甚至打他们。当时，陈老师也没太在意，以为小孩子吵吵闹闹总是难免的。直到一个月后，她的同桌因为忍受不了她的打骂，在家长的陪同下要求换座位时，陈老师才意识到问题的严重性。一调查，原来小静竟像一只小刺猬，同桌在写作业时稍稍"侵占"了她的位置，她就拿起小刀割同桌的衣服；她做作业时，同学不小心把她的字碰歪了，她就会把对方的本子撕掉；组长说她书背得不够熟练，她就会破口大骂……

表面上挺文静的一个学生，怎么会有这样的怪脾气？陈老师觉得很纳闷。为了让花儿重新绽放，陈老师决定对小静进行心理矫治，她采取了以下办法。

1. 深入调查——了解情况寻找原因

早就听说小静的父母离异了，会不会是家庭的变故影响到孩子的性格呢？陈老师就到小静家去了解情况。通过与她父亲、继母两个多小时的谈话，终于找到一些重要的信息。

小静四五岁时是个挺活泼的孩子，爱说爱笑，后来由于父母经常吵架，才渐渐变得沉默，随着家庭"战争"的升级，她变得更孤僻了，经常把自己独自关在小房间里。在八岁那年，父母离婚了，她随父亲生活。由于离婚是父亲有了外遇造成的，所以父亲总觉得欠了孩子许多，平时对她百依百顺，以弥补自己的过失。当孩子发脾气时继母总是让着她。而小静的亲生母亲在失去婚姻后，女儿成了她唯一的支柱，自然不会让她受什么委屈，还常常告诉孩子，继母是个狐狸精，是她拆散了这个家庭。她甚至告诫孩子：如果"狐狸精"来说你，千万不要客气。渐渐地，小静在家里的脾气越来越坏，经常给继母脸色看，看到父亲跟继母亲热一点就摔东西，甚至为了"继母说她衣服穿得太脏了"之类的小事大吵大闹……

陈老师终于找到了症结所在：特殊家庭错误的教育方法，是导致小静形成仇视心理的主要原因。

2. 与家长交流——改良家庭环境

解铃还需系铃人，小静之所以这样，她的亲生父母及继母都有不可推卸的责任，只有端正他们的认识，纠正他们的教育方法，营造一个良好的家庭氛围，才有可能让小静重新回到幼时的活泼可爱。因此，陈老师分别和小静父母进行交流，争取得到他们的支持与配合。

一方面，与孩子的生母交谈，达成协议。陈老师专门邀请小静的母亲来看望小静，趁此机会，老师把小静目前的表现一一反馈给她，并分析这种性格带来的后果，以便引起她的重视。接着告知她目前小静的生活状况，安慰她用不着担心孩子的生活；还把继母对小静在生活、学习上关怀备至的具体事例及同学们都羡慕小静有这个好妈妈的事情都一一告知，缓解她的仇视心理。最后，她的母亲终于表白，以后肯定不会怂恿孩子干那些傻事了，自己已经不幸，不能让孩子也一辈子都不得解脱。

另一方面，与小静的父亲及继母交流，约法三章。父亲与继母对小静的过分纵容是造成其"小刺猬"个性的重要原因之一。因此，陈老师建议他们给小静正确的关爱、理性的呵护，既要给她家庭的温暖，又要对她的问题言行批评指正，做到有赏有罚。为此，与他们约法三章：①在小静面前不对她亲生母亲评长论短；②孩子有错时，父母双方必须统一认识，耐心批评教育；③关心孩子，经常与孩子一起活动、沟通。

3. 与学生交流——敲开沉寂的心扉

接下来，陈老师与小静进行了心与心的交流。在交谈中，陈老师以母亲的身份谈了对自己孩子的期望，又以自己也是一个女儿的身份谈了小时候也害怕父母吵架的事例，引起小静的共鸣，拉近了与她的距离。然后，陈老师又耐心地聆听小静的倾诉：对父母离婚的不满，对母亲、父亲、继母的一些看法……并始终以理解的态度默默地倾听。

在谈话中，陈老师还了解到了小静的苦恼：性格上的原因，在这个班级里，几乎没人愿意和她交朋友了。

4. 营造和谐的学习氛围——安抚受伤的心灵

通过交谈，陈老师深深感受到了这个表面强硬甚至蛮横的学生内心深处的软弱，与她朝夕相处的同伴、老师有义务用一颗颗真诚的心，去温暖她那受伤的心灵。于是，就做了以下三方面的工作。

（1）教会学生学会原谅，促进人际关系和谐发展。向全班学生讲解友谊的重要性，使他们明白什么是真正的朋友，好朋友之间应该怎样做，培养学生具有宽阔的胸怀，并提供榜样让他们学会与人交往的技巧。

（2）动员班上的学生主动与她交朋友，让她感受到班集体的温暖。

（3）尽量满足她合理的要求，请她自己挑同桌，但必须答应不能把这个同桌也赶跑了。

5. 引进有效的激励机制——促进良好性格的形成

道理好说，行动不易。为了让小静能把身上的"刺"拔掉，陈老师除给她介绍名人控制情绪的方法外，还请她每天反省自己的行为。如果一天中没有发过脾气的，就请她奖励自己一颗红星，每星期向老师汇报，一星期中能得四颗红星以上的，老师就奖她一颗文明星。

作为人类灵魂的工程师，老师应坚信"人之初，性本善"，多一份耐心、爱心，使学生得到完美的发展。

如何对待被同学排斥的学生

我们先来看下面这个案例。

韩芸芸，小学二年级，聪明美丽且能说会道，最大的特点就是在同学中"要尖"，习惯于指挥别人，她妈妈说她是个"官迷"。可入学三年来，她从未被推选当上班干部，不论哪次班干部改选她也没被同学们选上，而且最令她不能接受的是在一次班里组织的郊游活动中，老师让同学们自由组合成立小组，并选出小组负责人，这么一种非正式的"临时干部"也没人选她。韩芸芸感到十分委屈，哭着找到了老师。

被同学排斥是最令孩子们痛苦的经历，弄不好，这种经历会影响孩子的一生。

如果一个身材瘦小、动作笨拙、性格内向的孩子受同伴的排斥尚可被人们理解，为什么一个活泼伶俐的孩子也难以让孩子们接受呢？

一般来说，不能被同学们所接受的孩子多缘于两方面的原因。一是暂时原因。例如，刚从外校转来或因身体疾病，或因文化背景不同而被暂时拒绝，这种拒绝会随时间的推移而逐渐得到缓解。二是长时原因。例如，性格上的极端内向，或飞扬跋扈。前者往往让人提不起与之交往的兴趣，后者往往让人惧怕与之交往。韩芸芸凡事"要尖"，好与人竞争，什么事都得她说了算等特性，都让同学们感到不愉快、不安全。

要让孩子找到朋友，要让他们学会交往。如果孩子不能学会如何成功地进入同龄人的圈子，便不可避免地会遭受同伴的摈弃。

交往对孩子们来说并不陌生。从生命之初的母子交往，到跨进校门后的师生交往、生生交往，孩子们每天都处在交往的"情境"之中。

为什么孩子们的交往会出问题呢？这主要是因为家庭、学校教育中存在误区。

在整个入学前期，儿童的交往活动都是以家庭为中心，因此家长的教育影响不可小视。

（1）"我的孩子不能受欺负"

目前有不少家庭只有一个孩子，生活条件比较优越，即使不小分优越的，家长也是宁可"苦了大人不能苦孩子"。所以家长们最关心的，一是孩子的健康，二是孩子"不能受欺负"。所以对孩子的任性，姑息纵容，使一些孩子成了家中的"小太阳""小皇帝"，人人都得围着他转。这种孩子往往喜炫耀，爱夸奖，不吃亏。例如，一个孩子在学校"惹了祸"，打碎了学校的玻璃，他父亲来到学校对儿子说："儿子，别害怕，该多少钱只要学校出个数，爸爸赔。"

一个孩子在学校与同学发生冲突，其母告之曰："孩子你记住，别人打你你就打他，咱们可不能受欺负。"这样的孩子在与人交往中很难持有平常心态，容易紧张和防范过度，也容易蛮横、霸道，常令同学们"畏而远之"。

（2）过分强调对孩子多赞扬，少批评

近年，来自家教中有一种观点，即对孩子要不断给予鼓励与赞扬，认为这有利于培养孩子的自信。应当说鼓励与赞扬并不错，但还应做到赞扬的准确和真实，否则，在滥施的赞扬中，养成的往往是孩子们的自负而不是自信。过于自负的人是不易有朋友的。

（3）对孩子过度保护

以家长之心来看保护之目的，在于使孩子免受外来压力的侵扰。于是反复告诫孩子"放学后哪儿也不要去，就在家里玩"，并将书籍、玩具、食品准备得一应俱全，还据此对别人夸赞："我家的孩子特别听话。"殊不知正是家长这种善意的"保护"，剥夺了孩子们学习人际间交往的机会，使孩子不知道如何处理人际交往中出现的问题。

在整个学校教育中，很少提供有益学生交往心理发展的教育与训练。

（1）应试教育的影响，使儿童社会技能的培养与训练被长期忽视。

（2）"师道尊严"的影响，使老师在学生遇到交往危机等问题时，很少将自己的交往经验传授给学生。因此，学生们常常缺乏与人交往的技巧。

同学中的交往融洽与否在某种程度上取决于交往技巧。对学生来说，主要的技巧有两种。

（1）表达。要使自己的表达清楚、明白，改变说话的不良习惯，多用礼貌用语，如"谢谢""麻烦你了"等。

（2）感情融入。要达到与同学心心相通，彼此接受，就必须将自己的感情融入对方的感情之中，要学会耐心听别人表达想法；学会对别人的事情感兴趣；学会说"我赞成你的主意""我喜欢你的安排"；学会关心同学；学会宽容（少评论同学是非，不抱怨同学）。

交往的技能虽为"后天"形成，但在儿童期过后这种技能的掌握相对困难。因此，老师要创造一切教育条件，让孩子们学会交往。

让学生多参加团体或社会公益活动，使他们在这过程中不仅学会照顾和关爱别人，也学会更多的社会技能。

老师要给孩子做好榜样，让他们在观察、模仿中学会交往。

为孩子设计一些活动，邀请一些性格相近、兴趣相投的孩子参加，培养他们的交往能力。

老师要与孩子多交谈，了解他们的问题，给他们的交往以正确引导。

如何对待总觉得有人在欺负他的学生

有这样一个案例。

小通是个小学四年级学生，原先倒是蛮开朗活泼的。自从 8 岁那年生母去世，父亲再婚后，他变了，变得多疑、小气，总是感到别人在欺负他。每次当他犯错误时，继母说他几句，他就会骂："继母没有一个好东西，你总是欺负我。"有一次，一怒之下，还把继母送给他的衣服、玩具都扔掉，还拿起椅子想砸继母（未遂）。学校里，如果同学不小心碰了他一下，他就会以为同学故意在欺负他；如果有人目光与他相交，他就会觉得那人要对自己不利；如果老师不小心把他的作业改错了，就会觉得老师在针对他……

小通由于对继母角色的错误理解，随着时间的推移，逐渐形成了过强的自我保护心理，并且直接影响到正常的人际交往。班主任李老师运用以下方法对其予以矫治。

1. 运用"说理教育法"指出学生的错误行为

老师要塑造学生良好的心理品质，就应该提高学生的认知、评价和判断能力。李老师找了小通单独交谈。

"继母到了你家后，你们家有什么变化？"

"继母来了后，我和爸爸每天都可以在家吃饭，不用吃快餐了。家里也干净了，衣服也有人洗了。"小通说。

"自从继母来了以后，你爸爸有什么变化？"

"他每天都能按时回家，有时还会和我玩。"

"那假如有一天，你继母走了，你觉得你们家会变成什么样？"

小通低头，想了想说："我也不知道，一定会和以前一样，没人管我和爸爸。"

"你知道同学们为什么不喜欢和你玩？"

"我也不喜欢和他们玩，他们一定会欺负我的，因为我没有妈妈。"

"同学们是不是都知道你没有妈妈？"

"没有，只有一两个人。"

"听说你的同桌不想和你坐在一起，你怎么看？他是不是也知道你没有妈妈？"

"没有。我想是因为我上次打了他。其实他对我挺好，很关心我，我也挺喜欢他。"小通后悔地低下了头。

"那你继母关不关心你？你喜欢她吗？"

小通顿时感到了非常惭愧，过了好长时间，他说："她每天都会问我作业做好了吗？对我挺好的。可我在电视上看到的继母都不好，所以我就……"
他没有说下去，但可以看出，小通觉得自己做错了。

李老师接上来说："但事实上你继母对你是很好，很关心你。同学们
也并没有欺负你，是你自己太多心了，你应该多和同学们接触，多和他们
交流。"

2. 运用"角色互换法"消除学生的心理障碍

通过角色互换，能更好地理解他人、认识自己。李老师专门到小通家进
行家访。首先李老师请小通的继母谈谈对小通的看法。继母觉得小通是一个
好孩子，她一进这个家，就把小通当成了自己的亲骨肉，相信自己只要多关
心他、爱护他，小通一定会认可她、喜欢她的。之后，李老师恳切地问小通：
"如果你和继母交换一下角色，当你付出诸多的爱心，而她却毫不领情，甚
至还要跟你唱反调，你会怎样？"小通虽一言不发，但面露惭愧之色。李老
师接着让小通思考：父母对你的要求有没有过高？小通摇摇头，他开始为自
己的行为感到羞愧。李老师进一步指出："你是一个好学生，每个人都很喜
欢你，同学们也想和你交朋友。只要你对自己有信心，能用正确的目光来看
待每一个人，没有人会欺负你，同学都会和你做朋友的。"最后，小通说出
了为什么这样对待继母，他是怕自己会像村里人说的那样——被继母欺负，
所以采取这种对抗的方法。同时，觉得自己没有母亲的疼爱，低人一等，好
像别人老在欺负自己。

3. 运用"情感交融法"冲破学生的心理防线

李老师要求家长多关注小通，尽可能地发现他的"闪光点"，多表扬他，
引导他对继母产生好感，让他觉得继母也和生母一样关心、爱护他。建议继
母坚持每天说三句以上赞扬孩子的话；坚持每天和孩子相处30分钟以上；
坚持每天让孩子和自己一起做一件事；星期天，带他出去玩，陪他买东西，
等等，让小通体会到母爱，增进彼此的感情。

4. 运用"榜样法"改善学生的人际关系

李老师让他和班中的一个单亲家庭的学生结成对子。这个单亲的学生是
班级中的文娱委员，他是一个各方面都很出色的学生，人际关系也很好，对
同学也很关心，而且心胸开阔，很有自信。与这样的同学在一起，小通有了
学习的榜样。李老师让小通观察他，并努力效仿他。有了一个关心他的同学，
小通对同学们的疑虑渐渐地消除了，对自己有了信心，对同学们的看法也改
变了，喜欢和人交往了。从此，同学们也不再避开他了，对小通更加友善了。
小通不好意思地对李老师说："其实没有人欺负我，是我自己在欺负自己。"

这个案例对老师做好学生心理辅导工作，有很大的参考价值。

如何对待总向老师告别人的状的学生

我们先看一个案例。

一个普通的星期二下午，一切准备充分、应该上完的语文课，最终却未能完成预定目标。问题出在哪里？原来刚开始上课，就有一位小朋友举手向我告状，说他后面的同学推了他一下，接着又有几个举手说这个小朋友如何如何，开始时我耐心地听着，想马上解决就算了，谁知小手接二连三地举起来，结果在我意识到喊"停"的时候一节课已经过了三分之一。

还有一次，我刚吃完中饭回到办公室，就见好几个小朋友连接着跑来说教室里出事了！不知发生了什么情况，我连忙冲到教室，结果只是一个比较调皮的孩子把人家的桌子撞翻了，真是令我哭笑不得。

小学生特别是低年级小朋友喜欢动辄向老师来告状，你认为是一个问题吗？当然不是什么原则性的大事。但你不去理睬吧，他们却整天接二连三地来告状，使你坐立不安，心烦头痛，坐在办公室里也不是滋味，因为学生毕竟还都是些小孩子，遇到事情还不能冷静思考，缺乏必要的判断能力。所以即使是小事，我们也应该心平气和，绝对不能采取简单方法来处理，这样不但不能把问题处理好，相反更是降低了老师在学生心目中的地位。

怎样才能既不简单敷衍，又能使老师从这种应付中走出来呢？

小学生的世界观、人生观、审美观和价值观尚未形成，"告状"现象只是儿童心理异常的外部表现，是社会情感不成熟的体现。追根溯源，分析"告状"的原因，有这样几点。

（1）喜爱听老师和长辈的表扬，希望受到老师、同学关注，爱"告状"的孩子通常是希望引起老师的注意，动机是积极的。一些班干部对于老师布置的任务，常常是不折不扣地执行，但是由于他们的理解能力和独立应变能力较差，为了树立权威，只好把老师搬出来作为靠山。有的学生常常对犯错误的同学乱加指责，把"我去告诉老师"这句话挂在嘴边，还有的孩子从内心深处认为老师偏爱别的孩子，为了让老师注意他，一发现别人的小错误就去告诉老师，来衬托自己的成就，确立自己在老师和同学心目中的地位。

（2）"以牙还牙"，通过"告状"来反击的报复心理，这类学生总是把目光盯着与自己有过节的同学，等待他们犯错误。在报告老师的过程中，他们甚至会无中生有，添油加醋。老师对他人的批评会使他们产生心理上的满足。有些学生受到一点委屈或碰到一点很小的事就斤斤计较，耿耿于怀。因为同学向老师反映自己的一些错误，误解为跟自己过不去，认为周围的人都在轻视自己。

（3）妒忌他人引发的"告状"行为，有些孩子一旦发现经常受表扬的同学或和自己竞争的胜利者有了一些小错误，就会迫不及待地去报告老师。

（4）胆小的孩子的一种反抗方式。爱"告状"的孩子可能是个胆小的孩子，他受到委屈，要找一个能帮他说话的人来保护自己。

那么，该怎样处理学生的告状呢？

（1）多关心孩子，使他们的需要得到满足，在学生向老师"告状"时，用目光、表情、身姿等非语言行为表达对"告状"孩子的关切，不管他动机是什么，应该让他把话说完，老师积极地倾听，切忌边倾听边评判。通过倾听，敏锐地分析问题的症结所在。

（2）学会宽恕，老师要在教育他们宽以待人的基础上，指导他们进行和谐的人际交往。让学生带着老师的指导性意见去处理或者独立地处理事情。如果孩子真的是因为受到了伤害想通过"告状"来解决，最好是鼓励孩子说出自己的感受，耐心安抚、开导他，帮他明白用"告状"来解决问题，并不是最好的方法，要学会宽恕、谅解。

（3）教育孩子学会正确处理同学间的争执，老师要使他们明白用这种方式是达不到目的的，反而会失去同学的尊重和信任。对于别人的批评、意见能正确对待，虚心接受；能全面审视自己，既看到自己的长处，又认识到自身的不足。

（4）结合主题班会进行教育，开展丰富多彩的活动，如"同学眼中的我""我进步了""夸夸我的同桌"等。各种有趣的活动有助于孩子亲身实践和自我发现，能满足他们的兴趣和爱好，激发他们的好奇心和求知欲，培养他们的耐心、坚持、克制、勇于战胜困难等良好意志品质。

总之，对学生尤其是小学生来说，他们虽然爱"告状"，但都不是什么严重的原则性事情。年幼的孩子心理发育不成熟，处理问题的能力较弱，"告状"是他们求助于成年人的一种方式。他们往往在遇到一些情况后不知道自己该如何处理，希望老师来解决。因此，老师不能简单地排斥孩子的"告状"行为，而应当对具体事件进行具体分析后，帮助孩子搞清楚什么类型的事情应当告诉老师或者必须告诉老师，什么类型的事情可以自行解决。另外，针对"告状"这一行为，老师可以进行宽容教育，让孩子们逐步懂得如何看待别人乃至如何看待自己。总而言之，在处理学生"告状"时，首先要不怕学生"告状"，某种意义上讲，这也是他们亲近老师的一种表现；其次是要正确对待"告状"现象，不能有埋怨情绪，要认真仔细地了解情况，进行全面分析，不能光看表面现象，而且还要分析学生内心的真正动机、实质想法，并把分析、解决问题的方法传授他们，让学生学会自己克服生活中遇到的困难；最后对学生的"告状"要及时处理，化解矛盾，促进学生团结友爱，互相帮助，共同提高。

第五章

如何对待个人习惯上的问题学生

如何对待"小烟民"学生

谁都知道抽烟不好，但现实生活中，却有许多中小学生成了"小烟民"，那么，老师该如何处理呢？该怎样从心理上帮他们摆脱这种不良嗜好呢？

我们不妨先来看一则故事。

小陈刚上七年级的时候，上课经常睡觉，在一次谈话中，我闻到他身上有一股烟味，当时我的第一反应是他抽烟了。我知道抽烟的学生一般都不会主动承认自己吸烟，除非被现场逮住。为了不给他留有退路，我把话说绝了："你的烟龄有多长了？"他看着我愣了一下，我注视着他的眼睛。"3年了。"他的回答，让我吃了一惊，没想到一个七年级的学生竟然有了 3 年的吸烟史，也没有想到他会这么直爽地回答。我看了一下他夹烟的两只手指，明显发黄。但我还是鼓励他："你很诚实。"他也觉得奇怪：老师竟然不批评我吸烟？我要给他这样的暗示：老师欣赏诚实的学生，为下一步的戒烟教育建立信任基础。

"你是怎样学会抽烟的？"

"当时对朋友抽烟感到好奇好玩，他们还说'不会抽烟不够哥们'，我就试着抽了起来。"

"现在你每天的烟量是多少？"

"大概一包。"他犹豫了一下。

我已经意识到他问题的严重性，不过"吸烟"不是本次谈话的主题，就不深究下去了，也不对此作评判，以免触动他的防范神经。

之后我认真研究了一套针对小陈吸烟的教育方案，关键是提高认识，下定决心，持之以恒。我把小陈叫到办公室，开始了艰辛的劝烟之旅。

"你给我的印象是诚实，希望我们这次谈话也是诚恳的。"

"嗯。"

"你经常上课睡觉，为什么？"

"困，总觉得睡眠不足。"

"晚上几点睡觉？"

"11点。"

我可以断定，如果小陈说的是真的（后来证实他说的是实话），那么他的睡眠是充足的，上课睡觉另有原因。

"你上课嗜睡跟吸烟有很大关系。"

"不会吧，不是说吸烟可以提神吗？"

"那只是一种假象，兴奋一时之后便是长久疲乏。你的烟瘾很重，已经对吸烟产生了依赖性，上课不能吸烟，就感觉精神不振，你知道吸烟对青少年有多大危害吗？"

"吸烟怎么会有害？我爸天天抽也没事。"

我把事先准备好的"吸烟对青少年的危害"和"吸烟有害"的医学研究材料拿出来，叫他认真对比阅读，读完之后，我强调两点：第一，吸烟是一种慢性中毒，不易被人察觉，成人吸烟同样有害，只是病症的出现比较缓慢；第二，吸烟对青少年的危害比成人严重，原因是青少年正处在生长发育时期，人体各系统器官尚未成熟，对环境中有害因素的抵抗力弱。他若有所思地点了点头。接着我说："吸烟的学生都有一些共同的症状，如上课犯困，总想睡觉；记忆力减退，经常丢三落四；注意力分散，不能集中精力听课等。这与你现在的情况十分相似。""我现在就是这种情况，害得我无法听课。"他更加信任我了。

为了巩固小陈对"吸烟有害"的认识，我专门召开了一场"香烟的功与过"主题班会，同学们的发言有理有据，气氛热烈，很有感染力，最终的结论是：青少年吸烟百害而无一利。接着让学生观看了《吸烟与肺部疾病》的科教录像，当学生看到被烟熏得乌黑的肺部照片时，当学生看到病人因肺病而呼吸困难时，当学生看到烟民家庭的畸形婴儿时，都不约而同地发出啧啧的惊叹声，感觉毛骨悚然，很长时间还谈"烟"色变。课后让学生出了一期题为"拒绝吸烟，健康成长"的墙报，引来很多同学的观看，议论纷纷，反响强烈。

有一天，我约见了小陈的父亲，据他父亲介绍，小陈很小的时候，父母就离婚了，十几年来，他都不在父母身边，一直是跟着奶奶生活，现在才把他接到父亲身边，小陈对父母没有感情，只要拿到钱，就整日整夜在外面玩，每月花费很多。我建议他父亲多抽空陪孩子谈心，和孩子一起做家务；鼓励孩子说出自己内心的苦闷，乐于倾听孩子的心声；尊重孩子的意见，对孩子的不合理要求要耐心教育，晓之以理；以身作则，经常给孩子渗透是非观念和规则意识；要控制好孩子的"财路"，要求孩子每日报告钱的支出情况；鼓励孩子说实话，做一个诚实的孩子。

有一次，小陈上课迟到了，我发现他从厕所里冲出来，裤兜鼓鼓的，可能有香烟，我猜他在厕所吸烟了。我叫他到办公室，示意他拿出来，果然是一包香烟和一个打火机。他对我毫无掩饰。

"你已经知道吸烟的危害了，还要抽？"

"不想抽，但有时候忍不住。"

这是实话，戒烟谈何容易？成人戒烟都很困难，更何况是缺少意志力和自控力的中学生。要彻底戒烟，光有认识是不够的，还要有信心和决心。我得帮他树立信心，坚定决心，克服烟瘾。

"你要相信自己能戒烟，只要你能按老师的要求做，戒烟一定能成功。"

"我要怎样做？"

"首先，你要憎恨香烟，是它使你萎靡不振。其次，你不要带香烟来学校，努力做到在校园里不抽烟。第三，尽量不和抽烟的朋友接触。第四，计算自己一天的抽烟量，要逐日递减。第五，要多参加集体活动，转移注意力。第六，找一个不抽烟的同学，让他提醒和监督自己。你把这六条做法抄下来，带在身上，经常拿出来看，牢记心中。"

他答应这样做，抄完就去上课了，把香烟和打火机留在我的桌面上。

一个月下来，他能坚持做到不在校园里抽烟，这是一个很大的进步。但站在他身边，还是能闻到一股烟味，这说明他吸烟仍在进行着。于是我又叫他来了解情况。

"有信心彻底戒烟吗？"

他不说话，好像在思考什么似的。

"现在一天的吸烟量是多少？"

"五六支吧。"

"什么时候抽？"

"放学出了校门，我就忍不住要抽上一根，这已经成了习惯，这个习惯很难改。"

我在想，路上缺少监控，阻碍了禁烟的进程，还有可能会反弹。如何加强走读生在校外吸烟的教育和管理呢？让家长接送孩子上学，这是个好办法。我把这个想法告诉小陈的父亲，得到的答复是："经常出差，没有时间接送孩子。老师，您再想想办法，我的孩子全交给您了"。我想了一下，答复他："那就让他到我家住一个学期吧。""好！非常感谢您对我小孩的帮助和教育！"

就这样，期中考试之后，小陈在我家住了半个学期，直到期末考试结束，这半个学期，我们一起上学，一起回家，一起看电视，一起上网，一起学习，一起上街，我们成了好朋友。小陈刚住进来的时候，怕他烟瘾难受，就准备了各种零食和小吃，周末家长来接他回家。在我家经过两个月的隔离，小陈整个人的思想觉悟和精神状态都发生很大变化，上课能认真听课了，期末考试班级排名上升了12位。

故事所反映的主要是学生吸烟的问题，小陈在四年级就沾染了吸烟的陋习，吸烟严重危害人体健康已被世界公认，世界卫生组织指出，吸烟是"20世纪的瘟疫"。青少年吸烟百害而无一利。首先，吸烟严重危害未成年人的身心健康，使体质下降；其次，吸烟会导致学生精神恍惚，注意力涣散，反应迟钝，记忆力减退；第三，吸烟会间接引发一系列不良行为，如无心学习，讲哥们义气，乱花钱，以大欺小，偷摸勒索，聚众酗酒闹事等；第四，吸烟容易引起处于"边缘地带"的学生的好奇与效仿，使他们不自觉地加入烟民行列，从而腐蚀更多青少年，制造更多不稳定因素。

那么，老师该采取什么样的策略来教育他们呢？

1. 改善家庭教育

父母是孩子的老师，孩子是父母的影子，家长的言行会直接影响青少年的健康成长。有调查显示：青少年模仿长辈开始吸烟者占青少年吸烟者的23％，父母的认可或默许使青少年吸烟的可能性大大增加。因此，老师要指导家长在家以身作则，从自己做起，不吸烟，最起码不要在孩子面前吸烟，不要带孩子参加有吸烟行为的成人活动。另外，老师要指导家长知道吸烟的具体危害，要采用灵活多样的方式跟孩子讲清楚讲透彻吸烟的名种危害及并发症，可以使青少年获得更直接、更深刻的认知和教育。再者，老师要指导家长培养良好的行为习惯，努力创设和睦的家庭，要密切关注孩子的健康发展和心理需求，做孩子的朋友，指导和帮助孩子学会交友，避免孩子交友不慎而沾染不良习惯，这有助于青少年增加对家庭温暖的依赖感和归属感，听从父母的教导和建议。老师还要指导家长努力成为孩子崇拜和效仿的对象，这样可以最大限度地抵制不良行为对孩子的负面影响，增强孩子的是非观念和抗诱惑能力。

2. 加强学校教育

学校是青少年学习、活动的主要场所，学校的教育和引导对于青少年认识吸烟的危害和戒烟起着至关重要的作用。学校要开发适合当地学生需求的校本教材，如开设禁烟课堂，生动形象地向学生讲述吸烟对人体、对家庭、对社会的各种具体危害，提高学生的思想认识。辩证唯物主义告诉我们，内因是事物变化的根本动力。可见提高学生的思想认识至关重要。在给学生讲吸烟的危害时，可采取灵活多样的形式。例如，开展专题知识讲座，全面提升学生对烟草危害的认识；请受烟草侵害的同龄人现身说法，通过近距离的接触，给学生一种感同身受的"震撼"；召开主题班会，列举科学权威的有说服力的统计数字和吸烟造成的危害与浪费的事例；组织学生参观禁烟科教图片展和观看禁烟影视录像。此外，还可以开展社会调查、举办知识竞赛等，使学生通过亲身的实践活动加深对烟草的认识，让他们真正认识到吸烟的多方面危害，最大限度地从心理上减少学生对香烟的好奇与尝试。这就能从源头上限制烟民数量的发展。对于烟民而言，也有助于增强学生摒弃烟草的决心和毅力，提高青少年抵制香烟的能力和控烟技巧。故事里的老师通过摆事实、讲道理和看录像等方法，晓之以理，动之以情，持之以恒，真诚关心，具体指导，使小陈深刻认识到吸烟对自己身心的摧残，自觉行动起来，最终能成功戒烟。

3. 家校联手，形成合力

家庭与学校是孩子生活与学习的两个重要场所。大量事实证明，孩子的问题，任何单方面的努力都难以奏效，必须双方联手，共同努力，才能产生"1+1>2"的教育效果，加快不良行为习惯的转变速度和巩固已经取得的教育成果。故事中的小陈烟龄长，烟量大，已成瘾。一般的说教、训斥和限制不起作用，用硬的两败俱伤，用软的不痛不痒，真拿他没办法。老师为了帮助学生戒烟，除个人要努力做学生的心理辅导工作外，还多次与家长联系，全面真实地了解小陈在家的表现和他的家庭教育背景，与家长合作，达成一致，共同制定教育小陈的具体方案，取得了显著的教育效果。因此，学校和家庭应密切联系，形成合力，共同营造良好的控烟环境，减少香烟的易得性，这样有助于取得戒烟成效，使青少年远离烟草的危害。

此外，教育过程中要注意如下内容。

1. 戒烟教育要避免枯燥、乏味的说教

戒烟是一项复杂艰巨的任务，帮助孩子戒烟，是家庭和学校不可推卸的责任。但是有的家长和老师，由于对青少年吸烟的危害认识不够，未能引起足够重视，或者缺乏责任心，只是口头上反复强调青少年不能吸烟，不去积极思考如何采取适合学生心理、让学生乐于接受的教育方式，无法让孩子从思想上深刻认识吸烟的危害，即使有的孩子有过戒烟的冲动，但由于没有获得科学有效的戒烟手段而放弃了，久而久之，这种枯燥乏味的说教对吸烟的孩子来说就毫无作用了。

2. 戒烟教育切忌教育手段简单粗暴

有的父母和老师平时对孩子关心不够，不了解孩子的发展变化。一旦发现孩子吸烟了，就惊慌失措，大发雷霆，甚至打骂交加，手段粗暴。其实，这种做法是极端错误的，现在的孩子大多都是独生子女，简单粗暴的棍棒教育严重地伤害孩子的自尊心，常常使他们出现焦虑不安、恐怖和抑郁情绪，使其产生逆反和对抗心理，自暴自弃，破罐子破摔。不但没有戒烟，反而吸得更厉害。孩子由于未能从父母和老师身上获得温暖、理解和安全感，极易被"打"入社会，甚至被不良分子引诱和拉拢，离家出走，走上犯罪道路。

如何对待爱吮咬手指的学生

通常还在吃奶的婴儿有时候会把自己的手指含在嘴里吮咬，好像津津有味的样子。可是，有一些小学生有时也会经常吮咬自己的手指。心理学家说，已经长大的孩子如果还像小婴儿一样经常吮咬自己的手指，就属于心理障碍了。下面我们看到的朱贝同学就是这样。

朱贝是个五年级学生，长得比较瘦小，缺乏应有的那份活泼劲头，看上去就让人觉得是个胆小、缺乏自信的孩子。据老师讲，朱贝有个怪现象：一到上课他就不停地咬手指甲，有时还伴有一阵阵抽搐。只要老师和同学一注意，他便红着脸，不好意思地闭上眼伏在桌子上。可是一会儿他又开始重复上述动作。老师批评过多次也解决不了问题。据朱贝奶奶讲，朱贝在家里也有咬手指甲的毛病。

吮吸手指和咬指甲是小学生中发病率较高的一种心理运动功能障碍。心理学家发现，在6～12岁的小学生中，"经常"和"几乎每天"吮手指的同学约为12％，而咬指甲的同学可达40％。

吸吮手指本来是婴儿与进食有关的生理性动作。心理学家指出，90％的正常婴儿都有吮手指的行为，特别是这些婴儿长牙的时候，这是正常的现象。一般说来，小孩2～3岁以后，能以语言等方式表达自己索要食物的要求时，这种吮手指的现象就会消失。如果过了这一年龄阶段，还依然吮手指，则属于不正常现象了。

咬指甲可在儿童身上发生，但是多数是出现在小学低年级同学身上，小学生中大约有 10 %～ 40 %的人有这种行为。

小学生吮手指、咬指甲，是一种不良行为习惯。这种习惯的主要表现是，一些小学生只要手里、口里没东西，总是忍不住地吮手指、咬指甲。他们上课时吮，睡觉时吮，有的甚至不吮就睡不着觉，这些小学生常固定吸吮或咬某一个手指甲，可致使手指浮肿、变细、变尖、脱皮及出现炎症。这种不良动作时间长了，还可能导致面额变形，牙齿排列不齐，牙齿闭合不良，并容易引起胃肠道感染或肠道寄生虫及甲沟炎、脱甲等。吮手指、咬指甲不仅影响小学生的身体健康，同时也是一些小学生内心紧张、压抑、忧虑、自卑感、敌对感的情绪表现，如不及时矫治，将严重影响这些小学生的心理健康。因此，老师要及早预防和矫正小学生的这种不良行为习惯。

老师可以尝试从以下几个方面进行矫治。

1. 缓解学生的焦虑感

咬指甲的学生一般情绪不太稳定，比较多疑，性情急躁，在不断地消极暗示下，容易把注意力滞留在消极点上，从而产生焦虑感。为了转移内心的紧张状况，他们就选择了咬指甲。可能学生自己已经意识到咬指甲是一种不好的行为，但当他们紧张焦虑时，却往往难以自控。所以，对这类学生而言，缓解其焦虑感是最关键的。老师要引导学生进行自我调节，如引导学生进行积极的自我暗示，使其相信"我能行"，千方百计地追求成功，坚定"我一定能做好"的信念，使学生在待人接物时有一个比较好的心理状态；适当地转移注意力，当产生焦虑前兆时，做一些轻松愉快的事情以缓解心理压力；还可以通过放松躯体肌肉来放松紧张心理，先从区分皱眉和舒眉的感觉开始，接着区分眼、嘴、脸、颈、肩、上肢、胸、腹、下肢等等肌肉的紧张和松弛，最终达到自我松弛；分析焦虑来源，分析焦虑对自己产生的影响，思考一下产生的焦虑是否有必要，等等。

2. 让学生明白咬指甲行为的弊端

在缓解学生焦虑感的同时，老师要适时地与学生进行沟通，让学生进一步了解咬指甲是一个非常不好的行为。

第一，让学生知道咬指甲非常不卫生。老师可以带领学生搞一个"卫生保健知多少"的活动，借助显微镜的力量，让学生亲眼目睹平时肉眼无法察觉的"人类敌人"。可以安排两类学生进行实验，一类是手洗得很干净的学生，一类是不洗手的学生，然后请他们分别把手放到显微镜下。结果会发现：即使洗得非常干净的手，在显微镜下仍然可以看到大量的细菌；没有洗过的手在显微镜下，更是成了藏污纳垢之地，数以万计的细菌蠕动着，跳跃着，声势浩大，令人恶心。

第二，让学生知道咬指甲行为非常不雅观。老师可以让学生参与扮演小品中的人物，最终产生心理共鸣。小品情境如下：在一次朋友聚会中，大家都是西装革履、举止端庄、彬彬有礼。忽然，Q先生把手指甲放到口中津津有味地啃起来。顿时，全场鸦雀无声，大家都把眼光投向了那名Q先生，那眼光有奇怪的、有嘲笑的、有鄙视的、有厌恶的……Q先生顿时觉得无地自容。入时又滑稽的小品令人深思，使学生从中得到启示，从而反感咬指甲行为，下决心要把它改掉。

3. 通过强化训练纠正咬指甲行为

学生下了决心把咬指甲这个坏习惯改掉，这是一个非常好的开始。但是学生有决心，并不一定就能彻底改掉坏习惯。所以，老师一定要在适当的时候帮助学生。如学生在无意识中突然又开始咬起了指甲，这时老师可以给个温馨提示，学生马上就会明白过来。同时，要让学生加强自控，一旦出现问题自己又无法克制时，就用"思维中止法"，如一想咬指甲或开始咬指甲，就在大腿上使劲地拧一下（甚至多下），通过拧大腿引起的疼痛刺激，来迫使学生中断强迫性思维或行为。

有的学生可能只有决心，却没有恒心。这时，老师可以对其进行另一种强化训练，减少学生做出咬指甲行为的机会。如在读书时让学生必须两手捧着书本，在上街时让其手上提些东西等。有了这些"障碍"，学生咬指甲的机会就会大大减少。

4. 目标激励

学生在改掉这个坏习惯的过程中，老师要适当对其进行鼓励。比如说，让学生同桌互相监督，并且每天记下咬指甲的次数，只要有进步，哪怕是一点点的进步，老师也要为他们多加几颗星，让学生觉得自己付出的努力能得到别人的肯定。这能激发学生更加积极、更加坚定地进行自我改变。

如何对待有"洁癖"的学生

我们先来看下面这个案例。

刘星，10岁，小学四年级学生，自幼爱清洁，为人腼腆，做事认真。一年前，同班同学得了肝炎，妈妈非常紧张，叮嘱她不要上街乱吃东西，饭前便后要洗手，并说："生了肝炎，眼白发黄，对身体危害大哩！"从此，刘星在饭前，每次非要用肥皂洗得干干净净，才肯进食。后来，洗手的次数越来越多，每天洗手十几次；时间也越来越长，而且一定要看钟计时，每次非洗手 10 分钟不可，即使冬天也照洗不误，十个手指都已洗得发白、脱皮了。刘星由于把大量的时间都花在洗手上，导致作业来不及、没时间活动，严重影响了学习和生活。

像刘星这样反复洗手的现象，可视为患有某种程度的"洁癖"，医学上称之为存在"强迫性行为"。这类学生往往表现为"明知不可为而为之"，反复呈现强迫性的观念、情绪或行为。老师该怎样辅导有"洁癖"的学生呢？

1. 树立信心

老师要帮助有"洁癖"的学生，自觉认识和克服自己的性格弱点，指导学生处理问题要当机立断，帮助他们出主意、想办法，克服遇事犹豫不决的弱点；让他们了解人的一生中必然要遇到各种各样的事情，不可能对每一件事情都处理得那么合适与周全，出现一些问题是在所难免的。鼓励学生对自己要有正确的评价，应该看到自己的力量，树立战胜不良习惯的信心，多方创造条件，让他们获得成功，帮助他们提高自信心。还要注意丰富学生的业余生活，分散他们的注意力，以减少他们不必要的疑虑。

2. 意志训练

当学生出现反复洗手行为时，老师要帮助他们寻找产生强迫行为的不合理想法。可以让学生暴露在产生反复洗手的情境中，要求学生在一定时间内努力抑制自己。通过反复训练，让学生用意志去对抗强迫行为，降低焦虑情绪。

3. 行为疗法

在意志支撑的基础上，可以采用"行为对抗疗法"帮助学生矫正反复洗手行为。对抗疗法是把对抗刺激与强迫行为反复多次结合，形成一种新的条件反射，使之与原来的强迫行为相对抗，以消除原有的错误行为。

4. 转移学生的注意力

老师要鼓励这类学生参加集体活动，参与外界接触，培养他们多方面的兴趣爱好，如唱歌、跳舞、打球、跑步等，充实他们的业余生活，杜绝他们产生强迫洗手的念头。还要加强交往辅导，告诉学生与人交往的技巧，鼓励他们多交几个朋友，课间多与同学谈话、玩耍。这样，通过转移学生的注意力，可以有效扼制强迫症状的产生。

5. 做好学生家长的"参谋"

平时要多与学生的家长取得联系，让他们多关注孩子在矫治过程中表现出来的点滴进步，并及时给予鼓励；避免过分过高的要求，按照既定目标按部就班进行，不可盲目跨越。如果学生家长有性格偏差，如过分谨慎、过于刻板、优柔寡断、迟疑不决等，且也特别爱清洁，老师要提醒他们予以纠正；如有必要，可以让家长与孩子同步训练。这样，既拓宽了矫治空间，避免了消极因素的干扰，又使辅导取得的成绩得以保持、效果得以巩固。

如何对待偏食的学生

偏食是指儿童不喜欢或不吃某一种食物或某一些食物，是一种不良的进食行为。偏食是儿童常见的一种杂症，不良的饮食习惯影响孩子身体健康和生长发育。偏食糖类叫导致儿童发胖，出现龋齿，甚至产生嗜糖性精神烦躁症，偏食盐可导致青年期以后血压偏高，而各种偏食均有可能造成儿童营养不良，对其视觉、听觉及嗅觉的发展产生重大的不良影响。偏食的孩子往往面黄肌瘦、皮肤干燥、贫血、精神萎靡不振，身材往往比同龄孩子矮小，有的还有性情孤僻、执拗、任性、喜怒无常的特点。

我们不妨先看一个案例。

小颖在学校用午餐时，经常没吃几口饭就吃好了，整盘的菜几乎动都没动，开始老师还以为她胃口小，没在意。后来发现原来小颖吃东西很挑食，只吃鱼和虾，不吃其他的肉类和蔬菜。由于挑食、偏食，小颖严重营养不良，人面黄肌瘦，个儿长得比同龄的孩子小，身体的抵抗力特别差，经常感冒发烧。

一般说来，儿童偏食大致可分为四种类型。

（1）心理性偏食：是一种营养可以从其他食物中获得补充的无害性偏食。有心理性偏食的孩子，由于习惯及心理因素，会拒食某种食物。例如，因怕腥气而不吃鱼虾；怕吃进污泥而拒食莲藕；看见猪的丑陋模样或鸡粪而拒食猪肉和鸡蛋等。但是因为孩子们拒食的食物不太多，通常不会因拒食这类食物而导致严重的营养不良，他所缺乏的营养往往可从其他食物中获得补充，因此并不影响孩子的健康。

（2）经验性偏食：是一种有可能造成体内营养失衡的偏食。这类儿童往往从经验和直觉出发，拒食很多食物。例如，不吃鱼、肉、鸡、鸭等富含蛋白质的食物，或者不吃富含维生素、纤维素的蔬菜等。其后果可能有两种：一是他们可能从鸡蛋、海产品、奶制品等食物中获得蛋白质，从水果、西红柿、瓜类、薯类中获得维生素与纤维素，体内营养结构基本均衡；二是他们在主客观因素影响下未能及时补充其所需的营养，自然就会因营养的失衡而损害健康。

（3）过敏性偏食：是一种容易被忽视的偏食。由于物种基因的改变、化肥和杀虫除草剂的广泛使用，以及植物、禽畜生存环境被污染等原因，食物中所含致敏物质增多，这易使免疫机能不够完善的儿童发生过敏反应。不过，这种过敏反应不一定会表现出典型的皮肤斑疹、潮红等症状，而大多表现为轻重不同的胃肠不适、全身疲乏、烦躁不安和精力涣散。以致他们在餐桌上见到与致敏食物色泽、味道、形状相近或相似的非致敏食物时，立刻产生拒食心理，甚至为此放弃整顿饭。对于这种情况，家长必须细心观察找出致敏源，在以后的生活中，尽量避免这种食物在孩子面前的出现，从心理到生理逐步矫正孩子的偏食。一般来说，这类偏食对孩子健康影响不大。

（4）绝对性偏食：是一种危害性极大的偏食。面对满桌佳肴，孩子毫无兴趣，有的边吃边玩，有的一口饭含在嘴里不嚼不咽，有的则是被家长训斥、打骂，逼着吃……例如，7岁的明明，特别瘦，吃少许水果、点心，总不好好吃饭，偏食厉害，爱吃零食，脾气急躁，不服管教。家长到处求医问药并采取哄诱、"高压"等手段，均无法改变其这一不良行为。

偏食对学生伤害性很大。老师可以根据儿童的心理特点来进行矫正。

1. 创设游戏情境

利用小学生喜欢做游戏的心理，在吃饭时创设游戏情景。比如，学生讨厌吃萝卜，但是中餐主菜又恰好是萝卜，老师可趁机带学生玩小兔当家的游戏，让全体学生扮演小白兔去拔萝卜。当"小白兔"们拔了一大堆它们爱吃的萝卜后，"兔妈妈"（老师扮演）就让它们想象用红烧、凉拌等方法将萝卜做成各种萝卜美食，并给它们取上好听的菜名。此时，"小白兔"们一边回忆平时吃过的各种萝卜的烧法，一边加上自己的创意，创设出很多新菜谱。最后，"兔妈妈"大力夸赞孩子们真能干，然后宣布一起来吃萝卜大餐，并将午餐盒分给大家。这时候，学生已把自己融于活动之中，当一看到午餐盒里竟是红烧萝卜时，肯定会有食欲。这样，在快乐的游戏过程中，学生慢慢地爱上了吃萝卜。

2.借助明星效应

老师可借助学生喜欢和崇拜明星、偶像的心理，间接地让他们认识吃多种食物的好处。比如，在看电视、电影、画报或讨论时，举一些学生喜欢的人物对学生说："看这些叔叔阿姨，你知道他们为什么能长得这么高、这么漂亮吗？告诉你们一个秘招，因为他们经常喝牛奶，吃鱼、肉和蔬菜。你长大了如果想跟他们一样，那就要从现在开始多吃这些食物。"同时，在每次吃饭时可有意强调这一意思，强化认识，使学生增加对这类食物的好感。经过一段时间的训练，让他们从不自觉到自觉，慢慢形成习惯，继而习以为常。

3.美化食物造型

利用小学生喜爱新奇事物的心理，可将学生不喜欢吃的食物做成各种漂亮的拼盘。如学生不爱吃水果，可设法将各种水果组合在一起做成漂亮的水果拼盘。例如：将红色的西瓜瓤切成一块块三角形放在盘子中央做成花蕊，将一片片橘子当作花瓣装饰在盘子周围，再用紫色的葡萄点缀在中间。也可将苹果、香蕉、哈密瓜、香瓜等容易雕刻的水果雕刻成小动物、小房子等形状。这么漂亮、别致的水果拼盘，很大程度上会激起他们的食欲。

4.开展竞赛活动

利用小学生盼望奖励、喜欢竞赛的心理，利用奖励竞赛机制，促使学生多吃平时不爱吃的食物。比如，将学生几种不爱吃的食物列一份表格，每吃一次上述的食物，就可请证明人（家长或同学）在下面签个字，凭每个签字可到老师那加一颗星，一个星期统计一次。学生为了能多得星，而不落后于其他同学，就会多吃自己不喜欢的食物。经过一段时间后，学生会慢慢习惯这些食物的味道，从而改变他们挑食的毛病。

5.促进榜样示范

利用小学生喜欢当小干部，喜欢被崇拜、被模仿的心理。老师可让挑食的学生当中餐管理员，管理同学们的用餐情况和纪律。因为要管理其他同学，必定要以身作则，做好榜样的示范作用。这样一来，为了能理直气壮地去检查其他同学的用餐情况，不管菜爱不爱吃，他们都会乖乖地把所有饭菜吃个精光。然后根据他们的表现，老师可适时将他们评为"中餐小明星"，并将他们的事迹和照片张贴于教室墙上。在强烈的自豪感和荣誉感激励下，使他们逐渐养成良好的饮食习惯。

6.建议家长改变烧法

老师可建议学生的父母将他不喜欢的食物改变烧制方法，从而改变其外形、色泽或口味，或在烧制时将多种食物混合在一起。如孩子不爱吃蘑菇、笋，可将蘑菇、笋、青豆切碎后烧成蜜汁浇在红烧鲫鱼上，使孩子误以为是鱼肉。如果他们觉得好吃，待吃完后就对他们讲明，让他们改变原来的思维定势，消除对该类食物的厌恶心理。运用同样方法，培养学生对多种食物产生兴趣，逐步改良饮食习惯。

老师在利用上述方法操作时要注意循序渐进，切勿操之过急，同时要多联系家长，了解学生在家里的表现，避免学生在学校和家里表现不一的情况。对学生的点滴进步则要给予及时肯定和鼓励，坚定他们改变挑食、偏食坏习惯的决心和信心。

如何对待贪图享乐的学生

我们先看下面这个案例。

小杰同学是家里的独生子，爷爷奶奶宠着，爸爸妈妈疼着，饭来张口，衣来伸手，娇生惯养，一点苦都不肯吃。生活上什么都要和别人比一比，穿最好的，吃最好的，书包要最好的，文具要最好的，如果比别人差了就觉得没面子，吵着闹着要爸爸妈妈买。学习上一遇到稍复杂的题目就放在一边，等待老师讲解。轮到做值日，只要组长一不留神，他就溜之大吉，或者到某处坐上半天再回来。

班主任应老师针对小杰的情况采取了以下辅导措施。

1. 激起学生思想冲突

案例中的小杰在无意识的情况下，把高消费的物质享受看作最大的幸福与乐趣，讲虚荣、搞攀比、追求高档消费。他把高消费看作是一种派头、一种个人价值的体现。这时班主任应老师就找到小杰，和他谈起了心。

"小杰，在家里你帮爸爸妈妈做事吗？"应老师望着小杰缓缓地问道。

"没有。爸爸妈妈说只要我好好学习就行了，家里的事不用做。"小杰一脸轻松地回答。

"听说你喜欢名牌。吃的、穿的都要选最好的？"应老师顺势引到主题上。

"是啊！名牌东西好，用着穿着有面子，同学们很羡慕我呢。"紧接着他滔滔不绝地讲起了名牌经，说起名牌小杰是一脸的兴奋。

应老师在一旁默默地听着，等小杰兴致勃勃快讲完时，轻轻问了一句："你爸爸妈妈有这么多钱让你买名牌吗？"

小杰听后一愣，过了一会儿才轻轻说了一句："我不知道，我没问，爸爸妈妈也没说。"看来他是从来没有想过这个问题，没有意识到他所花的钱是父母的辛苦劳动所得。

这时，老师马上趁热打铁，对小杰说："你的爸爸妈妈每天辛辛苦苦劳动，赚的钱不多。为了让你吃好的、穿好的、用好的，自己是一分钱也舍不得花。你见过爸爸妈妈穿名牌吗？可能连一件像样的衣服都没买过吧？有好吃的是不是都给你了？"

听到这里小杰有些坐不住了，可以想象当时他的脑子里是一片混乱，有许多事要好好想一想，应老师就此打住，不再往下说。结束谈话前，应老师对小杰说："回家好好想一想，有什么想说的明天来告诉老师，老师愿成为你忠实的听众。"小杰在迷茫中似乎有了努力的方向。

2. 引导学生树立正确的人生观和价值观

小杰经过一天的反省后，已经初步认识到自己的错误。应老师抓住时机，向他讲授正确的人生观和价值观，让小杰明白作为学生好好学习是自己的首要任务，人生中不是只有享乐，有许许多多更重要的事等着他去做。作为一个学生，不应该在生活上互相攀比，而是应该在学习上相互竞争，长大后成为一个对社会有用的人，这才是每个学生的最大目标。

3. 给学生一面"镜子"

小学生由于年龄小，理解能力不是很强，对人生观、价值观的认识比较模糊。因此，挑选一些生动的实例让学生学习，是一种比较有效的方法。于是，应老师选了班级里学习刻苦、劳动积极、勤俭节约的同学作为小杰的学习榜样，如同照镜子，每日照一照。接着，老师又向小杰介绍了"全国十佳少年"勤学上进的故事。模范人物的镜子效应使小杰有了学习的榜样，产生了强烈的对比心理，这对改变贪图享受、不肯吃苦的不良认识和行为，有一定的指导意义。

4. 引导学生开展批评与自我批评

为了让小杰有更深的认识，应老师在班级里开展了主题队会，提出"勤俭节约，吃苦耐劳"的口号。在会上，同学们畅所欲言，谈了自己是如何看待高消费、如何对待同学之间的攀比行为。在交流中，应老师加以引导，让学生明白在生活上攀比百害而无一利：太优越的生活会磨损人的意志，削弱人的上进心，养成懒惰、贪图享乐的坏习惯；勤劳、节约的习惯能使人健康成长。此外，应老师还设计了一个小品，情节如下：某某同学懒惰成性，不肯吃苦，生活上处处和人攀比，花钱大手大脚……看着小品，小杰的脸一阵阵泛红。小品表演结束后，同学们都迫不及待地发表见解，只有小杰在一旁想说又不敢说。这时，应老师索性让小杰上来演一演，让他用表演的方式告诉大家，应该怎样做。此时的小杰深有感触，对自己的行为已有深刻的认识，明白了自己今后该怎么做。因此，演起来得心应手，对小品中这名同学的行为作了很好的纠正，从而也使自己在鞭策中"脱胎换骨"。

5.鼓励学生积极参加各种劳动

贪图享乐往往和懒惰相连。因此，要杜绝小杰同学的陋习，就要让他改掉懒惰的习惯，多做一点事，偶尔吃点苦，对他的顺利成长很有帮助。在这方面应老师采取了以下措施。

（1）鼓励小杰积极参加学校劳动。平时的值日、大扫除，应老师每次都会指派明确的任务给小杰，并请同学及时督促、提醒他。当他有较好表现时，立即予以表扬。在劳动中小杰学会了扫地、拖地、擦窗户等，很有成就感。

（2）鼓励小杰多参加家务劳动。应老师和小杰的父母联系，让他的父母不要过分溺爱小杰。平时生活中，让小杰帮家里做一些力所能及的家务，使他体会到劳动的艰辛。还请小杰的父母在方便的时候，带小杰到他们的工厂里参观一下，让他看看父母是怎样工作的，了解父母的钱是辛苦劳动所得，应该节约，不要大手大脚花钱。

（3）鼓励小杰参加社区劳动。在节假日，应老师还鼓励小杰参加一些社区的劳动或帮邻居做点事，这样既有利于培养劳动能力，又有利于增强其社会公德心，更有助于培养小杰吃苦耐劳的精神。

6.以专项评比激励学生形成良好的行为习惯

应老师还在班级里建立了一个评比台，开设"勤俭节约""热爱劳动"两个专栏。对于表现好的同学予以精神上的奖励，让评比台成为学生良好行为习惯形成的"催化剂"，更把它作为一股动力，推动班级里良好氛围的迅速形成。

第六章

如何对待情绪意志上的问题学生

现在很多中学生背负着沉重的考试压力，交往范围狭窄，因而心理问题就随之出现，焦虑、失望、郁郁寡欢、孤独、愤怒嫉妒等不良情绪也会随着出现。如果不良情绪不能及时调整过来，有可能会产生身心疾病，影响正常的学习生活。教育者有必要了解中学生情绪问题产生的原因，并且掌握一些相关的对策，及时帮助学生疏导消极不良的情绪，使他们能够健康成长。

如何对待有焦虑情绪的学生

焦虑是一种常见的心理现象，其中在中小学生中的发生率比较高。严重的焦虑不仅影响他们正常的生活和学习，而且还可以会危及他们的身心发育，进而影响他们的身心健康。因此，老师应当帮助学生调节过高的焦虑心理，使他们的焦虑水平保持在一定范围之内，这既有利于他们提高学习的效率，又有利于他们保持身体和心理的健康。

在中小学生的学习和生活中，学习焦虑是学生们常遇到的一种不良情绪。

那么，如何有效缓解学生的学习焦虑呢？我们先来看几个案例。

案例一

某13岁的小学六年级女生，从入学到小学六年级都是三好学生，考试成绩名列前茅，学习很用功且很积极，也是同学心中的好榜样，可是最近总是上课不专心，心不在焉、若有所思的样子，上课很少像以前那样举手回答老师的问题，下课时则独自坐在座位上，有时显得很疲惫的样子，且经常独自玩，脸上很久都没有笑容了。该女生的父母对她的期望很高，总希望她能考上重点中学，每当女儿放学回家总反复讲"这几年家时的钱都花在了你的身上，希望你能够考上好的学校，如果考不上重点，就没出息了"。

对该案例的辅导方案和措施是这样的：第一，老师让该女生自己思考"考不上重点中学就一定会成为别人的笑柄吗？"并指导该女生要认清楚问题，告诉女生，一切都只不过是假设而已，对事情不好的一面过于担心了。事实上，担心只会增加烦恼，给自己施加压力，会使正常的学习和休息受到干扰；第二，让女生思考第二个问题"考不上重点中学就是对不起爸妈吗？"从而指导女生要认识到如果自己考不上重点中学就是对不起爸妈的想法是不客观、不合理的，让学生理解父母与子女之间的付出不是"等价交换"，而是以血缘和亲情为基础的，进而告诉学生爸妈之所以抱着很大的希望是发自爸妈内心的关心、爱护和欣赏。作为孩子，只要能够体味到父母的心意，尽心尽力努力学习就能够使父母感到欣慰了。

针对该女生以上认识的基础上，再给予学生进行较为全面的辅导，第一周属于认知调整阶段，在这个阶段里，老师利用各种场合让学生认识到过度紧张是一种不良的情绪，会影响自己的各个方面，要学生能够有良好的自我意识，能够客观地评价自己，能够正确地对待升学的压力，锻炼自己的意志，学会调控自己的情绪，尽量保持一种比较平静的心境去调节情绪，乐观地支配自己。第三周联系家长，在这个阶段里，老师进行学生家长访谈，并交换学生在学校和在家里的表现和状况，希望家长不要给学生施加太大的压力。通过老师的辅导和家访，该女生主动地和其家长交换了对升学考试的看法，其学习焦虑的情绪得到一定的缓解。

案例二

一个 14 岁的初二男生，其行为表现是：学习成绩差，初一时学习成绩始终徘徊在后十名，有些自卑，不愿与学生进行交流，也不愿参加集体活动，课堂注意力不够集中，很少积极回答问题，时常不完成作业，害怕考试，考试结束后向家长隐瞒成绩，对老师和家长有抵触心理，在老师和家长之间撒谎。该生小学学习尚好，进入中学实验班后数学成绩不理想，虽进行过努力但效果仍不理想。老师要求约见家长时，该生提供假的电话号码并撒谎声称其父母不和，叫家长则会使家庭破裂，从而迫使老师打消了与家长沟通的念头。该生的父母对他的期望较高，要求极严，任课老师在得知该生欺骗老师的时候也没有采取什么手段。

该案例的辅导措施如下：老师在辅导过程中坚持努力把握学生心理，因势利导，循序渐进注重实效的原则。先对学生产生学习焦虑的心理因素进行分析，从而找出问题的症结所在，再精心地设计辅导方案。

在实施心理辅导的过程中，老师从学生的年龄、情绪、心理等出发、进行换位思考，充分尊重学生，平等地、朋友式地倾听该生的苦衷，每次辅导有一个明确的辅导目标，但方式不尽相同，在班主任辅导的同时，积极协调其他任课老师一同工作，在课堂上鼓励他多提问题、积极参与课堂讨论和回答问题中，进而培养其学习的自信心和学习兴趣。

同时，利用各种机会和场合，让学生对班级产生一种归属感，并让该生承担领导的职位，让他在为大家服务的过程中改善并融洽同学关系。此外，和家长联系，与家长多沟通，并建议家长与学生多沟通、多鼓励，给学生适时制订切实可行的措施和努力的目标，缓解其心理压力。经过近一年老师和家长的努力，该生的学习焦虑基本消除，学习成绩有了较大的进步，初二第一次期中考试较初一期末考试提升了十三名。

案例三

某15岁女生，自幼体弱，但学习进取心极强，成绩优秀，小学阶段学习成绩一直是班上第一，进入初中后，在年级中一直保持前五名，随着学业负担的加重和同学竞争的激烈而越感学习力不从心。直到初二的一次大考中，有几位男生后来居上在一次考试总分超出她三分，此后，她就精神萎靡，每次考试成绩波动很大，成绩呈下降趋势，上课与作业精神都不能集中，常有疲倦感，且夜不成眠，甚至连续两昼夜不睡觉，身体越来越弱，学习被迫中断了约20天。

其父带她到处求医均无明显疗效，在家里休息两个多星期的她也按捺不住就返校学习，可学习也只是勉强维持而已。其家庭经济条件较好。自该女生成绩波动后，其父母就一直非常忧虑，经常在她面前唠叨，并表现出烦躁失望的情绪。家长对女儿的瘦弱与失眠刚开始认定是身体不太好营养不良的原因就买了很多营养补品，在效果不明显后，又带女儿到处到多家大医院求医，经多种大型仪器检查均未发现任何明显的身体性病变，后来，该女生自己也忧心忡忡，疑心自己的确患了"神经病"。

老师对该生的心理辅导对策和过程如下。首先，老师和学生之间建立关系，增强学生的主动求助的意识和动机，并让学生感到老师所给予的安全感。在这个过程中，老师诱发学生说出自己身体不适的地方并告诉学生自己所面临的这种情况属于常见的生理和心理反应，为学生树立解决问题的信心。其次，老师通过辅导让学生改变认知方式，建立合理信念。在这个过程中，让学生意识到，自己把自己一直固定于班级优秀学生的角色、考试必须第一的想法是不太合理的，是绝对化的一种理念，让学生意识到，学习成绩都是学习努力的结果，战场上并没有常胜将军。最后，在学生长期的学习压力和自我责备中，该生长期处于紧张焦虑的状态，老师指导学生进行简易的放松训练，让学生养成自我调节的习惯。

此外，老师还多次进行家访或约家长来校见面，与家长沟通教育孩子的意见和方法，让家长不主动或者不刻意地打探学生的学习成绩，不要过度关注学生的成绩波动，不要过于对学生忧虑、急躁。一周后，该生的睡眠安稳了，一个月后，学生的身体状况基本恢复。

通过以上三个案例及老师对安全的辅导过程，可以看到，在解决学生的学习焦虑的过程中，重要的是老师和家长能够及时发现学生的情绪波动的表现及异常行为的出现，老师和家长要密切配合。在现实的教育中，家长总是过度地对子女报以较高的期望，望子成龙、望女成凤，而学校教育则更多地是传授学生知识和升学考试内容的教育，学生的绝大多数的兴奋点都放在了知识的学习上，而对心理健康教育的指导和训练力度不足，针对这些问题，老师和家长都要意识到，教育的目标就是要培养全面发展的人才，老师和家长不能坚持"唯成绩论"的观点，要依据学生的心理发展规律，坚持以人为本，及时全面地了解学生的各方面的情况，使学生的身心得到最健康的发展。

除学习焦虑外，学生们还会有考试焦虑、生活焦虑等多种多样的焦虑情绪。老师要对学生在日常生活中所表现的焦虑问题进行积极的关注，有意识地为学生的焦虑情绪进行引导和疏导。下面介绍几种常见的疏导和缓解焦虑情绪的方法，仅供参考。

1. 告诉并指导学生在日常的学习和生活中注意照顾自己

要学会放松和休息。一切事情都需要未雨绸缪，防治焦虑也同样如此。焦虑和一些经常不被人意识到的肌肉紧张结合在一起，因此首先要学生们学会放松和休息来减少肌肉紧张所带来的焦虑情绪。

放松的方式之一则需要专门抽出时间进行放松训练：躺下，四肢平放，保持镇静，闭上双眼，左右移动下颚，松驰脸部肌肉，用腹部慢慢地进行呼吸，同时脑子尽量想一些比较舒心的事情，把自己置身于一个想像中的舒适愉悦的环境中，美国哈佛大学医学教授赫伯特·本林说，一个人身心过分紧张，会削弱体内免疫系统的机能；沉思冥想带来的完全松弛，会减缓身体的紧张，也是防治许多疾病的有效方法。

放松的另一种方式是不必专门抽出时间，而是预防性的方式，即无论人身处何方，坐着的时候，可以让自己的手臂自然下垂至大腿上，放松肩部，用腹部静静呼吸，这样的练习只需持续几秒钟，也会起到稍微放松紧张的肌肉的作用，而且如果这些小小的放松练习能够在白天持续地、有规律地进行，在晚上也会更放松。

2. 教育学生学会问自己三个问题

在实际生活中，焦虑者们倾向于否定地消极预测一切事物。表现出来的几句典型的话语是"这肯定不行""我要迟到了""人们认为我不行"等等。这些消极的预测使焦虑者忘记了它们只是些假设、一些猜测而非实际，因而老师和家长要教育学生问自己"我敢确定吗？事实真的是这样的吗？"焦虑者们还经常会夸大他们遇到的问题的结果，往往是把一些非常小的小麻烦当作严重的"灭顶之灾"，因此老师和家长要教育学生问自己的第二个问题就是"事情严重吗？"比如，学生为考试而焦虑不安的时候，可以建议学生扪心自问"如果我这次考试失败了，我的生活真的会因此而彻底完蛋吗？"焦虑者们需要因为自己有焦虑情绪去主动寻找一些缓解焦虑的方法，因此老师和家长要教会学生学着问自己的第三个问题就是"我能够做什么有用的、合适的事情吗？"通过让学生问自己应该"怎么办"来达到制止焦虑、忧虑程度的上升，以寻求适当的、解决焦虑的方法并将这些方法付诸于实践。

3. 教授学生一些平息焦虑的方法

每一个人在日常的生活和学习中，都会不可避免地遇到一些令人焦虑的事情，因而老师和家长还应教给学生和孩子一些平息焦虑的具体的、实用的方法。

（1）观察别人在自己焦虑的情况下是怎么做的，或者想象不焦虑的人们遇到这种事情应该怎么做。

（2）在受到刺激要焦虑的时候，问自己焦虑的是否能够起作用，对自己是否有好处，能够对解决问题起到任何作用吗？

（3）让学生从以前的焦虑教训中吸取平息焦虑的成功经验，寻找解决这次焦虑的方法。

（4）让学生感受美好的时刻，因为焦虑存在于预测中，所以让焦虑者学会不要乱想，不要过度活动，在必要的时候，什么都不做，只是感觉、倾听并欣赏这个世界。

（5）教给学生一种自我接受的策略。这种策略是美国著名心理学家纳撒尼尔·布兰登（Nathaniel Branden）提出来的。在这种策略中，让学生不要与这种不安的情绪对抗，而是体验它、接受它，为此可以自言自语地说："我真的害怕吗？"然后长长地、慢慢地做几次深呼吸，这样能把注意力集中在深呼吸上，即使刚开始不容易做到，但是一定要坚持不懈，而且要锻炼自己像局外人那样观察自己害怕的心理，注意不要陷入其中，不要让它完全控制住自己，此刻甚至可以选择和自己的害怕心理对话，请它告诉自己可能遇到的最坏结果，从而可以正视并接受它。这一策略有助于使学生从焦虑，从自我烦恼的意识中摆脱出来，从而进入现实，真正地面对现实的问题，而不是一味地幻想。

如何对待感到绝望的学生

我们先来看一则学校心理辅导老师讲述的案例。

离高考还有 97 天，一位告诉妈妈"自己实在不想活了"的女孩李婷，在爸爸的陪同下，如约来到了心理咨询室。

李婷聪慧文静，性格内向。开始交谈时，她很少抬头看我，即使抬头，目光也不敢与我对视。

为了让她放松，我就主动与她聊起她和爸爸、妈妈在家的一些生活琐事，如在家爸爸、妈妈谁最爱你呀，在生活和学习上谁管你最多等。她不太乐意地回答着我的问题。

从她的言谈中看得出他们的家庭很幸福，爸爸和妈妈都很疼爱她、关心她。妈妈是一家工厂的厂长，在生活上照顾得比较多，爸爸在学习上关照得比较多。我问她："你这样喜欢爸爸和妈妈，想没想过将来用什么方式来报答他们呢？"她说："没想过。"

像这样的学生该怎样进行心理辅导呢？我们不妨看看这位老师的做法。

为了让她诉说出内心的苦衷，老师接着说："你填一张气质测量表，就可以大体知道你的个性特点和行为方式了，你愿意吗？"她点着头痛快地答应了。

约20分钟后，她的气质类型测量结果出来了，属于黏液气质类型。老师就从这个话题说起，只说她气质类型的优点。如她最大的优点就是有计划、有条理，自我控制能力强，待人诚恳，不耍小心眼儿，办事稳重、踏实、不轻浮，遵守纪律，严格要求自己等。正是这些优点才使她取得了优异的学习成绩。听了这番评价，她觉得很符合自己的特点，显得很激动。

接下来，随着师生之间心理距离的拉近，她像开了闸的渠水，倾诉着内心的委屈。老师则像静静的渠坝，倾听着流水的声音。

"那是在高二的时候，班里转来了一位新同学，因为都是女同学，也因为她的学习成绩比较差，总爱找我问一些问题，时间长了交往就多了，我们成了好朋友。进入高三，我的高考压力越来越大。有时我在专心做作业时，她张口就问，题讲完后，她去做题没事了，可我很难再接着那个被打断的思路做下去，复习的效率很低。想到高考临近，心理更加烦躁不安，但又不好对她直说，而她却乐呵呵地满不在乎我的感受。我实在受不了了，就对她说：'你以后别问我问题，这样下去会耽误我的复习。'她当时二话没说，扭头就走了，从此不再理睬我，而且还故意在我面前大声嚷嚷着问别的同学问题。后来她又在同学中散布我的谣言，说我的坏话，并鼓动同学不与我来往。

"有一天，我们班一名很同情我处境的男生安慰了我几句，当时我觉得这个班只有他能理解我，以后我再遇到什么委屈都想说给他听。可是没几天，说我'和他好'的谣言传遍了全班，弄得他很难为情。以后，他就埋头复习，再也不敢与我交往了。

"从这开始，我恨这个学校，恨这个班，更恨她的存在。感觉人活在这个社会上太累了，再加上几次模拟考试都考得不理想，我彻底绝望了。我开始了有生以来的第一次逃学。对家长就说上学了，我早上背着书包按时出了家门，晚上放学按时回家，家长信以为真，没有半点怀疑。对老师就说病了，身体不舒服或家中有事，老师也信以为真。在外面闲逛的几天里，我想了很多，想来想去，真是一点活下去的勇气都没有了，只有一死才能摆脱这些烦恼和忧愁。

"那天下午，我徘徊在山脚下，迟迟没下定死的决心。因为心里特别挂念着爸爸和妈妈，他们把我从小抚养大，倾注了全部心血，如果我真的死了，最对不起的是我爸和我妈，无论怎样我要再看看爸爸和妈妈最后一眼，所以我又回到了家中。妈妈很会察言观色，一再追问我发生了什么事，最后我才跟妈妈说了那句话……"

听着李婷的倾诉，心理辅导老师很同情和理解她的处境。这是一个人际关系不适应的问题。于是及时指出了她的气质类型的优点，遇事能三思而行，比较理智，做事不鲁莽。这正是一个人事业成功的最有利的因素。

她很赞同老师的看法，并主动解剖了自己个性的不足，如有时办事不灵活，学习效率低，固执，在人际交往上要求别人太完美，有时说话太噎人。

他们谈话的话题，由开始如何处好人际交往到如何学习准备高考，最后的中心话题落在了"如何复习准备高考上"。

老师给她提供了几条建议。

（1）制定一个学习时间计划表，提高时间的利用率和学习的效率。

（2）发扬气质的优点，克服气质的不足，使自己的个性更加完美。

（3）保证睡眠时间和质量，注意脑营养，不要开夜车。

（4）利用心理暗示法，如"不要用别人的错误来惩罚自己""只要努力，我就是最棒的"等。

她很高兴，并愉快地接受了老师的建议，还一再说："如果我们早认识就好啦！"

三天后，李婷的爸爸打来电话，说孩子已主动要求去上学了。家长很高兴，一再对老师表示感谢。

高考前李婷又来找过心理辅导老师几次，都是咨询一些有关高考心理对策的问题。

知道高考分数后，李婷立刻拨通了心理辅导老师的电话，由于激动一时没说出话来，忙把电话递给了旁边的妈妈。妈妈激动地说："李婷考了730分，已被科技大学录取了，是计算机系。"心理辅导老师当时的心情难以用语言表达，比自己考上大学还激动。

后来，与李婷交谈时，辅导老师问她："上次我们的谈话中，你最大的收获是什么呢？"她说："就是那张学习时间计划表。我把仅剩下的90多天的时间安排得井然有序，并把计划表放大到与床头同宽的纸上，贴在我床前上，每天坚持对照着计划表督促自己。这样做的好处是每天都很有成就感和自信心，再也没有精力去猜测别人的心思、观察别人的态度，看别人的脸色。高考前的几次模拟考试一次比一次好，别人开始用羡慕的眼光来看我，我更有信心了，人际关系也在不知不觉中好了起来。"

这则案例生动地说明：有自杀倾向的人，虽然心理都很脆弱，但也存在着强烈的"希望被救助"的愿望。辅导前首先要建立依赖关系。当学生信任你的时候，才会愿意接受你的帮助。辅导老师能够带着同情心耐心地倾听学生的倾诉，从回忆一些学生最感兴趣的事到进行一些心理测量，引导、启发、挖掘学生身上的闪光点，让学生充满信心，看到希望。老师善于引导学生慢慢地体会，将内心所有的伤心、绝望、愤怒、痛苦都倾诉出来。老师站在学生的处境中体会感受，思考分析问题，最终达到学生自我认识、自我评价、自我调节的目的。

如何对待患上了"学校恐怖症"的学生

我们先来看一则有关学生心理辅导的案例。

一、问题概述与背景资料

小迪是个性格内向的小女孩，胆子非常小，上课很少主动举手发言，虽然有时在老师的鼓励下会鼓起勇气站起来回答问题，但总是把头埋得低低的，脸烧得红红的，声音怯怯的，平时也很少主动跟同学交往。一年级时，我去家访，她竟跑到楼上躲起来，任凭我们千呼万唤，她都不肯下楼。我们上楼去看她，她蜷缩到床边，满脸惧意。从二年级起，她开始不愿意上学，都是父亲硬拉着来学校，后来发展到在棍棒的"威胁"才勉强上学。她的厌学情绪越来越严重，有一次，为了抗拒上学，她竟然将一枚硬币吞到肚子里。小迪的父母结婚后多年未能生育，就领养了四岁的小迪，一直对小迪宠爱有加。他们经营着一家小旅馆，主要由母亲照料，父亲经常在外奔波做生意，跟孩子的沟通少了，可对孩子的期望特别高。小迪入学不久，母亲怀孕了，生下飞一个弟弟。

二、分析诊断

小迪之所以出现上述问题，除受其性格的影响外，最主要的原因是周围人（包括家长、老师、同学）对她关心不够。

（一）家庭方面

由于领养时小迪的已四岁，她隐约知道自己并非父母亲生；弟弟的降临，使一直生活在蜜罐中的她感到一种无形的威胁，她害怕失去父母的爱。确实，有了儿子之后的父母对小迪的关心较之前相比相对少了几分，内向而敏感的小迪放大了这种爱的缺失，产生了"错觉恐慌"。她需要父母的爱来安慰她脆弱的心灵。由于就学的是寄宿制学校,双休日才能回家,在她心里,离开了父母就好像失去了父母的爱,这也是产生学校恐惧的主要根源。父母强迫她上学加深了小迪的心理错觉,以至于后来发展到用吞硬币的极端行为来抗拒上学,甚至想到了死。学习上,小迪比不上其他同学,父亲对她的期望又特别高,使她觉得心理压力很大,从而也产生厌学情绪。

(二)学校方面

小迪内向的性格导致她不会主动跟别人交往,好朋友不多,加上老师对她心理方面的关心不够。学习上她不够出色,由于她常常不完成双休日作业,害怕到学校后挨老师批评。种种因素使她觉得学校生活不快乐,也是她产生学校恐惧的原因之一。情感的缺失、学业的压力使小迪破罐子破摔,患上了典型的学校恐惧症。(不要轻易下结论,不管诊断哪一种心理障碍,都需要用一定的诊断标准来衡量,对学生更不能说你得了什么症。)

三、辅导过程

(一)辅导目标

消除小迪对上学的恐惧情绪,让其积极融入到集体中,并和周围的人和谐相处,快乐生活。

(二)辅导策略

小迪的问题产生原因是多方面的,需要采用综合性的辅导对策来解决,我采用调整认知、情感关怀、体验成功相结合的辅导策略。"调整认知策略"要通过谈话、换位体验等方式,调整小迪对其家庭成员的评价及自我评价。"情感关怀策略"就是通过家长、老师、同学多种途径,给予她更多关怀,满足其爱与归属感的需要,帮助她建立安全感,消除恐惧心理。"体验成功策略"即创造各种机会,多形式、多层次地让小迪体会成功的喜悦,克服自卑的心理。

(三)辅导措施

1. 调整认知

解开小迪"错觉恐慌"的心结,关键是让小迪感受到爸爸妈妈需要我,爸爸妈妈是爱我的,建立自信。

我设计了"今天,我当妈妈"角色体验活动,以调整小迪的认知错觉。我抱来了女儿的电子娃娃,也许是这个会哭、会笑、会生病、会吃奶的娃娃太吸引人了,小迪主动要求把它抱回家好好照顾它。我说:"当妈妈可不容易,得不让它哭,不让它饿,不让它生病。你能行吗?"她腼腆地点了点头。过了双休日,我问她带娃娃有趣吗?她告诉我,这个娃娃很好玩,就是照顾它要花很大的力气。我因势利导,帮她明白以下三点:第一,爸爸妈妈是爱你的,只是因为工作太忙,没精力来照顾你,才让你寄宿;第二,弟弟比你弱小，更需要爸爸妈妈和你的爱护；第三，妈妈既要照顾弟弟，又要打理生意，很忙很累，才对你的关心少了点。你长大了，应该帮着父母做点事。

2. 情感关怀

主要从以下几方面入手。

（1）营造温馨的家庭氛围。我主动与小迪的父母沟通，分析了小迪学校恐惧症的根源所在，建议小迪的父母尽量抽一些时间陪陪孩子。之后的双休日，小迪的爸爸尽可能地推掉应酬，父母轮流在家陪孩子玩耍游戏、看书做作业，使小迪感觉到爸爸妈妈的关爱，获得一种安全感和满足感。因为有了家长的督促和帮助，小迪能认真完成各种作业，断绝了因不完成作业而害怕上学的恐惧才艮源。

（2）开展多彩的游戏活动。课间，我组织学生开展各种游戏活动，如编花篮、火车钻山洞、踢毽子、跳绳等。在游戏过程中，我给予小迪特别的关注，鼓励小迪多与同伴玩耍游戏，让她开心起来，快乐起来，活泼起来，尽情释放自己的情绪；让她在愉快的活动中感受同伴的友善、老师的亲切，拉近她与老师、同学的心理距离，使她愿意接近老师，结交同学。

（3）有意识地找她"闲聊"。经常跟她聊聊天，用爱的付出换来她对老师的信任，使她能敞开心扉与老师交流。我也能在聊天中捕捉到有益的信息，了解她的心理状态，便于下一步跟进辅导。

（4）寻找生活中的快乐。我送给她一本精美的小册子，取名为"快乐收藏"，给予她一种积极的心理暗示。让她用文字，图画或者自己喜欢的符号，每天至少记下一件快乐的事，在记录快乐的过程中经历快乐的情感体验，帮助她调整心态。

3. 体验成功

苏霍姆林斯基指出，成功的欢乐是一种巨大的情绪力量，它可以促进儿童好好学习的愿望，缺少这种力量，教育上的任何巧妙措施都无济于事。我注重创设各种机会，让小迪体验成功，品味快乐。

（1）合理期望。小迪的学习成绩处于中等偏下，与父亲要求她名列前茅的期望相差甚远，父亲的不满使小迪更加自卑。于是我与她父亲沟通，根据小迪现状和能力提出合理的期望。

（2）展示自我。课堂上给予更多的关注，鼓励她来展示自己的朗读，让她回答能够解决的问题，并暗示同学表扬和鼓励她，让她知道"我的回答还可以得到老师的表扬，我的朗读还可以得到同学们的掌声"。小迪跳绳不错，恰好学校要举行跳绳比赛，于是我早早鼓励小迪认真练习，争取在比赛中为班争光。后来，小迪获得了二等奖，这可是她第一次得奖！我抓住机会与她进行一次长谈，使她对自己的信心倍增，认为"只要努力，我也能行！"

（3）放大优点。我利用班队活动课，开展了"优点轰炸"的活动，让每个人用放大镜找别人的优点。同学找出了小迪身上的许多优点：文明，从不跟别人吵架；吃饭快；抽屉整理得井井有条；集会时做到静、齐、快；上课能认真听；成绩有进步……同伴的评价，使她发现原来自己身上的优点，找回失落的自我。

四、辅导效果

通过一学期的跟踪辅导，小迪已完全克服的学校恐惧症，各方面有了喜人的变化。

（1）从二年级第二学期起，她每周一都能做到高高兴兴来上学。双休日回家，不但能自觉完成作业，还能帮父母做一些力所能及的事，懂得体谅父母，回报父母。

（2）小迪已完全融入班集体，愿意为班级做事。如当值日生忘记擦黑板的时候，她常常抢着擦黑板。

（3）小迪的交往能力也有了很大的提高。在学校与同学相处很融洽，课间常看到她与同学高兴地做游戏，听到她愉快的笑声。碰到老师她不再回避，能笑眯眯地问候一声老师好。二年级期末，我们再去家访时，她热情地招待我们，给我们拿水果、倒茶，还陪我们说话，显得大方有礼。父母都为她的变化而感到十分高兴。

（4）小迪的学习成绩有了提高。二年级段过关考试时，小迪语文得了满分，数学考了97分。虽然小迪的学校成绩在班级还处中等水平，但她仍然乐观自信。

在本案例中，小迪由于家庭方面的原因，对学校失去了兴趣，患上了"学校恐怖症"。在对小迪的个案辅导上，老师运用了各种辅导策略，起到了非常好的效果。可见，对于类似的学生，班主任应做到以下几点。

（1）解决受辅者家庭原因造成的心理问题，必须和家长及时沟通，取得家长的配合。因为"爱与归属感"等心理需要的满足，应该由学校、家庭及社会共同协作来实现，而家庭环境的改善是一个关键因素。

（2）对于受辅者的心理辅导不能与教育其他学生脱节。因此，面向全体学生进行爱心教育，营造温馨的大环境，也是改变受辅者自卑、胆怯的有效方法。

（3）在辅导过程中，应创设各种机会，让学校体验成功。对于学生的点滴进步，老师要及时鼓励。可以说，有些学生开始的每一点努力，都是冲着老师的表扬来的。老师要尊重学生的这一心理需要，切不可伤害。

（4）以诚相待，做学生的知心朋友。苏霍姆林斯基说过，要成为孩子的真正教育者，就要把自己的心奉献给他们。可见，老师平时不能高高在上，不能摆架子，只有把学生当朋友，虚心听取他们的意见，对他们充分信任，通过谈心活动，打开学生心灵的窗户，使学生无所顾忌，愿意向老师倾诉真情，再根据个体的差异，因材施教。

（5）创造良好的心理环境，促进学生健康发展。组织丰富多彩的文化娱乐活动，开展各种形式的教育活动，如开班会、队会、心理专栏、心理讲座、公益劳动等，使学生在生动活泼的学习中克服不良的心理障碍，消除已有的的心理疾病，培养健康的心理素质，使学生在轻松愉快的氛围中成长，在活动中培养兴趣、发展特长、陶冶情操、开阔眼界，最大限度地满足儿童的心理需要，为学生健康地成长提供广阔的空间。

如何对待有强迫症的学生

我们先来看下面这个案例。

孙某勤奋自觉，成绩优秀。有一次进行课堂小测验，她成绩不错，但没有得满分。尽管也在受表扬之列，但她并不像其他孩子那么高兴。看得出，她对自己并不满意。见她心事重重的样子，班主任叫住了她。老师说的一些叫她放松些、对成绩不用太在意的话想来她并未听进去，却始终坚持说："我不该错的，如果我再检查一遍的话。"后来，语文老师让班主任看了她的一篇作文，里面的一句话令人记忆深刻："只有满分，才能让我洗刷以前的耻辱！"她对于自己的要求，已经到了近乎苛求的地步。就是因为太"用心"，太紧张了，后来几次的数学测验成绩都不太理想，对她打击很大。

这是一种近乎强迫症的症状。症状多种多样，既可为某一症状单独出现，也可为数种症状同时存在。在一段时间内症状内容可相对的固定，但随着时间的推移，症状内容也可不断改变。其表现大致有如下几方面。

（1）强迫观念，即某种联想、回忆或疑虑等顽固地反复出现，难以控制。①强迫联想：反复想象一系列不幸事件会发生，虽明知不可能，却不能克制，并激起情绪紧张和恐惧。②强迫回忆：反复回忆曾经做过的无关紧要的事，虽明知无任何意义，却不能克制，非反复回忆不可。③强迫疑虑：对自己的行动是否正确产生不必要的疑虑，要反复核实。她出门后疑虑门窗是否确实关好，反复数次回去检查，不然则感到焦虑不安。④强迫性穷思竭虑：对自然现象或日常生活中的事件进行反复思考，明知毫无意义，却不能克制，如反复思考"房子为什么朝南而不朝北"。⑤强迫对立的词句或概念反复在脑中相继出现而感到苦恼和紧张，如想到"拥护"，立即出现"反对"，说到"好人"时即想到"坏蛋"等。

（2）强迫动作。①强迫洗涤：反复多次洗手或洗物件，心中总摆脱不了"感到脏"，明知已洗干净，却不能自制，非洗不可。②强迫检查：通常与强迫疑虑同时出现。患者对明知已做好的事情不放心，反复检查，如反复检查已锁好的门窗，反复核对已写好的账单、信件或文稿等。③强迫计数：不可控制地数台阶、电线杆，做一定次数的某个动作，否则感到不安，若漏掉了要重新数起。④强迫仪式动作：在日常活动之前，先要做一套有一定程序的动作，如睡前要按一定程序脱衣、鞋并按固定的规律放置，否则感到不安而重新穿好衣、鞋，再按程序脱下。

（3）强迫意向。在某种场合下，患者出现一种明知与当时情况相违背的念头，却不能控制这种意向的出现，十分苦恼。如母亲抱小孩走到河边时，突然产生将小孩扔到河里去的想法，虽未发生相应的行动，但患者却十分紧张、恐惧。

那么，老师该如何对患有强迫症的学生进行心理辅导呢？

（1）帮助患者树立信心，并采取顺应自然的态度。对于患者要冷静分析其本人的人格特点和发病原因。如能找出原因，应树立必胜信心，尽力克服心理上的诱因，以消除焦虑情绪。但是又要看到，矫正强迫倾向行为和思维必须循序渐进，千万不能操之过急。往往采取顺其自然的态度会减轻其内心的焦虑不安，反而能收到好的效果。顺其自然，即在躯体出现不适感、思想出现不受自己支配的念头时，能听其自然，比如看书的时候出现不相干的念头干扰了自己，不要理睬它。有强迫思维时不要对抗或用相反的想法去"中和"，要带着"不安"去做应该做的事。家长及老师对患强迫倾向的儿童应有一个正确的态度，不要过分担心，尽量避免跟小孩讲大道理，尤其不能追根究底。对小孩提出的问题，最好按常识给予答复，说一遍即可，无需要重复。

（2）指导患者不断加入自控行为。通过患者不断加入自控行为，逐渐取代不由自主的强迫行为，可以达到治疗的目的。例如，患者洗手时总要先从大拇指洗起，现改为从小指洗起。表面看强迫倾向依旧，但实质已经发生改变。因为先前是一种症状，感到对它无能为力，当患者有意识地加入了自动动作成分，实际上是对强迫行为刻板形式的一种破坏。

（3）引导患者多参加活动。引导患者多参加集体性活动及文体活动，多玩有兴趣的游戏，这样可以建立新的兴奋点去抑制病态的兴奋点。

（4）思维中止法。对于强迫观念者，当强迫观念一出现，即用声音干扰。教导患者当脑子里出现"强迫想法"时，就弹手腕上的皮筋，并说指导语：这是我的强迫倾向，是自己强迫自己，应当马上终止！可以反复做这个作业，但不要"迁就"自己的症状。

（5）辅助性的疏导策略。①减轻外界的压力。可运用多种灵活的教育方法，寓教于乐，多表扬激励、少批评、杜绝体罚，创设轻松愉快的集体氛围，减轻紧张焦虑，培养学生乐观的心境。②创设机会、条件，让学生多获得成功的体验，缓解焦虑。③引导学生多参加锻炼意志和承受挫折能力的磨砺活动，在吃苦与克服困难中不断增加挫折承受力。④鼓励学生多结交开朗、活泼、上进的伙伴。

如何对待存在孤独心理的学生

心理学家认为，人的相伴性是一种精神需求，它可以给人以安稳的感觉、依赖的感觉和竞争的感觉。如果一个人长时间地不与他人进行交流和沟通，既没有亲朋也没有好友，那么他的性格就会变得孤僻怪异，精神上也会感到异常的苦闷和压抑。在现代这个钢筋水泥包裹着的社会里，人们的心灵空间好像是变得越来越狭小。孤独对于每一个人来说，就像感冒发烧一样流行。家庭模式日趋缩小，血缘关系的传统亲情虽然还存在着，但人们之间，即使是亲人之间的交往也已淡如止水。

随着信息技术的发展，人与人之间的联系越来越紧密。远隔万里重洋，仍能沟通无间。是的，随着科学技术的进步，人与人之间的实际距离的确是缩短了。但是，人与人之间的心理距离却越来越远。现代都市中，同住对门，互不知道姓名的事早已司空见惯。此外，大多数独生子女常常以自我为中心，他们感情脆弱，独立性差。随着现代生活节奏的加快、单亲家庭数量也有所增加，越来越多的孩子缺少亲情，缺乏关爱，缺乏温暖，孤独之情便油然而生。

我们先来看几个案例。

案例一

某初二女生，小时候挺喜欢与同学交往，且常常直率地发表自己的看法。课下常常喜欢议论某个老师，其中不乏有一些不敬的话语，世上没有不透风的墙，那个被她评论过的老师狠狠地批评了她一顿，并让她向全班同学做检讨。她由此开始怀疑是好朋友"出卖"了自己，开始怀疑同学之间的友谊和真诚。受到老师批评的事又不好意思告诉自己的爸妈，况且爸妈整天在外奔波，很少有机会与女儿聊天。慢慢地她便习惯于把自己的一切都放在心中，也不再愿意与同学交往，不愿意再多说话。

进入初中后，随着学习内容的加深，有时需要调整学习方法，但她早已习惯于一个人独自看书学习。上课没有听懂的，又不敢向老师或同学询问，因此虽然学习很努力，但学习成绩仍然是中等水平，没有大的进步，这同时又使她更加封闭自己，自卑倾向更加明显，于是越来越孤独。平时少言寡语，喜欢独来独往，没有要好的朋友，极少主动地与老师或同学交往。

在家里也总是一个人把自己关在房间里，很少与家长说话。刚开始父母觉得很高兴以为孩子已长大。不久便发现事情并非所想的，女儿与父母的谈话也越来越少，有时甚至一天也不与父母讲一句话，学习上的什么事更是一句也不说。

案例二

某五年级男生，个子挺高，但胆子却很小。他不爱参加集体活动，课间时间常常一个人坐在座位上发呆，不愿与别人交流。说话声音很小，像蜜蜂嗡嗡一样。做事的动作也很缓慢，大多数同学能按时完成的事，他却很少能按时完成。而且无论是表扬还是批评他，他总是一幅面孔：两眼空洞，面无表情。

案例三

方某，高一男生，学习中等，品行端正，性格内向、深沉、孤僻，常远离其他同学，不愿意与他人交流，也极少与老师说话，被同学们戏称为"酷哥"。

他来自于一个单亲家庭，在小学时父母就离异了，从此一直呆在外婆家。虽然有母爱，但毕竟是生长在一个不健全的家庭中，所以他逐渐认为别人都瞧不起他，凡事故意表现得很冷漠，装作一幅漠然置之的样子，其实他的内心很脆弱，生怕被别人伤害，于是便把自己禁锢起来，不与他人交往，久而久之，他越来越孤独、寂寞和抑郁。

对于中小学生中存在的孤独心理，老师应充分认识到它这种情绪产生的根源、表现和后果，正确地加以对待，及时地给予指导，帮助他们走出孤独的困扰，并以此为契机，促使他们进一步地走向成熟。

中小学生孤独心理的改善需要各个方面的努力。对于学校来说，应当加强德育工作，对学生进行人生观、世界观和价值观的教育，使他们树立远大的奋斗目标和崇高的人生理想。同时还需要开展丰富多彩的校园文化活动，形成积极健康的校园文化氛围，提高学生课外活动的质量。对于老师来说，则应引导学生积极参加健康有益的集体活动，建立良好的人际关系，创造融洽的心理氛围。帮助他们进一步提高自我认识和自我调控能力。为此，老师可以从以下几个方面来努力。

（1）老师在教育实践中，要给予赞美和赏识，增加学生的自信心和自尊心，使他们积极投身和融入班集体之中。

鼓励孤独的学生积极参与各种集体活动或课外体育活动，并根据学生的特长，有意地使他能在活动中取得胜利，获得一种成就感。例如，对于案例二中的那个男生，由于他心细，爱护公物，因此可以让他管理班级的钥匙，负责给同学们开门。同时还可以在班上表扬他聪明能干、爱护集体，以增强他的自信心。

如果条件允许的话，可以给孤独内向的学生，安排一个活泼开朗、乐于助人的同桌。利用同桌的外向、开朗来积极地感染和引导他逐渐活泼起来。同时号召同学们相互帮助，形成团结友爱、活泼健康的班风，让积极乐观、团结互助的良好氛围感染他，改变他。

尤其注意的是，对于性格孤僻的学生，决不能在一些公共场合对他进行说教。因为可能会造成误解，他们或许会认为是老师故意让他在公众面前丢人现眼，有时甚至会出现相反的效果，进一步加剧了其孤僻的心理。对于大多数孤独的学生来说，别看他们外表"冷漠"，一副拒人于千里之外的表情，事实上，他们的内心比一般人更"炎热"，孤独的学生是渴望能得到他人的关心和爱护。

（2）指导家长在教养孩子的过程中，给予足够的关心和爱护，让孩子感受到父母的关心和爱护，体味到家庭的温暖和幸福。

家庭是孩子成长的最初环境和摇篮，亲子关系是他们建立的最早的人际关系。父母的言行、态度和行为方式时进刻刻都影响着孩子的成长。老师要指导家长从以下几个方面改善父母与孩子的关系。

首先，需要父母双方注意加强自身修养。父母双方应尽量避免在孩子面前表现出消极的不良情绪，避免发生争吵。争取改善夫妻关系，为孩子创造一个轻松愉快、温馨和谐的家庭环境。

其次，要抽出一定的时间与孩子进行接触和交流。既可以与孩子谈学习的事，也可以与孩子谈社会生活中的小事。在日常生活中，注意多表扬孩子，多给一些赞美。当孩子态度冷漠时，要有足够的耐心，千万不要一味地训斥，不要使他产生厌烦情绪。可以让孩子参加一些家务劳动，为孩子提供一些与他人交流接触的机会，如果可能的话，还可以邀请他的小伙伴来家里做客。

同时还需要有意识地锻炼孩子。如可以请孩子帮忙到街上买袋盐，让他到楼下取报纸等。但不要过分增加孩子的压力，不要强迫孩子在客人面前表现。而且，还不要随随便便地给孩子贴标签，如说"这孩子性格内向，不爱说话""他就喜欢一个人待在屋子里"等。这些对孩子来说，可能会有一种心理暗示，强化了他们对自己性格的某种认识，以至于更加不愿多说话，不愿多交往。最后，还要使孩子的生活丰富多彩。利用星期天或假期，带孩子多出去走走。可以带他们到公园里玩玩，到书店看看有什么新书，或者带他们出去爬爬山。借以丰富他们的生活和学习，拓展他们的视野，培养他们开朗的性格。让孩子在与他人的接触中，在与同伴的交往中，享受到生活和学习的快乐，提高其积极愉快的情绪。

总之，对天生内向、喜欢独处的孩子，不要轻易给他带上孤独的帽子，独处并不一定孤独。因此，老师要尊重那些独处的孩子，独处、不爱交往并不一定是缺点，如果孩子能在清净中怡然自乐，也不失为一种好的生活方式。但对于内心真正孤独的孩子来说，老师则要积极地引导，恰当地与孩子进行沟通和交流，让他们的心更火热一些，行动更积极一些，态度更乐观一些。只有人人献出一点爱，这个世界上便不会再有孤独的存在。

如何对待有抑郁倾向的学生

抑郁是由情感冷漠发展而来的，处于抑郁状态的人把外界一切看成是灰暗的，遇到亲友不想打招呼，对过去喜欢做的事也不再感兴趣，即使在风景美丽的环境中也毫无欣赏的心情，甚至感到枯燥无味，有时感到生活非常寂寞孤独无趣。他们认为自己没用，没有知识、没有能力，什么都做不好。而且有时经常有不少躯体症状，如感到胸闷、心紧、胃空、背疼等，更多见的是疲劳乏力、失眠、无固定位置的疼痛。

有严重抑郁障碍的人特别多愁善感，情绪极端消沉沮丧，面带愁容，与人说话声调缓平，不时地发出叹息，反映出内心的抑郁、孤寂、凄凉和悲哀。他们喜欢带着抑郁的情绪看世界，认为世界都是灰色的，觉得处处不如意。他们丧失了与外界交往的兴趣，既不愿主动去接近别人或主动去做事，也不愿听别人的劝告，终日沉浸在自己的世界中不能自拔。

对于学生而言，表现得比较明显的就是终日郁郁寡欢，对任何事情都没有兴趣，小小年纪觉得人生没有希望，并表现出不愿与他人交往，把自己封闭在自己的世界里。有的学生会表现出一些躯体症状，经常用手支着头，说头痛头昏；有的用手捂着胸，说呼吸困难；有的说嗓子里好像有东西，影响吞咽。他们的"病"似乎很重，呈慢性化，或反复发作，但做了诸多医学检查后，又没发现什么问题，吃了许多药，"病"仍无好转迹象。还有些学生把他的抑郁情绪表现为外在的抑郁行为，如逃学、不服从老师或家长的管教、学习成绩下降等，让人头疼不已。

每个人可能都有过悲观或抑郁的情绪，但是为什么有些人表现得那么明显和持久，而有些人却不会有什么问题呢？

学生抑郁障碍的形成原因可能有以下几个方面。

第一，生物学因素。一种是包括遗传因素有关的内容，尽管相关的程度各不相同，但对大多数情绪障碍来说，遗传极有可能是一种载体，具有某种遗传载体的人，更容易情绪障碍。另一种是神经系统的生化变化，主要是神经递质的变化。目前的研究表明，抑郁障碍可能与单胺类神经递质的活性不足有关，而情绪的变化会通过神经系统等途径影响全身，从而影响了递质的变化。所以神经递质的变化，可能是抑郁障碍的直接原因之一。

第二，经历了一些对其有重大打击的生活事件。生活中会有很多的意外让人措不及防，对于还未成熟的学生来说更是这样。消极的生活事件都会对他们造成重大打击，而有些承受挫折能力差的学生可能就会因此悲观消沉、自暴自弃，患上严重的抑郁障碍。

第三，缺乏支持和正面鼓励。有抑郁情绪的学生一般对不愉快的情境更为敏感，更容易产生退缩的态度，这样的话，在现实生活中，他们所能得到的支持和鼓励就较少。例如，老师在教学的过程中，更多地是表扬那些不怕困难，迎难而上的同学，相反，那些怕苦怕累、抱怨环境的同学就不会得到支持和鼓励，获得越多，抑郁的程度就越低。

第四，抑郁者本身缺乏社会技能，无法有效地应付不愉快的情境。由于抑郁者本身缺乏社交技能，因此在行动前他们总想从他人那里获得更多的信息，或者试图从他那里获得更多的情感支持，如喋喋不休地发牢骚、试图引起他人的同情，这难免使他人感到很难与之相处。时间一长，沮丧的心情难免会通过非言语行为而不自觉地流露出来，甚至使人因此而疏远他们，这就使抑郁者遭受更大的打击。

那么，老师该如何对有抑郁倾向的学生施以心理辅导呢？

我们不妨先看下面这个案例。

王莺，女，14岁，在初一年级升入初二时，以优异成绩分到重点班。但是进入重点班后，心情变得十分压抑主要原因是，到了重点班以后竞争压力增大，导致压力增大，导致学习成绩急剧下降。她曾反复对家长说"不想上学"，并且经常在家中哭泣，撒泼不肯去上学，有人多番劝解无效。同时，她有头疼、失眠、胸闷、厌食、腹泻等躯体症状，有时会厌食，不愿吃饭。最让家人担心的是，她曾在墙上乱涂乱画，而且用纸剪出一个大大的"死"字。她时常在家中发呆不做作业，考试失败后用手掐自己，把自己手上掐得青一块、紫一块，而且喜怒无常，对任何事物都提不起兴趣，情绪很低落，总想要回到原来所在的班集体。

王莺的父亲是某个外资企业的员工，母亲是一会会计师事务所的会计，单位效益不好。王莺在四五岁是父母因为工作原因分居，王莺由母亲照顾，可是母亲因为生活压力经常把气发在孩子身上，王莺因而常常挨打受罚，经常哭闹且无人理睬，给她造成一定的童年阴影。上学后，家长除对孩子的学业要求较高外，要求王莺一切以学习为主，其他的事情都不用王莺操心，而当王莺进入重点班后更是喜出望外，对她的期望更高了，以致王莺的压力越来越大。

王莺有个表哥，考上了北京大学，曾为了学习放弃了一切娱乐时间。成功的表哥对她的影响极大，"只有像表哥那样，不浪费时间地认真学习才能考上大学，才能出人头地"。

王莺的性格十分内向，不善与人交流，不喜欢参加学校组织的活动，也不喜欢和别人交往，没有什么朋友，很少受到老师和同学的关注。

从王莺的情况看，是有明显的抑郁倾向，而造成王莺抑郁的原因可能有以下几个方面。

（1）成长经历的原因。幼年时期缺乏关爱与照顾，在情感被剥夺的生存环境里，王莺对外部世界缺乏信任感。童年的阴影在她脑海中烙下深深的印记，形成了她内向、不爱与人交往的性格。上学后，家长一味重视学业，对她仍旧缺乏关爱。进入重点班后，她失去了老师的喜爱，在同学中也不再表现优秀，学习成绩下降。这些都加重了王莺的挫折感，导致幼年时期遭遇再现，于是悲观压抑，选择逃避和发泄情绪来避免自己的继续受挫。

（2）期望过高与自己能力的不一致。家人的殷切期望，重点班的激烈竞争，表哥的榜样，迫使王莺树立了很高的人生目标。但是这个目标却不是目前她能承受的，因此过度紧张和焦虑导致学习成绩下降和她对自己的评价降低，自责、自罚，结果消沉沮丧。

针对王莺的情况，提出以下的辅导对策。

（1）支持性心理辅导。在辅导过程中充分给予王莺关怀与支持，取得王莺的信任，让她能在辅导室里畅所欲言，讲述自己的体验，宣泄情绪，同理给她安慰、信任，指出她目前问题的所在，让她纠正一些不合理的观念，如期望过高、自卑、自责，不愿意学习，逃避等，并给予一定行为技巧的学习应用与生活指导，包括一些学习方法的指导，使她能正确面对自己的问题，调整自己的期望水平，克服抑郁情绪。鼓励王莺与其他同学多接近，多来往，互相沟通和交流，不要把自己关在自己的世界里。

（2）和家长的沟通与协调。与家长沟通，调整家长对孩子的教育心态，不要给孩子太大压力，相信孩子的自觉性；经常和孩子沟通交流，多给予关心、安慰，倾听孩子的讲述，给孩子做一些她平时最感兴趣的事情；站在孩子的角度去体会他们的感受；要多给孩子鼓励、表扬和赏识。

（3）取得学校班主任老师的帮助。在王莺的逐步改善阶段，要让班主任老师有意识地改变她的学习环境，其中包括安排她最要好的同学与她同桌。当她有了一点微小的进步，老师就要及时给予鼓励，在班上要有意识地多表扬她，鼓励她要有克服困难的勇气和信心并调动同学的力量，给予王莺关怀与帮助，帮助王莺进步。

（4）在王莺愿意配合辅导以后，和王莺一起制订相应的学习计划和学习目标。帮助她制订合理的生活、学习计划，每天晚上睡觉前，考虑明天干什么。计划不能定得太高，但也不能太低，要留有充分余地。这样使她每天都可以比较顺利地完成计划，也就是通常所说的"跳一跳就可以摘下果实来"，培养她的自尊、自信，让王莺体会到自己努力以后是有进步的。但在这个过程中要监督王莺整个计划的实施。在王莺能独立完成计划之后，让她自己订立下一步的计划，并告诉她："所有的问题最后都只能你自己来处理，而且你也有能力处理。"让她最后能在实际的生活中处理问题，不再通过自责、自罚、消沉沮丧等抑郁的方式来逃避现实。

这个案例带来的启示：对有抑郁的倾向的学生，老师要施加一定的心理辅导予以干预。

（1）帮助学生学会面对未来。抑郁情绪的重要根源之一就是抑郁者本身一味沉湎于过去，对未来不抱希望。因此，老师的目的是帮助学生正视未来，打消学生做事的被动性和对生活、学习的无助感。如果只是和他们谈论童年、谈论父母，是无助于问题解决的。因为过去是无法改变的，老是强调过去，反而在无形中强化了他们的被动性和无助感，解除了他们的自我责任。所以，老师在咨询辅导的过程中要帮助学生学会面对未来，学会对事物倾注热情，当他们看到了希望，他们的情绪就比较容易改善，主观能动性也会逐渐地发挥出来，那些逃避责任、悲观失望的思维模式也就会渐渐被新的模式所取代。整个过程是围绕学生的实际问题来展开的，其关键在于引导学生把过于关注过去和关注自己的眼光转移，转移到对未来、对自我责任的关注。具体的方法可采用目标制定法或决策选择法，让学生根据自己的实际问题制定相关的目标，并讨论该如何具体实施，在遇到困难的时候又该如何解决等问题。

（2）引导学生把自己所制定的计划付诸于实践，并监督其实施过程。在面对大部分的抑郁障碍学生的时候，鼓励、促进学生去行动是最为重要的。在第一个制定计划的过程里，也许他们有了很完整的机会，但他们仍然缺乏动力和应变能力，为了使他们能投入建设性的行动中去，需要辅导员的引导和监督。

（3）帮助学生构建良好的社会支持系统。也许抑郁者在咨询室的时候仍能很好地面对问题，但一旦他们回到现实生活中的时候，他们就会倍受打击，马上打回原型。其原因是他们缺乏一个有效的社会支持系统，而这个社会支持系统其实就是学生所在的学校、家庭环境。因此，在辅导干预的过程中，要取得父母、老师的支持和帮助，让大家一致取得共识，为有障碍的学生营造一个良好的社会支持系统，让学生得到更多的支持和鼓励，从而能进行有效的行动，摆脱抑郁情绪，更好地面对未来。

第七章

如何对待自我认识上的问题学生

学生对于自我认识的问题主要表现在两方面，一是自我封闭，走不出自卑的阴影；二是自我意识过强，太自以为是。对待前者，要以鼓励为主，善于发现他们身上的闪光点，给以他们充分的信任。而对于后者，应该正确引导，使学生正确认识自己，认清自身的不足，循循善诱，以理服人，切不能孤立冷落和纵容学生的这些问题。

如何对待学生自我封闭的学生

对于青少年来说，人际交往中尤其重要的就是与同伴的交往，它对人产生的影响很大，失去了这种平等地位的交往，就很容易陷入以自我为中心的泥淖中。别人都是"知心朋友一见面，万般忧愁随风走"，他却是万般忧愁压心头，难以排遣，以至于到了用"再三旷课，趴在家里"的方式来逃避与外界的接触。

为了帮助潘浩改变这种自我封闭心理，心理老师对其进行了以下四个阶段的训练。

1. 略施小计，帮他交友

第一，让王欣经常去找潘浩谈心，讲述他自己与别人交往中的一些事。内容侧重于与他人交往的过程中，是怎样发现自己的优点和不足，遇到一些难办的事他是怎么处理的，事情过后他是怎样想的等等；并让潘浩也谈一下他对王欣的一些做法的意见或看法，以及对班里谁的印象较好等。

第二，为他创造交友的机会。例如，有一次班里赶着办黑板报，老师故意留下王欣和张伟。张伟也是潘浩印象中较好的一位。老师事先嘱咐了王欣和张伟一番。办报时王欣说："老师说明天一早就检查，我们什么时候才能办完呢？真愁人！"潘浩听了，放下手中的作业说："要不，我帮你们一下吧。"办完黑板报后，王欣和张伟一个劲地道谢。张伟说："潘浩，你真够哥们，干脆咱们三个交个朋友吧，你不嫌弃我吧？""我……"潘浩有点犹豫。王欣说："多一个朋友多一条路嘛，对不对，潘浩？""那好吧。"第二天，老师故意装作不知道，由夸奖黑板报小字写得好引出帮办黑板报的人，热情地表扬了潘浩助人为乐的好品质。

2. 从日记入手，培养他善于倾诉的习惯

老师发动全班同学写日记，要求他们把日记当作自己最好的朋友，每天晚上把自己一天中感受最深的事写下来，强调重在感受，以此来养成他们遇事善于倾吐心声的习惯。

3. 缓解他人际交往中的紧张感

这一阶段老师采用了角色联想法。一方面，老师听说潘浩与其姐姐的关系很好，就嘱咐其父母让他姐姐定期寄信给他，劝他要把同学看作自己的姐弟，和同学友好相处，随时帮他解决一些心理问题。另一方面，老师让全班学生都把班里的同学想象成自己的兄妹，让他们用照顾自己的兄妹的态度来对待和照顾自己的同学。于是，班级里形成了浓厚的友爱气氛，潘浩与人的交往也渐渐多了起来。

另外，老师还让潘浩心目中印象不错的五六位同学一有机会就去找他玩儿，一起说笑、谈心，关心他，爱护他，让他感受到集体的温暖和同学的友谊。

4. 培养其爱心，让他学会宽容和关爱他人

在平日的学习和生活中，老师很注意仔细观察潘浩，一发现他有宽容他人、关爱他人的事，就及时肯定，并鼓励同学以他为榜样。尤其是活动课，老师特别注意给他创造机会，营造气氛，尽量为他创造更多的与同学交往合作的机会。

老师还组织学生自编自演相声、小品、话剧等。而且特地对潘浩的作品作了充分的修改。他的表演受到了同学们的好评。表演结束后，老师让全班学生写出自己的感受。潘浩写道："这一次表演使我深深地体会到，一个人要想得到他人的友谊和关爱，必须自己先付出，只有这样才能以心换心。"

经过这四个阶段的训练后，老师发现潘浩开朗多了，乐观多了，朋友也多了，也能够主动问好，眼光也不再躲闪，而是满含着热情。他自己还主动要求加入了校篮球队。

一次他在回家途中，不小心被摩托车撞倒，擦破了脸。老师提议班长发动全班同学用自制的小礼品表示慰问。当班长把同学自制的小轮船、小橡皮娃等送到潘浩手中时，潘浩激动得说不出话来，不到两天他就回校了。老师问他："为什么不在家里多休养两天？"他说："我觉得在家里闷得慌，不如到学校里，人多乐趣多。"

这是一则成功的心理辅导案例，本案辅导老师善于由表及里地分析学生心理，紧紧抓住学生爱学习但自我封闭的心理，利用仅有的一个朋友，打开了那位小同学与同学交往的突破口，而且动用了多方的力量，全方位调整该生的交往心理，改善和提高他的交往能力，难能可贵。如果老师对待每一个孩子，都能够像雕刻家那样认真地去观察、去琢磨，研究他的"纹理"（心理），顺势雕琢，那么每一个孩子都会成为一块价值连城的美玉。

如何对待嫉妒心强的学生？

我们先看一个案例。

小林，女，16岁，初二学生。

初一时，小林比班里同龄同学思想成熟，学习成绩在班里名列前茅，加上她性格活跃，在班中任副班长，比较喜欢在大家面前炫耀自己。初二时，小林任班长，处理班级事务时喜欢从自我出发，经常指使别人做事，要求同学服从执行。班中的同学因害怕而顺从她，不敢作声，但心有怨言。

当别人做得比自己好时，小林会产生不满情绪，不服别人，贬低别人；当自己的考试成绩不如人家时，她总是急于检查别人的试卷，而不是看自己出了什么问题，错在哪里，有时还攻击老师评卷给分不合理，希望别人的分数比自己低，有时甚至对那些考试成绩超过自己的同学说一些"恨死你""谁让你考得比我好"之类的话。

像小林这样，看到别人比自己好就嫉妒、怨恨，于人于己都无好处。因此，老师应引导学生克服不良的嫉妒心理，让学生保持健康的心理状态，建立和谐的人际关系。

1. 辅导策略设计

辅导的关键在于如何接近小林，打开她的心扉，进行心与心的交流，小林个性特别强，若开门见山地指出她的心理问题，可能得不到她的认同，或认为是批评教育，引起她的反感。为顺利达到接触、亲近小林的目的，老师依据她的心理特点，设计了"隐己耀人法"，使小林乐于接近老师。具体做法：设计有一定难度、技巧性强的开放型数学题，让小林进行专门训练，反馈并评价她的解题思路新颖，甚至连老师没想到的思路都被她发现。经常这样做，使争强好胜的小林对数学难题训练有了浓厚的兴趣，也从中获得了成功感。她常常把难题拿来与老师共同探讨，彼此间的交流越来越多。

2. 辅导实施要略

（1）映射引导，让小林意识到自己存在着嫉妒心理和行为

心理矫正能否成功关键在于案主能否承认自己存在心理问题及其配合矫正的态度。启发引导小林说了心里话，发现自己存有嫉妒行为，从而配合矫正是极其重要的。为达到这一目的，老师掌握适当的时机向小林讲述了《心理医生病案录》中记载的一个病例：某大学生G，曾被称为"秀才"，但上大学后，尽管G花了比别人更多的时间，但成绩总是上不去，有时甚至排在全班倒数第一。因此，G经常对人不满，攻击别人，搞得自己也心神不宁，注意力分散，晚上还老失眠，学习越来越差，还出现了各种问题，最后只好休学离校。口快心直的小林马上问："老师，我好像也有这种心理体验，我是否存在心理问题？"老师趁机引导："轻度嫉妒心理在日常生活中是很常见的，你的嫉妒程度如何，可以通过诊断与测试来了解，你愿意测一下吗？"在小林的迫切要求下，老师首先让她明白嫉妒的含义：面对他人的

某种优势而产生不愉快的情感，即嫉妒心理，俗弥"红眼病"，是对别人的优势以心怀不满为特征的一种不悦、自惭、怨恨、恼怒，甚至带有破坏性的负面情感。接着对小林进行心理问卷测试，让她了解自己存在着较强的嫉妒心理。

（2）釜底抽薪，消除外部因素对小林嫉妒心理和行为的强化

人的社会心理是通过长期生活实践和家庭、学校、社会教育而逐步形成的。青少年的嫉妒心理和行为，开始时一般是家庭教育有缺陷，教育不当而引发的。另外，老师对青少年嫉妒心理的形成也有着强烈的激化作用。要想根除小林的嫉妒行为，首先要消除其父母老师对她嫉妒心理的催化影响。

①沟通家长，改善家庭教育方式

小林优越的家庭环境及溺爱、权威型的教育方式，导致了她任性好强的性格；家长对小林的过度严格和过高期望，加重了她的心理负担，使她有强烈的超越一切人的愿望。老师把小林的情况向她父亲作了详细的描述和分析后，她父母对自己以往的教育方法有了新的认识，并表示会密切配合做好小林的心理疏通工作。老师与小林的父母保持联系，告诉他们要降低对小林的期望，并改善家庭教育方法：a.不要过多用"荣誉"强化；b.不要施加过重压力；c.正确看待成功与失败，让小林报喜也报忧；d.加强对小林的引导，实事求是，正确看待名利。

②争取小林班主任的配合，废除以排名刺激学生的方式

班主任了解到小林的产生心理行为的原因后，对小林十分关心。注重对小林思想上的引导，废除了以排名督促学生的方法，并有意让小林负责设计板报，宣传一篇题为《为别人的成功为喝彩》的文章，并组织主题班会进行了专题讨论，使小林认识到做人要有开阔的胸怀，要无私地与人相处。别人取得成绩时，要为他们感到高兴；别人超过自己时，要衷心祝福他们，互相勉励，共同进步。

（3）连环之策，杜绝小林嫉妒心理和行为的发生

嫉妒心理和行为的纠正需要一个漫长的过程，可能还会出现反复。此时的心理是健康的，可能过一阵就不健康了。矫治嫉妒心理和行为离不开对案主心理变化的不断巩固与引导。辅导老师采用了连环巩固的技法，鼓励小林自我努力，自我克制，纠正原有不合理的认知结构，杜绝心理问题的再现。

①运用理性情绪理论进行干预

在小林认识到自己的行为问题之后，让其意识到自己的行为背后存在不合理的信念。借助辨别、反思等手段来帮助小林认清原有观念的不合理之处，进而放弃不合理观念，建立新的合理的观念。

具体步骤如下。

第一，找出不合理观念。探问："当你想到最近考试成绩不如别人时，你是否觉得很焦虑、烦乱？心里想说些什么？""我觉得我应该比别人好，别人超越我时，心中会有一种说不出的不痛快感，而且觉得难为情，觉得让老师、家长失望了，对不起父母。"通过这样的试探，找到隐藏在小林心中的不合理信念，即当别人比自己强时，心里酸溜溜的；成绩不如别人，在老师、家长面前就不好了；胜过一切人，才对得起父母。

第二，展开辩驳，即与不合理的观念进行辩论。提醒小林，到现实生活中，事事"争当第一"是不可能的，帮助小林认识到不合理的观念是"心"所造成的，既不现实，也不科学。质问小林目前存在的情绪和行为反应是否有价值，一旦达不到"争第一"的期望，烦闷、痛苦、憎恨别人能弥补什么？对自己有何好处？再退一步说，就算达到了"争第一"的愿望，别人真的会崇拜、羡慕自己吗？

第三，建立新的合理观念。利用小林对原有不合理观念产生动摇之机，帮助小林及时发展新的合理观念。a.有自知之明，正确评价自己。b.消除虚荣心，不做名利的囚徒。c.胸怀宽广，要为别人的成功喝彩。d.胜不骄，败不馁，取人之长，补己之短。e.公平竞争，实是求是，正视荣誉。

第四，迁移训练。发展新的合理观念之后，可让小林在清静的环境中，大声朗诵"有自知之明，正确评价自己""消除虚荣心，不做名利的囚徒"等，以强化、巩固合理观念，消除原有不合理的观念，并提醒她改正"红眼病"。

②运动激将法，自我克制

针对小林争强好胜及有较强毅力的特点，通过激将法让她加强自我克制。具体做法：向她讲述嫉妒心理和行为的危害性，以及一些因无法摆脱嫉妒困扰而导致各种问题的故事，激发她克服嫉妒情绪的愿望。老师故意刺激她："你要想彻底根除嫉妒情绪，难度极大，因为你的虚荣心太强了，常言道，'江山易改，秉性难移'。"自信的小林脱口而出："老师，你好好监督我吧！我一定要改掉！"

通过一段时间的自我努力、自我克制、自我调整，她的嫉妒情绪淡化了。每次考试后，辅导老师都要问她的感受，她说她已经不再像以前那样在意成绩与名次了，她觉得自己在学校上已经尽力了，别人考得好，是别人付出心血的结果，值得祝贺。

③拓宽兴趣面，培养达观的人生态度

通情达理、乐观是治疗嫉妒心理的良药，善于从生活中寻找乐趣是预防嫉妒情绪再现的有效途径。具体引导：鼓励小林积极参与学校的各项团体活动，如文学社、团委、学生会、排球训练队等，在丰富多彩的集体生活中寻找兴趣，养成达观的人生态度。

④间隙督促，预防嫉妒心理的再萌发

间隙督促，即对小林的心理行为间隙地给予监督和提醒，使其不良心理行为及时得到调节。具体实施：每周与她交谈一次，有时还陪她参与一些有益的娱乐活动，如钓鱼、爬山、春游等。时常设计一些有针对性的话题，以提高小林的思想素质和心理素质为突破口，帮助她树立正确的人生观和世界观。

对小林的辅导持续了一年之久，获得了一定的成效：小林基本上克服了嫉妒心理，还担任了学校学生会、团委、文学社等团体的主要职务，工作出色，才干与能力得到全体师生的一致好评，在各科竞赛中屡屡获奖，成绩名列前茅，人际关系也不错。

本案的成功，依赖于以下几个方面：辅导老师的精心设计，使案主乐于接近，诚心诚意地配合心理辅导；辅导者对案主的爱心，锲而不舍的精神；案主的迫切要求，坚强的毅力与信心；班主任、家长的密切配合。

本案提醒人们：嫉妒心理和行为会影响青少年的身心健康，强烈的嫉妒心理可能会使学生的生活变得"畸形"，陷入忧郁苦闷之中，甚至攻击别人，害人害己。因此，老师要帮助学生消除这种不良的心理行为，让他们健康成长。

如何对待走不出自卑的学生

有这样一个案例。

午间，教室里三三两两的学生或聚在一起讨论题目，或忙着做作业，或在座位上休息。我正在讲台旁埋头改作业，一阵欢声笑语使我不由得抬起头。

秋茹正和几个女生谈天说地，以她们自己的方式在午休。她脸上洋溢着开朗、自信，与初次见到的她完全判若两人。

记得新生报到的第一天，我拿着点名册点到秋茹时，似乎没有回应。我又点了一下，听到的是轻轻的、怯怯的声音，当时我也没很在意。

时间一久，我发觉这个叫秋茹的女孩与众不同。她不爱与人说话，总是低着头走路，当别人与她说话时，她总是用手遮着自己的脸。她不爱参加集体活动，特别是不愿做抛头露面的事，似乎对一切都非常冷漠。于是我开始注意起这个女孩，并作了一番了解。

秋茹今年14岁，成绩平平，不善言辞。由于患白癜风，一张原本姣好的面庞上，白一块，黄一块，相当惹眼。14岁正是花季，面容的缺陷，使她在同学面前常常感到无地自容，陷于自卑之中。自卑，摧残着一个的精神中最宝贵的东西，那就是自信、能力和热情。我强烈地感到这是个急需我关注和帮助的学生。

于是，我们便有了第一次谈话。我让她坐在我身边，用轻柔的语气问她为什么总爱低着头。秋茹紧皱着眉头，轻声细语地说："我的脸有病，长得不漂亮，再说我的成绩又不好，抛头露面多了怕同学笑话。"

"采取回避也不是办法呀，那样会和同学关系疏远的，你想过吗？"她摇了摇头，但我觉得这并不是她的真实想法。

"病去治过吗？"我关切地问。

"治过，可是治不好了。"说罢，她无奈地叹了一口气。

进入青春期，学生更关心自己的形象。他们爱把自己的身体容貌与同龄人相比，假如自己身体容貌引起别人的赞美，就自我欣赏，产生一种满意感；一旦长得不招人喜欢，就会有挫败感，产生各种烦恼。有的同学由于容貌缺陷产生一种严重的精神负担，甚至由容貌而怀疑自己在智力及其他各方面都不如别人，影响自己潜能的发展，形成一种自卑的性格，严重影响了自己的健康成长。

秋茹不爱主动与人交往，或者说交往过程中小心翼翼，正是怕被同学嘲笑。她被外貌上的一点缺陷击倒，生活在自卑的阴影中，认为自己是最难看的，无形中扩大了自己精神痛苦的程度。因此，我需要做的第一步就是帮助她调整心态，使她积极地面对生理的缺陷。

"你这样生活很累，我理解你的心理，如果换成我，我也会感到很不好受。"我真诚地说。

听了我的话，秋茹紧锁的眉头舒展了一些。

我对她说："你这病虽然难治，但难治不等于治不好吧！你想过这个问题吗？"

她的回答是沉默。

"你一定知道张海迪吧？"我说。

"知道。"她答。

"她身体重度残疾，可是她自卑了吗？"我问。

"没有。"

"对了，她虽然坐在轮椅上，但她总是保持着愉快的心情，还写书呢！你的病与她的病相比怎么样？"

"轻多了。"

"对呀，难道你不该振作起来？无论怎样，对自己都要有信心。有句话说得很好：女孩不是因为美丽而可爱，而是因为可爱而美丽。真的是这样。"

第一次谈话，我看得出她很专注，不时地点头，似有所悟。

此后没过几天，在一堂语文公开课上，当我讲完几种文明礼貌用语让学生上台表演小品时，没想到平时低着头不敢正眼看人的秋茹也上台表演了。她扮演的是老师的角色，这是她第一次面对这么多同学和老师表演。虽说显出几分紧张，但她毕竟勇敢地走出了第一步，同学们和我都以报以热烈的掌声。那以后，我很少见到那个低头走路的秋茹了。

为了让秋茹学会主动与人交往，我做的第二件事是鼓励她多参与活动，安排她担任一定的职务。正好班里缺个劳动委员，我把自己的想法告诉她，并对她说这工作很辛苦，责任心要强，我相信她一定能胜任。秋茹先是有点吃惊，继而便愉快地接受了。她制定了值日生轮流表，每天总是最早到学校、最晚离校，工作干得挺好。

可是，几个星期后，我在批改作业时，发现一向书写工整的秋茹，作业字迹潦草，且不认真，工作似乎也被动起来，我感觉到她处于情绪困扰之中。从旁人口中，我了解到班里有个别同学有事没事拿她取笑、嘲笑、挖苦她。

每个人都有自尊心，而生理有缺陷的人特别敏感，自尊心特脆弱。对秋茹而言，一句不经意的玩笑话，一个无恶意的动作，都会引起她的多疑、苦恼，更不必说故意取笑之类的话。

我召开了一次主题班会，引导大家应和睦相处。我又找来秋茹，希望能抚慰她那颗受伤的心。

"同学取笑你，你心里一定很不好受吧？为什么不向老师诉说？"

"我当然不好受，可又有什么办法呢？我确实丑，我怕失去更多的朋友。"她眼圈红红的，情绪有些激动。过了一会儿又说："老师，我害怕照镜子，一想到我有病的脸，我就什么也不想干了。"

"为什么？"

"我不知道，我心里烦透了。成绩上不去，人又丑又笨，我对自己一点信心都没有。"

她那闷闷不乐的表情告诉我，她的自尊心再一次受到了伤害，刚刚萌发的信心又消失了，她的情绪再次陷入了低谷。是啊，十多岁的孩子常常会因为别人对自己的态度而苦恼，他们常常会太在意别人的评论。

我对她说："有位名人说过这样的话，'走自己的路，让别人去说吧'。你懂这话的意思吗？"

她说："懂。可是……"

"可是别人说你的话，你会受不了。我想，你能不能换个角度想一想。比如，别人说的话有对的也有错的，有无意的也有恶意的。我们不是为别人活的，别人也不上帝，干嘛要太在意别人说的话呢！只要自己努力做一个可爱的人，别人自然会对你刮目相看。你说是这样吗？"

"嗯。"秋茹轻轻地作了回应。

我继续说："学生自然要以学习为主。至于脸上的病，可以尽量想办法去医治，万一治不好，以后可以去整容，但目前，应尽力搞好学习，你要相信自己的能力，别人行，你一定能行！"

此后，我常找秋茹聊天，对她的点滴进步及时予以表扬。课堂上鼓励她举手发言，让她用肯定、坚持的语气说出自己的观点"我认为……"。我要让她明白，容貌上有欠缺的人，同样可以是成功的、可爱的。

渐渐地，秋茹又变得开朗了，爱笑了，她的学习劲头更大了，还主动地参与班级管理，并且不再那么在意自己容貌的缺陷。

上课铃声响了，打断了我的沉思。我看到秋茹正回到自己的座位上，满怀信心地等待上课。从她那双明亮的眼睛中，我读出了她内心的平静和自信。

帮助学生克服自卑感，就是设法点燃他们心中的希望之火，重新激起他们的自信心。特别是应当遵循"人人有希望，人人能成才"的观念，引导他们用积极因素克服消极因素；要善于及时发现和鼓励他们思想和学习上的点滴进步，使他们享受到成功的欢乐。具体地说，应做以下几方面的工作。

1. 动之以情，正面疏导

有自卑感的学生，往往对老师和同学有戒心，甚至怀有敌意，他们对老师保持沉默、躲避或者采取对抗的态度。因此，老师要用耐心和宽容的态度，从培养感情入手去爱他们，即要有强烈的责任感，要以满腔的热情去温暖他们的心；亲近他们，即老师平时要多接近他们，关心他们的思想和学习，常和他们一起学习、活动和促膝谈心，真正成为他们的良师益友；帮助他们，即要摸清学生性格差异，讲究方法，对他们的学习和生活给予具体实际的帮助。这样会使他们感到老师是真心实意地爱护他们，就会使他们树立自信心。

2. 晓之以理，热情激励

一个人的自尊心有两个发展方向，与上进心结合成为事业心，与虚荣心结合会变得自私自利、自惭形秽。因此，老师在施教中要防止后者，使自尊心成为后进生进步的动力。不树立自尊心，就不能消除自卑感。因此，在帮助学生克服自卑感时，一定要讲清自卑感的危害，激发其自爱、自重、自强的精神。同时，老师要通过公正的评价，来鼓起他们生活、学习的勇气。对学生的了解要细，评价要客观，要改变旧的人才观，以培养目标为准绳评价学生，促使其德智体美劳全面发展。对后进生要及时发现、肯定和表扬他们的点滴进步，使他们看到自己的成绩，感到自己是有希望的，有前途的。实践证明，这样肯定比批评和惩罚更能激起积极的心理效应，进而激发其自我教育的积极性。

3. 充分信任，积极矫正

信任在人的精神生活中是必不可少的，每个人都需要别人的信任，有自卑感的学生更是如此。在实践中发现，有的学生由于偶然受到老师的信任和期待而走上成功之路，也有些犯了错误的学生，因得到信任和尊重而重返正路。众所周知，人对自身力量的直接感受是增强自尊心的有效途径。有的学生虽然学习成绩暂时落后，但思想品德上往往有可贵之处；有的虽然纪律散漫，却可能是体育健儿、劳动能手或具有文艺才能……对此，老师要具体了解，对他们寄予真诚的希望和信任，尽量为他们创造施展才华的条件，让他们在丰富多彩的生活中表现自己，发现自己，以自己的优点矫正自己的缺点。这样不仅能密切与同学的关系，扩大他们在同学中的影响，而且能进一步强化他们的自尊、自信、自强精神。这是唤起自我意识的契机，是认识自身价值的镜子，能消除自卑心理上突破口。

还应当强调的是，学生自卑感的消除、自尊心的树立不是一蹴而就、一劳永逸的，出现反复是正常的，老师应始终如一地信赖他们，理解尊重他们，关心教育他们，使他们不断地战胜自我。

如何对待因为贫困而自卑的学生

我来先来看一位班主任老师讲述的故事。

刘梅11岁，家住城郊。父亲跟着建筑队打工，母亲在合资企业上班，她是个独生子女，家里的日子过得蛮红火。但是天有不测风雨，一年夏天她父亲在工地干活时，从屋顶摔下来摔断了腰，撒手西去，给她们母女留下了4万元债务。

刘梅品学兼优，性格内向坚强。她父亲住院时，学校发动全校师生为她捐过款。她是这个班的卫生委员，经常一个人打扫走廊，干着本该值日生干的活而毫无怨言。见了我，她总是羞怯地低头干活，也经常满脸飞红地为我端上一杯水，或赶在上课之前将讲桌擦得干干净净。

我喜欢这个懂事的小女孩，便经常在班中批评那些偷懒的值日生，可效果不明显。刘梅还是经常默默地干活，有时候她的眼睛还红红的。我很纳闷，问她，她咬着嘴唇不说话；再问，泪就下来了。我不便再问。

这个学生怎么了？班主任老师私下里找她的好朋友一了解，才知道，刘梅本是个活泼开朗自信的孩子，可自从父亲摔伤后，她家的日子过得非常艰难，她太懂事了，事事苛求自己。

学校为他发动捐款后，她满心感激，为班级服务更是尽心了。她是卫生委员，分配任务时，总有那么几个不懂事的男生说："刘梅，我还给你捐过款呢，别让我干了。"刘梅便不好意思说什么。久而久之，刘梅背上了良心债，她总觉得亏欠同学们的，因此自卑起来。她总是以多干活来减轻自己良心上的重压，人也变得越来越忧郁自卑。尤其是面对那些捐款多的同学，她更是诚惶诚恐。

一般说来，家境贫寒而又崇尚知识的家庭，孩子是最有希望成才的。然而，家境贫寒的孩子往往更敏感，更容易受伤害而变得不自信、怯懦。一方面，他们求知若渴，希望于贫苦中通过学习挣出一条路来实现自己，摆脱贫困，并对自己的成绩颇感自豪；另一方面，他们又因为家境贫寒而窘迫、自卑、怯懦。他们的心里矛盾重重。这往往既能成为他们前进的动力，也会成为自我价值实现的绊脚石。

刘梅的心病主要是由于家庭的贫寒和接受他人的捐助后而形成的自卑心理。

那么，老师该怎样进行辅导呢？

首先，老师可在班级中为刘梅"搭架子"、树威信，为刘梅创设良好的小环境。比如，明知是刘梅收拾的讲桌，但每节课前老师都要啧啧称赞讲桌是全校最干净的，然后故作不知地问："是谁干的呀？"学生们便一起充满善意地瞅着刘梅笑。老师便趁机真诚地感谢刘梅，说她是教过的最懂事、最优秀的学生。有时还请刘梅代收发作业，她总是一丝不苟地完成。经过一个阶段的鼓励，刘梅开朗了许多。

语言暗示对人的心理乃至行为都有着奇妙的作用。老师抓住一切机会暗示学生。老师总是说："我敬佩刘梅这样的同学，又懂事又善良。这样的人最有出息。"

家庭富足，那是你父母创造的，不是你的，你也没有资格骄傲；家贫无需自卑。自信、努力才是你的资本。现在暂时的困难是对人的意志的考验。克服了这些困难的人都是强者，都会成功。

大家开始敬佩刘梅了。选举干部时，刘梅以多数票当选班长。她的威信树立起来了，自信心也恢复了，学习工作更加努力了。

其次，老师又为刘梅疏理心理，树立榜样，建立自信，老师发现她很想跟老师亲近，但仍显得信心不足。后来在与她的母亲约见了一次后，终于找到了症结。

她的母亲没有多少文化，却是一个明事理的人。她告诉老师，刘梅的姑夫是某个集团的一个部门经理，听说了她家的情况后，主动找上门来给她家一些经济上的帮助。刘梅面对这位姑父时，羞得一句话也说不出来。她的母亲对老师说："老师，她看见'高级人'就心虚，说不出话来。"

看来她是把老师也当成"高级人"了。于是，老师没事就找她谈话，谈学习，拉家常，说趣事。告诉她自己缺吃少穿的少年时代，和艰难的成长历程。目的是让她知道老师出身贫寒，却靠自己奋斗出了一条路。

最后，还推荐刘梅看一些名人传记，让她了解那些名人经历的千难万险，看看名人是怎样一百次跌倒，又一百零一次爬起来取得成功的。

刘梅的心渐渐向老师靠拢，有什么话都能跟老师说了。在与她母亲的又一次谈话中，她母亲告诉老师，刘梅说班主任老师那么好的一个人，小时候家里也挺穷的，她也要做班主任老师那样的人。

刘梅终于不负众望，作为班长，她带领全班同学积极地参加学校组织的各项活动。她温和而自信。安排工作井井有条，不再犹豫、矛盾。在她积极组织带领下，该班的各项工作都名列全校前茅。

这是一个成功的心理辅导案例，本案例能从学生心理问题出发，通过生动的背景心理分析，提出了行之有效的解决问题的方法。这种心理辅导的方法对农村因贫困而自卑的孩子特别适合，班主任老师着重于两点：一是为学生营造良好的生活学习环境，使刘梅能在同学当中抬起头来；二是运用"自我揭示"的方法恰到好处，给了刘梅更大的自信暗示，促使她也"要做班主任老师那样的人"。

这个案例对老师做好心理辅导工作富有启发意义。

如何对待太自以为是的学生

响响，男，11岁。小学五年级某班班长，同时担任少先大队的委员。学习成绩优良，组织能力强，能说善辩，具有写作、绘画、朗读、歌唱等特长。从一年级到四年级担任班长之职，年年被评为"三好学生"，经常受到老师的表扬。老师经常当着全体学生的面，对他大加赞扬，如"响响同学真聪明，一学就会，不用老师反复讲，语文数学都是满分，你们要向他学习"等，使他总感觉自己很了不起，认为别的同学都不如他。由于他学习成绩好，很多老师只注意到他的优点，没看到他的缺点。尽管同学们不投票选他当班长或"三好学生"，但老师总认为他学习成绩好，又聪明，所以还是任命他当班长或"三好学生"。从一节普通的美术课上就可以对响响的这种自我中心、自以为是的特点略见一斑。美术课上，老师说："我有一个好办法，可以给这幅蜡笔画加上背景，你相信吗？"话音未落，就听到响响大声说："这有什么，我也行！"老师请他到前面演示给大家看。老师给他一枝毛笔和一枝黑色的水彩颜料，他在画上涂上黑色背景，画得不错，老师表扬了他。接下去老师讲："蜡笔有不溶于水的特性。在涂水彩颜料时，不要反复涂，否则会覆盖部分蜡笔画。最好按顺序一遍涂好，就像用刷子刷墙一样。背景色用黑色或深蓝色，不要用白色，因为白色有一定的覆盖力。"此时，刚才被表扬的响响已经开始调颜料了。"响响，放下笔，认真听。"他回答："知道了，我已经会了。"他悄悄地用深蓝加白色颜料调出浅蓝色，此时同桌提醒他："别画了，不能用白颜料。"响响说："去！你懂什么？浅蓝色多好看。"上下左右反复地刷在蜡笔画上，结果用蜡笔画出的美丽景色，被颜料覆盖了大部分。在展示学生作业时，老师拿起他的画说："响响，美丽的夜景逃到哪里去了？这就是自以为是的后果。"同学们哄堂大笑，响响惭愧地低下了头。

案例中的响响是一个典型的自以为是的学生。

"自以为是"，就是不能客观地评价自己，认为只有自己的观点、做法才是正确的，不太接受别人的意见，是自我中心的一个表现。这种心态要是继续膨胀就是自负了。因此，对学生出现这样的问题老师要给予正确引导。

1. 发现别人的闪光点，认清自身的不足

以自我为中心的人经常只看到自己的优点、长处，而看别人时总是注意到人家的缺点、短处。为此，可以采用让他给别人找优点的方法来调整他的心理。给他一张学生名单，上面列着在他看来是些学习成绩差、能力低，很不起眼的学生的名字，让他用一周左右的时间为每个人找优点，并让他与这些学生的优点相比较，发现自己的缺点和短处。同时，让他认识到自己在某些方面不如别人并不可怕，不丢人，重要的是要保持一个平常的心态去面对不足，通过自己的努力改变和完善，从而客观地评价自己的优缺点。

2. 倾听别人的评价，正确认识自己

在倾听别人的评价中形成自我意识，是获得对自身认识的一个基本途径。像案例中响响这样的学生一直是在老师、家长的赞扬声中长大的，他经常听到的都是一些好话，因此不知道他在别人的眼睛里是什么样，不能客观地看待自己。针对这样的学生，老师可以有意识地组织一些活动，如"我心目中的班长/学习委员/体育委员……形象"评选活动，一般这样的学生都在班里担任一定的职务。在这样的活动中，同学们都会希望班级干部学习成绩好，能够热心帮助别人，与同学公平、友好相处，不要小脾气，对那些即使学习好，但傲慢无理、事事处处占上风、自以为是的班干部不认同而且非常反感。最后进行不记名投票并当场唱票，如果自己的选票特别少，他就会认真想一想问题出在哪儿，事后老师再巧妙地给他一定的暗示，让他意识到自己确实该好好反省了。

3. 换位思考

换位思考是让他人站到对方的角度去思考问题，体验感受。总结有自以为是倾向的学生的典型表现。例如：我经常对学习差的同学说"你这个笨蛋"；与同学做游戏时，总爱让他们听我的，如果不听，我就耍脾气；如果别的同学读课文或回答问题不流利时，我爱嘲笑他们；在大街上与同学相遇，他不理我，我不主动跟他打招呼；我感觉学习好，做题比他们快，他们就得服我。让他们一条一条地自我对照，并说出"如果我是那个被嘲笑的同学会是什么感受"。在这种不断思考和体验中，他们可以逐渐形成对自己、对他人的新的认识。

4. 优化班级环境，调节人际关系

学生转变的快慢直接受班集体环境的影响。在他们内因发生变化的同时，积极地给他们创设外部环境，以促进他们的转变。可做如下三方面工作：一是教给他们交往的技能；二是做全班同学的思想工作，让大家明白"金无足赤，人无完人"的道理，给有缺点的同学改正的机会，让同学们在课余时间主动找他们做游戏、交朋友，帮助他们尽快改掉缺点成为同学中的一员；三是有意识地创造机会让他们与同学交往，在交往中不断地磨炼他们，如鼓励他们参加学校搞的课本剧、运动会、歌咏比赛、朗读比赛等，让他们在与同学的交往和合作中认识到同学之间应平等相待，互相尊重，使他们在融洽的人际关系中改掉不良的行为习惯。

如何对待自我意识过强的学生

我们先来看一个教育故事。

苏航是我班上的一名小组长。从一年级开始，我就发现他个性张扬、与众不同，这给我留下了很深刻的印象。但随着年龄的增长，我发现，他的个性张扬已经演变成了一种越来越强烈的自我意识，凡事喜欢凭自己的喜好去做，与同学相处时也希望遵循着他的意愿，对人、对事，有自己固执的看法，有时还会在课堂上就老师的看法提出不同的意见，甚至进行质疑。现在的教育，都在大力提倡要尊重学生的个性发展，要珍视学生的独特感受，要敢于接纳学生"说不"，要让他们在自由的环境中完善自我、发展自我。所以，对于他在课上、课下甚至是与同学相处时的"放肆"我总是宽容待之，总认为这是他独特个性的表现，对他的管束较之其他学生也随意许多。这样的学生，我从来没有想过把他与"问题学生"联系在一起，但直到四年级，他接连几次越来越出格的表现，才让我开始正视及反思以往对他的教育方法。

有一次，在我的一节周会课上，我就刚结束的期中考试向全班进行总结分析，我说："同学们，一次考试，不管是成功还是失败，都只能说明过去，老师从来不会以此作为评价你们的标准。老师更看重的是你们在课堂上、家里的表现。只要大家平时确实是努力了，那么——""哎呀，说是这么说，但哪个老师不看成绩啊，我爸妈只要一看我考不好就会开始数落我了。"冷不防地，从教室的某一角落里一个熟悉的声音突然冒出了这样几句话，硬生生地把我的讲话打断了，我有点意外，循着声音望去，正是苏航，他正斜靠在椅背上，满脸的不以为然，说实话，当时的我并不生气，只是有点惊讶，怎么他的头脑中会是这样一种观点，毕竟我教了他四年，我更看重学生在课堂上的表现这种观念并不是我现在才向他们灌输的。我当时想得更多的是，苏航的话更多折射出现在大部分的家长及一些个别老师的心理，而学生也会不由自主去以家长的标准去衡量自己，这在无形中会让学生自己给自己背负上考试的压力，苏航会这么说，也许在其他学生心里也有相同的感受，我一直都希望，我所教育的孩子是富有创造力、充满朝气、活力、个性鲜明的个体，而不是为了应付考试整天在试题中疲于奔命的答题机器，于是，接着苏航的话，我看着全班，认真地说道："鲁老师始终认为，只要你平时尽力了，努力了，即使没有取得好成绩，也没关系。成绩对鲁老师来说永远都不会是唯一的标准！"说完，我看了苏航一眼，他也看着我，似乎在掂量着我的话，不过明显地，他脸上的神色平缓了许多。苏航对我说他向来还是比较容易接受的，而且，对我这个与他相处了四年的老师，他是有着敬畏感的。这个课堂上的小插曲，虽然当时被我看做是苏航个性突出的又一次体现，但心里却有着一个小小的声音在提醒我：苏航是不是过于无视课堂纪律的约束了？而作为一个学生，在与老师对话过程中，是不是该注意一下基本的礼貌与尊重？

有一天下午快要放学时，我搬着一堆作业来到了班里，这次的作业因为有几道题难度较大，在批改的过程中情况不太理想，于是我便想用一点时间给学生讲解一下作业。在我讲解作业的过程中，在几十双认真的眼睛当中，我看到了一张明显不耐烦的脸孔，那正是苏航，他似乎如坐针毡，眼睛里满是焦虑，用一种不满、委屈、赌气的眼神看着我，当时的我觉得很奇怪，他是怎么了？继而一想：他不会是在埋怨我占用下课的时间吧？我不由自主看了一下时间，才刚放学五分钟啊，于是我问他："你想回去吗？"他不吭声，狠点了一下头，"那你要是有事就先回去吧。"在全班学生面前，我又给他开了一次绿灯，我话音刚落，他马上就背起书包一句话不说，头也不回地走了，我不禁有点生气，有这样跟老师耍性子的吗？这时，一个同学开腔了："他每次都是这样的，他说是跟他妈妈单位里的车回去的，要赶时间，但是我看那个车每次都是很晚才走的啊，其实，他是想早点放学，因为他跟人家约好了。""老师"，一个学生紧接着说，"昨天下午放学的时候，实习老师也留了我们一会儿，苏航他没有得到实习老师的批准，也没有跟实习老师说一声，就走了，今天是鲁老师您，他才不敢走的。"听了他们几个的话，我简直气不打一处来，也很后悔刚才放他走。我很清楚，他这已经是公然挑战老师的权威性，对老师起码的礼貌与尊重他都不顾。是要挫挫他的锐气了。第二天，在全班同学面前，我严厉地批评他，并让他去跟实习老师道了歉，而他自知理亏，态度还算诚恳。那天以后，在班里对他的不足我及时指出，有了改进我也及时肯定，那一段时间，苏航收敛了很多。于是，我以为我的教育已经把苏航成功转变了。直到那天发生了这样一件事，我才知道事实不是那样。

苏航与班里的陈华从一年级开始就已经是好朋友，陈华是一个性格沉稳、办事稳重的男孩子，他们两个，可以说在性格上是刚好互补的。所以，那天，当孩子们匆匆跑来告诉我苏航与陈华打架时，我一开始的反应是不相信的，还想着最多也就是小打小闹吧，但当我看到陈华捂着流血的头时，我才知道事态的严重，我一边焦急地带着陈华去校医室，一边接收着学生们给我报告的信息：起因只是很小的口舌之争，后来越吵越激动，苏航竟拿起垃圾铲砸向陈华的头……"垃圾铲?!"我简直愤怒了，"那是铁器啊！你怎么如此不知事情的轻重？你到底是怎么回事，你怎么下得了手啊？陈华的脑袋要是被你砸破了我看你怎么办？"盛怒之下的我看着陈华流出的沾满衣服的血，训斥的语调越来越高，苏航不停地抽泣着，身子在微微地发抖，"他要去医院检查一下，你打电话让他父母一起来。"校医的话提醒了我，我强压住怒火，我打电话给了双方父母，然后在校医的陪同下，陈华去了医院，陈华的父母也同时赶去了医院，而我则留在学校等待苏航的父母。谁知，当我回到教室时，竟发现苏航不见了，我急忙询问，学生告诉我，从校医室回到教室时，就没发现苏航回来过。不好！我几乎可以确定，苏航跑了，以他那冲动的个性，这回闯了祸，一听说又要叫他父母来，一害怕就跑了。我立即让几个学生在校园内到处去找他，这时，苏航的父母也来到了学校，苏航的父母是一对高级知识分子，了解了情况以后，他们连连叹气：这孩子怎么这样？处理事情怎么这么不负责任？在家里看电视多了，都受电视上的影响了，竟学着逃跑离校！还一直表示说给学校老师添麻烦了，看着苏航的妈妈，我心里自责不已：明明知道苏航的性格，刚才怎么用那么激烈的言辞呢？我心里的愤怒早已被担心懊恼所取代。"老师，我们到处找都没找到苏航。"听着跑回来的几个孩子的话，我和苏航父母脸上的焦虑又添了一层，"这孩子可能跑回家了，这样吧，"苏航的父亲想了想说，"我沿着回家的路去找他，鲁老师你们就继续在学校找吧。""好。"我连连点着头。

果然，不一会儿，苏航的父亲在电话里告知，已经在回家的路上找到了他。

我悬着的心终于放了下来。当苏航的爸爸领着他回到校园时，苏航依然哭泣着，眼睛始终不敢正视我，想必他在路上已经受了不少他爸爸的责备，"你知道让鲁老师有多担心吗？先跟老师道个歉！"苏航的妈妈对着苏航正色说道，苏航没抬头，因为抽泣他的声音断断续续："老师，对……对……不……起。""你是不是应该解释一下？"苏航的妈妈又接着说，这时，我急忙用眼神制止了妈妈，向她轻轻地示意：下面我来跟他谈。苏航妈妈看看我，点了点头。我拉着苏航的手，在校园一处的石椅坐了下来，"看，都哭成小花猫了，来先擦一擦"，说着，我递给他一张纸，看着他红肿的双眼，我以一种如朋友般平和的语调开始了与他的交谈，"能不能答应老师一件事？""嗯？"他转过脸看着我，"以后不发生什么样的事，都不要轻易地出去！你知道，刚才你的爸妈差点都要急哭了吗？你又知不知道老师有多担心你，同学们也在到处找你，每个人都在为你着急。""同学们才不会为我着急呢。"听到我的话，他赌气似地抛出一句话，他果然是相当在意同学们对他的看法的。想到这我继续说道："你刚才没有亲眼看到，同学们跑遍整个校园，全部的楼层，每一个角落，他们没有一个人有任何埋怨话，大家首先想的，是你的安全！你知道吗？"他不答话，但脸上有一丝愧疚。我又接着说："你跑，说明你是意识到你犯了严重的错误了，但逃避不是解决问题的方法，解决事情最好的办法就是面对问题，你知道吗？一直以来，你都是让老师很喜欢的学生，可是今天，你让老师失望了！不管你当时有多气，都不能拿垃圾铲砸人啊，那多危险啊，何况他是你的好朋友啊！老师发现，你很容易冲动，冲动起来就不考虑后果了，大家对你一直都是友好、欣赏的，可你也要懂得尊重别人啊，你希望大家对你越来越疏远吗？"听了我话，他的脸越发低垂，脸色随即黯淡下来，平添了一股落寞，观察着他的表情，我放轻了语调，"老师也一直相信，你是一个讲道理的男孩子，谁没犯过错，知道自己错了改过来就行了，老师曾经说过很多次：真正的男子汉，不仅能知错就改，而且是勇于承担责任的。你是个男子汉吗？"边说着，我边把手搭在了他的肩膀上，他抬起头，用不确定的眼神看着我，我看着他，拍了拍他的肩膀，说："老师相信你是！"看着他眼中感激与悔恨交织的泪水，我知道我的话打动了他，也点醒了他。

这时候，陈华从医院回来了，通过刚才的电话联络，我知道陈华打了针后并无大碍。"来，去跟陈华说声对不起。"我拉起坐着的苏航，"我……"苏航吞吐着，看着他的迟疑，我了解他的不安，再次拍了拍他的肩，我微笑着鼓励道："老师相信你是个有勇气的男孩子，难道你不希望得到陈华的谅解吗？"终于，他像下了决心一般，走到陈华的面前，诚恳地说了一句："对不起！真的！""没关系。"陈华很快地回了一声，他的语气是诚挚的，表情是坦然的，陈华确实是一个既懂事又沉稳的男孩。苏航却显得有点意外，愧疲而又感动地看着陈华，"两个好朋友来握个手吧。"我不失时机地提议道，当看着两只犹疑的小手终于握在一起时，我心底十分欣慰，笑着对他们两说："瞧，宽容对待他人，和平共处不是很好吗？"他们俩对视着，释然地笑了。

从那以后，我看到了一成熟的苏航，他的自我演变成了一种洒脱的自信，在自信的同时还多了一份说谦逊。他依旧个性张扬，但在张扬个性的同时多了一份对别人的尊重和宽容。我欣喜于他的成长！

这个故事反映的是自我意识过强的问题。故事中的苏航，其自我意识过于强烈，导致其经常用一些偏激的行为来突出自己、保护自己。当然，他还是一个未成年的学生，对规矩、礼节不是很清楚，也不在乎自己的做法是否符合某些标准。但越是对于这样的学生我们越应该把他往正确的方向引导，如果引导不当，不仅会让他不知自省，也会让他越来越关注自我，忽略他人，情绪上的冲动性、爆发性也会越来越难以控制，行为也可能会越来越偏激，而且在班级学生里会造成不良影响，也许会有更多的人认为他那么做是对的，在有意无意当中进行模仿，从而会在潜移默化中导致班风、学风的不正。

那么，该怎样对他进行辅导呢？

1. 用心用聆听

对学生的教育，必须让他感受到老师的真诚，他才能心悦诚服地接受。对于有缺点错误的学生，决不能一味地训斥或是尖刻的挖苦，伤害学生的自尊心，所以在教育那些有缺点错误的学生之前，心里即便有再大的火气，也要压住，记住一条原则，学生的人格和老师的人格是平等的。

发现了苏航的种种缺点以后，老师经常与他聊天，在谈话中逐渐让他懂得他是个好孩子，能力也很强，是老师的一个好帮手。但是不要认为老师宽容你，你就能肆无忌惮地在班级里胡作非为，更不能处处把自己放在高的位置上，要考虑到其他同学的想法。在教育他的同时，要耐心听听他是怎么想的，针对他的想法，进行适时的引导，使其向正确的方向发展。

2. 用爱架起桥梁

通过苏航这件事，我们可以看出老师对学生的爱影响教育的效果。老师在平时热爱学生，使师生关系融洽，在师生之间就架起了一座信任、友谊的桥梁，学生就容易接受老师的教育。一旦学生犯了错误，老师的批评就容易从这座桥梁输送到学生的心坎上，被学生乐意接受，从而使批评产生较好效果。人们常说，平时老师热爱学生，师生关系融洽，老师批评学生，学生认为这是爱护。如果师生关系紧张，批评在学生看来就是整人。在这个故事里，老师总是努力运用自身的综合素质、语言、行为艺术去影响他们，取得他们的信任，而且也经常以一张笑脸创造和谐的环境接近他们，可以这么说，老师的真情换取到了学生的真心，苏航即使自我、偏激，但对老师依然是敬畏的，老师的话，对他是有着一定的说服力和感召力的。所以，老师若要在批评学生时得到学生积极配合，取得良好的批评效果，就必须做到任何时候热爱学生，处理好师生关系，加强情感沟通。

3. 循循善诱，以理服人

教育的对象是一个个具有鲜明个性的学生，苏航在个性的彰显上更为突出，所以对他进行教育只能说服而不能征服，就像治水一样，重在疏导，使他在这个过程中渐渐明白事理，提高认识，反思自我，自觉地向正确的方向发展。苏航的每次错误，在行为上是偏激的，在情绪上冲动的，但同时，他也并不是一个完全不讲道理的人，所以老师并不是以传统的方法去对他进行强行的压制与批评，那不仅会伤害他的自尊，还会激起他抵触、对立的情绪，而是对他循循善诱，以理服人，从他的情感上给予理解和引导，从提高他的思想认识入手，调动他的主动性，使他认识到自己的错误，从而去承担责任，改正错误。

4. 及时与家长沟通、交流

苏航的父母是一对高级知识分子，他们也极为重视对孩子的教育，也比较认同教育应该具有科学性。所以，邀请他们到学校来，把孩子在学校的表与情况告诉他们，了解苏航在家的表现，让他们有意识地控制网络、电视等媒体上一些不健康不利于青少年儿童成长的信息对苏航的影响，并听取他们的意见，看看他们能否找到比较成功的教育策略，或者对于老师如何应对、如何去做有没有更好的建议，他们建立固定的沟通反馈渠道和时间，共同为苏航的教育而努力。

对苏航这样习惯了自我、自傲的学生，在他屡次出现问题时，可以适当对他冷一冷，给他泼些冷水，但一定要注意有度，不要轻易撤掉他的班干部职务，而是要有梯度地对其进行降温和引导，如果因为对其的错误不可原谅和对自己以前失误的教育方法而去狠狠地大加惩罚他，撤掉其职务，对其威信进行攻击，去孤立和冷落他，那只能是从一个极端走入了另一个极端，而学生也会在巨大的心理落差间遭受严重打击，教育效果可能就会跟所想的背道而驰，所以说，过度的宽容与过度的责罚对学生的发展都是不利的。

第八章

如何对待青春期发育的问题学生

如何对待放不下所谓的"感情"的男生

我们先来看一位心理辅导老师写的咨询手记。

来找我的男生个子不高，属于发育比较晚的男孩，猛一看起来还像个小孩子。但他一双眼睛里却透着某种特别的东西，让人本能地觉得和他需要保持某种距离，而不是像对一般孩子那样自然地愿意接近。他是一早就和我约过的，说想谈谈他目前遇到的一个棘手的问题——关于他的"女朋友"。在此之前我只知道他的脾气巨大，最近因为一点小事把同学的书包从三楼扔了下去。

这个初二的男生一坐下来就告诉我他刚刚摆平了一件事，是和一个初三男生之间的冲突，起因是一个女生，也就是他的"女朋友"。这个"女朋友"和他交往已经半年，最近闹了些矛盾，女孩想分手，所以才弄出了与初三男生的事情。

"这件事完全是我自己找外面的人来'平'的，"男孩的语气里带着点自豪，"我妈妈还以为是她找对方谈话的结果呢！"这一回我听出来隐藏在自豪后面的一丝不屑。

"你妈妈也插手这件事了？"我有些好奇地问。

"她反正也没事干，公司是自己家的，随时想出来就出来，不管我的事还能干什么！"男孩的不屑更加明显地呈现在脸上。

原来男孩的爸爸自己开了家公司，妈妈因为关系在里面工作。但公司的一切都是爸爸在负责，妈妈起不到什么作用。

男孩说自己特别佩服爸爸，他在生意中曾经有两次非常危险的情况，都凭意志顽强地度过去了；他的一些见解也非常有远见。我注意到男孩在说这番话的时候脸上充满自豪和敬意，看来他从内心深处认同和爱戴自己的父亲。

"那爸爸对你和'女朋友'的这件事如何评价呢？"我决定把话拉回正题。

"爸爸说要我自己去面对，尽力将事情处理好。"男孩的眼里透出恭敬。

"那你觉得把事情处理得如何呢？"我接着问。

男孩的眼光低垂了下来，父亲所带来的闪光和希望失去了踪迹，"这也是我今天找您的原因，我觉得自己总是放不下。"

男孩讲出了他的故事，他和女孩是同班同学，初一同桌的期间对她产生了好感，变成"男女朋友"的关系。交往的半年中，女孩几经变化，想分手，但他都觉得不能接受。他就拼命地想办法挽回，甚至讨好对方，结果让他身边的男生都觉得看不过去了，骂他没出息。这次的矛盾也是因为那个女孩和一个初三男生关系比较近，他认为那个女孩又"变心"了，所以出面干涉，才造成了他和初三男生的矛盾。

"看来感情这件事对你非常重要。"男孩的描述让我感觉他在情感上的安全感非常不足，其中原因从他对父母的态度上我大概可以猜出一二。但是，从他的年纪，我并不想和他做太深的探讨，于是我将话题转向另一个层面。"爸爸对你的未来是如何设计的呢，包括你自己的事业和你的家庭？"

"爸爸希望我能上完大学，然后到某个大企业去锻炼几年，如果我能被提升为部门主管，就让我来接他的班。不过，我自己希望能够更快一点去接触企业的实践。在家庭方面……"男孩笑了笑，"我爸爸没有太多想法，他说只要我和自己喜欢的人在一起就可以了。"

"按照你的说法，早点儿开始实践，还要兼顾学业，那负担就相当重了。如果那个时候再和'女朋友'发生矛盾，该怎么办？你哪儿有那么多的精力去顾及所有的事啊？"我把难题摆在他的面前。

男孩皱了眉头，没有立刻回答，似乎在思考。良久，他才开口："您说得对，我就是放不下，我之所以要早点挣钱，也是希望早点摆脱父母的约束。这件事情之后，我父母对我管得更严了，尤其是我妈整天想办法让我和我'女朋友'分手，可是我做不到。"

"说起这个，我也挺恨我们班主任的，他原来答应我不说的话，在这次事件中，都告诉我妈了。我现在才发现我们班主任以前也很'阴险'。他从前的一些做法都是为了拆散我们两个人。比如，他把我们的位置越调越远，还让一个爱说话的男生坐在我'女朋友'前面。每次我看到他们说话，就'吃醋'发脾气。班主任就利用我的这个弱点来整我！"

"你是说，为了这件事，你还经常发脾气？"我的脑海里翻起了他扔书包的事情。

"我是挺爱吃醋的，"男孩不好意思地笑了，"我看到她和别的男生说话，我就难受。"

"看来这个'女朋友'的确对你有很大的牵动作用。"

"对，我别的都还不在乎，就是这件事，怎么都不行。"男孩很坦率。

通过这番对话，我心里渐渐明白男孩身上那种让人不愿亲近的东西是什么。我觉得我需要告诉他我的观察："我也想很坦率地告诉你，从你的谈话里我感觉到你没有你父亲的大气，而是充满了小心眼和猜疑。如果这样，即使你现在和'女朋友'和好，但是很快你们也会出现新的问题。"

男孩点头表示同意，"我就是有点多疑，可能是不自信的表现吧！我妈也是这样……"男孩笑了，他说妈妈总是暗自骂那些和父亲接触的女性。在父亲的公司里，除了妈妈就有一个女的，还是一个50多岁的人。

"你觉得这样小心眼可笑，但你自己的行为呢？我看现在这个女孩让你发现了自己的一个问题：爱嫉妒，多疑。带着这样的问题，你觉得自己能接父亲的班吗？"我把思考再次推到他对未来的期望上。

男孩垂下了头，"我现在发现自己身上其实都是缺点，父亲的东西我几乎一点也没学到。"他的语气显得有些低沉，男孩不自信的一面展露出来了。

"你身上也有许多优点，如重感情、心思细腻。但优点如果发挥得过分就会成为缺点，比如：重感情不能变成束缚别人，那样时间长了，谁都会烦；又如心细不能变成到处猜疑，对谁都不信任，那会让你自己永远不踏实，也会错失一些良机。"

男孩说他父亲的一个朋友就是因为对父亲不够信任才赔了几百万。他觉得自己可能是从小将父亲所说的东西做过头了，看来现在需要调整。

"对于'女朋友'的问题，你打算如何调整呢？"我追问。

男孩的表情有些复杂，"现在的感情是不是一定会变？"

"可能性很大。因为现在的年龄就是一个变化期。从同年级同学的关系上就可以看到，能维持比较长时间的密切关系非常少。"我很坦白。

男孩点头，"您说得对，我们相处了6个月，已经被别人称作奇迹了。我打电话给从前的同学，大家都会很惊讶！但是，有没有例外？"男孩似乎不甘心。我知道放下对于他来讲非常艰难。

"当然有，两个人的变化要比较同步，但非常难。比如，你们两个就是因为在一个班，坐得近才开始交往的。等高中的时候，如果你们不在一起，又遇到不同的人，很有可能就会发生变化。那不是谁不好的问题，而是现实决定的。你目前的例外就像你的同学说的，等于是用自己的尊严在换取，能维持多久很难说。"我有些残酷地向他呈现着现实。

男孩的眼神里充满失落，"分手是不是早晚的事？"他的声音里已经透出绝望。

我轻轻地拍了拍他的肩膀，"感情的失落恐怕是你必然要经历的，那样你才会真正长大！不过也没那么可怕，天不会塌的！"

我请男孩把我咨询室的沙发举起来，那看起来有些沉重。他有些犹豫，怀疑自己不行，我鼓励他说："你可以的！"在我的鼓励下，男孩终于决定尝试，虽然有些吃力，但他真的把沙发举了起来。

我让他暂时不要放下，就这样举着沙发和我一起说："我可以的！"声音由小而大，最后在他喊出这句话的时候，他的声音哽咽了。

待我们再次坐下来的时候，男孩说"谢谢你，老师！我要做的调整还很多，我已经知道自己要怎么做了，我必须自己去面对现实。难怪爸爸说要我自己解决这件事，原来他早就想到了！"

送走男孩的时候，我发现他的眼神发生了某种微妙的变化，是宽阔，是信心，是坚定，还是其他的什么，我一时也说不清楚，只是内心里我觉得我更愿意和他接近了。

从发展心理学的角度讲，这个年龄的少男少女的确会情窦初开、彼此关注，希望有比较亲密的异性伙伴，但是每个人在处理这种渴望的表现上却会呈现出相当大的不同。比如，有的人会很含蓄，有的人会很直接，也有的人会自我控制，当然也有像这个男孩这样醋意大发的人，可以说这是性格使然，但是作为心理老师，却不能不考虑其背后的发展原因和形成脉络。

男孩家境的优越只是他性格形成的一个部分，这个部分是相对抗拒力脆弱，经不起挫折，情绪易于冲动，不顾行为后果。但是，从他父母的关系上，也能看到他家庭里隐藏的其他问题对于他性格的影响。从男孩的描述中，可以看到男孩的家中基本是父亲支撑经济上的一切，母亲主要来照管孩子。这种分工的一个直接问题就是母亲在经济上的不独立。而父亲的成功，以及自身的性格特点又造成了母亲强烈的自卑感，对男孩的父亲极度缺乏信任。从公司的员工组成来看，可以知道母亲实际上成了父亲的监督者。在这样一种关系中的丈夫，可想而知其感受。从男孩对于父母不同的态度，也可以感觉到男孩的父亲对于母亲的做法也是有自己的看法的，这个家庭在表面殷实的背后其实隐藏着巨大的家庭矛盾。男孩从这个家庭矛盾中获得的是一种强烈的不安全感。所以，他会猜疑，会禁不起分离。

但是，这一点，对于一个 13 岁的男孩来讲是比较沉重的，他虽然可以感觉到这些矛盾，但从心智上他未必能够完全理解父母的问题，而他自己也未必能够从这个问题里将自己解脱出来。因此，心理辅导老师没有选择从这个比较深入的层面入手，而是选择了他更容易接受和理解的父亲的积极层面来处理问题。

从心理学的角度看，男孩对父亲的崇拜是一个他成长过程中的积极因素，因为同性的长辈为他树立了一个性别的优秀榜样，可以促进他向这个方向来积极努力，塑造自己。男孩的父亲在事业上的确非常优秀，他为男孩建立了自己未来的憧憬。辅导老师利用这个憧憬和男孩探讨如何达到自己的目标，促使男孩思考自己的行为方式。男孩渐渐发现自己身上和自己不喜欢的母亲有许多相似之处，而和自己的父亲其实还有许多差距。

从这点，也感觉到男孩对于自己的自卑感，他对自己能否实现父亲的期待其实一样存在着怀疑。因此，辅导老师给了男孩鼓励，帮助他看到自己的优点，虽然与父亲不同，但是仍然有意义。同时，也强调他是把父亲的优点学过头了，而不是没有学到，这种接纳和认可让他的内心感到安全。

最后才对他的感情问题进行了挑战，因为在这个年龄感情的变化是最正常不过的事情。男孩身上的问题不是一个简单的放不下情感的问题，而是惧怕分离的不安全和不自信在起作用。感觉他需要一种勇气，因此辅导老师选择了一种负重的方式，让他挑战一下看起来不太容易的工作——举起重沙发。他果然有犹豫，这正坚定了辅导老师鼓舞他的决心。师生一起说"我可以"的过程，其实是他挑战和承认自己的过程。他需要面对自己的胆怯，需要看到自己的能力，也需要去承担自己的未来。从他的表现，可以看出这个过程给了他思考。

通过这个案例，可以总结出一些有效的心理辅导方法。

1. 自信心的训练

案例中，男孩的多疑和惧怕分离是与他的不安全感及自信心的不足有关系的。因此，对这样的孩子进行一些自信的训练非常必要。

首先帮他们看到自己的优势。这样的学生由于长期生活在优秀人物的身边，容易忽略掉自己的特点，而以对方作为生活的参照物。就像案例中的男孩，对自己其实充满失望。因此，帮他们看到自己的优点非常重要。老师可以根据自己和他们接触中的观察来提示他们，但注意要非常具体。比如，从你的……行为上，我感觉到你……像案例中，从男孩对感情的难以割舍，看到他重感情的一面。看到自己的独特性，是自信建立的基础。

其次帮助他们感受自己的能力。只看到还不够，重要的是要感受，才能达到最后的确信。这里，需要创设有一点挑战性的活动，如案例中的举沙发。老师也可以根据条件来设计其他的活动，甚至可以用户外的拓展来帮助他们感受自己的能力，挑战自己原来认为不可能的事。有时候，也会以团体的方式来帮助学生在一种支持性的环境下更多地挑战自己。

最后帮他们确认自己的能力。语言是具有力量的，在学生感受到自己的能力后，还需要用语言来对他进行促进。老师可以选择适合于学生的语言，如"我能行""我相信自己"等。这些语言可以从内在里唤起学生的感受，帮他们确认自己的能力，更加坚定自己的信心。

2. 认知协调

这些孩子多疑的个性，和他们狭隘的认知也是有关系的。对于他们进行认知上的调整非常必要。最基本的方法就是利用换位思考来挑战他们的不合理信念。比如，案例中的男孩认为班主任是在处处为难他，是很"阴险"的人。老师可以帮他进行换位思考，如果他是老师，遇到这样的情况会怎样想，怎样做。在这个个案中，"我"和男孩分析过老师的初衷，他说自己从来没想过老师是为什么要这样对自己，他原来的理解就认为老师是在和他作对。通过换位，他才了解班主任可能有其他的想法，不见得一定是针对他。

老师可以针对学生实际情况对他们进行认知方面的训练，如让他们发现一件事情的发生，背后存在很多的可能性（一个同学碰了你一下，有可能是故意的，也有可能是不小心，还有可能是表示亲近，或者提醒注意等）。鼓励他们说出更多的可能性，这样在许多的选择中，他们就会感受到不同选择带来的不同情结。而当他们可以看到不同选择时，也就不会再局限于原来仅有的狭隘思维中，进而可以改变自己的情绪状态和行为选择。

3. 行为训练

由于做事冲动，这些孩子在自己的人际交往中也有许多困难，他们在班级中常是不受欢迎的人物。所以，老师也可以借助咨询的机会，对他们进行一些行为上的训练。

一方面要训练的是如何控制情绪。在情绪冲动的时候，不是首先爆发出来，而是给自己一个停顿的时间。等到自己比较冷静的时候，再来处理问题。任何情绪都有其高峰和低谷的转化，让自己度过情绪的激动期，很快就能恢复到理智状态。而人在冲动时思维是狭窄的，那个时候的决定常常带有非理性，容易造成不良的后果。

另一方面要训练基本的人际交往技巧。在人际交往中彼此尊重、彼此信任、彼此理解非常重要。老师可以设计不同的活动来训练学生学习这些技巧。比如，尊重。老师可以从最基本的打招呼、问候开始，然后过渡到具体的问题，如如何尊重好朋友的空间，如何尊重他人的隐私等。

4. 和父母沟通

这些学生性格的形成，离不开父母的影响。和父母沟通孩子的状况，指导他们更为有效地配合老师工作，将促进学生的改变。如个案中男孩的父母，如果可以彼此增加信任，同时给男孩更大的信任，将会对他的性格有很大促进。

如何对待走不出早恋误区的女生

我们先来看一个案例。

小兰，女，初中二年级学生。小兰原本有一个温暖融洽的家，父亲经商，经济状况较好，奶奶、母亲、弟弟欢聚一堂，母亲温柔善良。但初二第一学期，由于生意需要，父母带着弟弟远离家乡，只留下小兰在家，由年迈的奶奶照料。

初中一年级时，小兰聪明伶俐，学习刻苦认真，成绩在年级中名列前茅；初二上学期开始，缺少了父母的督促，学习有所松懈；初二下学期开始，小兰学习热情下降，兴趣淡漠，成绩明显退步。经班主任了解，小兰经常与校外一些青少年来往，陷入了早恋的误区。班主任诚心功说，被她以"莫要管太多"拒绝。班主任把情况告知小兰的父母，引起小兰的反感，更不服管教，班主任无可奈何，只得随小兰的家人管束她。

早恋是指青春期或青春期以前的少年出现过早恋情的现象，早恋多与环境因素引起的早熟性兴奋和性萌发有关。本案中，小兰的早恋主要与孤独、空虚、心理上缺乏支持有关。另外，媒体对小兰也有一定的影响作用。因为小兰的父母为了生计，到外地工作，小兰失去了家庭的温暖，与年迈的奶奶一起生活，她时常感到孤独、无聊、空虚，产生了对生活的乏味感，对学习失去了信心，沉醉在电视剧之中。由于对父母感情的日益疏远，小兰把自己的情感集中到自己喜欢、要好而令她感以安全、信任和有话可说的同伴身上。他们一起学习，一起娱乐，生日互相祝贺、赠送礼物，不自觉地陷入了早恋的误区。另外，情感类电视节目进一步激化了小兰丰富多彩的情感，让她对男女情感有了一些朦胧的认识。为满足自己对情感交流和语言交流的需要，小兰陷入了早恋的误区。

针对不兰这种情况，辅导老师是怎么处理的呢？

1. 借桑交槐，达到接近小兰的目的

青少年在早恋中往往是羞羞答答的，这种本能的羞怯感使他们都希望保密。如何接近小兰，去开启小兰的内心世界，这是极为重要的。如果单刀直入，肯定会引起小兰的反感，辅导老师采用"借桑交槐法"达到接近小兰的目的。具体方案：每周一至周五在小兰要好的同学家组织一个学习兴趣辅导小组，辅导老师亲自辅导他们，其中有三位女生平时与小兰相处得较好，要求她们去动员小兰参加辅导小组，在辅导中增进对小兰的理解，达到互相信赖的程度。

2. 情境感化，使小兰领悟人生哲理

一个多月后，辅导老师与这批学生的关系已经相当隔洽，辅导老师对小兰的学习、生活格外关注。但小兰性格偏强内向，辅导老师几次想点明话题，都被她冷若冰霜的表情止住了。如何晓之以理、动之以情、因势利导地给予切实有效的帮助，使她从早恋的漩涡中醒悟过来呢？辅导老师一直在寻找合适的时机。

一个雨后初晴的星期日，辅导老师约了这批学生去附近一个公园玩，有意识地引导他们对一棵绽放花苞的桃树发表看法。"春未来临，桃花已开！""早开的桃花没用！""早开的桃花结不出果实！"同学们七嘴八舌地议论着。辅导老师不失时机，启发道："是啊！人生何尝不是如此？不到开花的季节开花，也同样经受不住时间的考验……"当时，小兰一言不发，陷入深深的思考之中。第二天午休的时候，辅导老师收到小兰的一张纸条，上面写着："老师，非常感谢你昨天的话，我很受启迪。其实，我的事可能你已知道，我为此无数次受到父母的训斥，我自己其实也很烦恼，很痛苦，我决心用理智战胜我的情感，你能给我支持吗？"面对小兰开启的心扉，辅导老师决心帮助她摆脱早恋的羁绊。

3. 反客为主，让小兰倾吐肺腑之言

为了缩短彼此间的心理距离，让小兰懂得我们之间是平等的，辅导老师是值得信赖的，辅导老师向她讲述了自己学生时代幼稚的恋情。看得出，她对辅导老师这种坦率的自我披露感到既惊讶又感激。谈话结束时，她说："老师，谢谢你对我的信任，给我讲了你的过去，我明白该怎么做了！"听了她的话，辅导老师感到事情有了很大的转机。更让辅导老师惊喜的是，这次交谈后，她不再像以前那样拘谨，对感情的问题不再闭口不言，时常主动地讲述自己的情感体验。

一个周六的下午，小兰说出了心底的苦楚："老师，在家里，奶奶、父母总是偏爱弟弟，平时都要我顺着弟弟。父母出外，也只带着弟弟，留下孤单单的我！他们为什么要这样重男轻女？"小兰的问题，出乎辅导老师的意料，辅导老师安慰道："你父母只带你弟弟走，是因为你弟弟年纪小，不能自己管自己，而你长大了，有自理的能力了，对你更放心，并不是不爱你。至于重男轻女，是落后的思想。""老师，我一个人在家，好无聊、好害怕，我喜欢他，他不是坏人，从不会欺负我，有他在，我觉得踏实多了！""你愿意把具体情况说给老师听听吗？"小兰讲述了她的故事。他们小学时就认识了，他比她高三个年级，住在附近村庄，大家经常一起玩。父母离开后，她把他看成哥哥，喜欢找他聊天，他们俩无话不谈。遭到双方父母的反对后，他就很少找她玩了。她为此非常苦恼，因此常常沉默寡言，精神萎靡不振，觉得生活没意思。听完了小兰伤心的叙述，辅导老师断定她是因为缺乏感情的寄托而引起了抑郁、焦虑等症状。理由：①注意力难以集中，精神恍惚；②觉得生活乏味，很少参加娱乐活动；③联想过强、自卑、内疚；④对学习、生活缺乏信心；⑤恐惧不安，有社会退缩行为。

4. 连环之策，帮助小兰走出感情的误区

父母离开，陷入了单恋的漩涡，又遭到层层压力，致使小兰陷入了深深的抑郁焦虑之中。怎样使她树立生活的信心，摆脱恋情的纠缠呢？我拟定了"连环"策略，通过生活调适、理性认知、移情、鼓励立志、意志磨炼等途径，帮助小兰走出早恋的误区，走向崭新的生活。

（1）生活调适

"解铃还需系铃人"。小兰早恋的根源在于父母离开后，欠缺亲情的寄托，孤独、空虚、无聊，因此父母的体贴关心是至关重要的。建议：①小兰的父母最好不要双双远离；②控制小兰看电视的时间；③不能以训斥、打骂、强迫的方式管教孩子；④提供心理援助，做到耐心疏导，理解爱护。小兰的父母明白问题的严重性后，协商决定，母亲带着小兰的弟弟回家，重新让小兰感受温馨祥和的家庭氛围。

另外，每天晚上让小兰去学习兴趣小组学习，让她感受温暖、关心、爱护的心理体验。同时，在学习兴趣小组中动员其他同学给予小兰关心和体贴，让她多多尝试，体验成功的喜悦。

（2）理性认知

要让小兰用理性认知早恋的危害，用理智的"我"来提醒、暗示和战胜感性的"我"。首先，让小兰明白青少年时期是长知识、长身体的关键时期，过早的恋爱，必然会分散学习的精力，耽误美好的学习时光。其次，青少年的身心发育还未健全，社会阅历、生活经验还不够，也没有做好充分的准备，只凭一时的冲动，根本不能培养出真正的爱情之花。只有努力学习，从各方面完善自己，才能为将来的事业、爱情打好坚实的基础。最后，列举一些在感情上草率行事而造成终生遗憾的悲剧故事，提醒、暗示小兰要用理智战胜感情，尽早割舍不合时宜的恋情。

（3）移情

适当地创设情感转移的环境，使小兰在人际交往、文化学习、兴趣爱好等方面获得发展。具体措施：在学习兴趣小组中营造良好的气氛，增进成员间的友谊，经常交流思想、倾吐烦恼；让小兰在学习中体验成功的乐趣，从而积极地看待自我，全心全意地投入学习中去；空闲时，引导小兰参加跳绳、踢毽子、打羽毛球等有益的娱乐活动，释放苦闷，陶冶性情；激发小兰对画画的爱好，利用其画画特长，组织班集体的美术作品欣赏、评比活动，提升小兰的成功感与荣誉感；开拓视野，让小兰学电脑知识，在电脑中学绘图、玩智力游戏；带小兰参与集体郊游活动，融身心于大自然中，启发她欣赏自然，陶冶情操，寻找抚慰心灵的方法和途径。

（4）鼓励立志

中学时代，正处在独立生活的前夜，人生的旅程刚刚开始，未来的路还很漫长。引导小兰立志，树立奋斗目标，有意义地生活，显得尤为重要。首先，要帮助小兰调整消极的心理状态，培养自信心。辅导老师经常在学习兴趣小组中开展"我能行"的活动，引导她展示自我、挑战自我、激励自我。一系列针对自信心的训练，帮助小兰摆脱了焦虑、忧郁、悲观、沮丧的心理。其次，帮助小兰树立奋斗目标。奋斗目标是人积极向上的动力，有了动力，生活才有意义。辅导老师告诉小兰：奋斗目标像春天，使人生充满阳光和温暖；像清泉，使人心中的荒漠重新萌发绿洲。帮助小兰分析自己的实际，确定切实可行的近期奋斗目标——学好各门学科，考上高中。帮小兰安排学习时间，制订学习计划，督促她努力按学习计划进行。最后，加强对小兰薄弱学科（数学、自然）的辅导，经常设计一些具有挑战性的学习任务，激发她的学习积极性，让小兰把精力投入学习之中。

（5）意志磨炼

意志薄弱的人，简单的奋斗目标也难以实现。要使小兰的奋斗目标成为现实，必须加强对她意志的磨炼。可以通过名人故事激励、自警自诫（针对自己的弱点写"座右铭"，经常提醒自己）、督促实践活动（上课专心、作业认真、在干扰环境中坚持学习、参加长跑等体育锻炼、严格遵守生活制度）等途径磨炼意志。

本案例辅导坚持了一年，主要通过"借桑父槐"、映射引导、连坏八固等方法，帮助小兰脱离了早恋的误区，使她以饱满的精神投入学习中去。摆脱困境后，小兰学习进步很快，几次考试都进入了全年级前 30 名。

同时，这个案例也提醒人们，早恋问题在中学生中比较常见，老师、家长一旦发现，切莫震惊、愤怒，也不要把早恋与道德品质优劣混为一谈，更不能加以训斥、打骂，使孩子遭受很大的精神痛苦，否则，可能导致更加严重的后果。对早恋要引起重视，正确引导。

如何对待过分暗恋异性的学生

英子是一名小学高年级的女生，她性格开朗活泼，学习成绩优异。可是，最近不知为什么，她变得沉默寡言了，上课时还经常神情恍惚，老师提问叫了她两三声都没反应。一到下课，她总是紧张地不停向窗外张望，可一看见有人经过，却又假装在认真看书。她开始注重自己的外表，每天都会变换不同的装扮，还经常不由自主地拿出镜子理理自己的头发，看看自己的皮肤……据同学反映，原来她暗恋上了邻班的一名男生。为此，她每天都会绕道去篮球场看他打球。那男生每一个抢球、传球、投球的瞬间，英子都会情不自禁地为他捏紧拳头加油，而每一次进球则是她最激动、快乐的时刻。有时，球场上看不到那名男生的影子，她就会发疯似的到校园的各个角落去寻找他的身影，偷偷关注他的一举一动……

应该很高兴地说，英子开始长大了，这些举动是每一个少女或即将成为少女的青春情怀的自然流露。但若过度地痴迷就会分散其学习的注意力，导致成绩下降。对于这样的学生，老师要谨慎对待，科学处理，切不可简单粗暴，急功近利。

1. 鼓励学生用理智战胜自己

老师要让学生明白这种暗恋是没有结果的，鼓励他们用理智来克制自己，战胜自己的情感，主动跳出感情的漩涡。让他们学会树立远大的理想，明确努力的方向。日常生活中，可以提供英雄模范、先进人物、优秀学生作为他们的榜样，引导其多学习他们的先进事迹、奋斗历程，并建议学生在桌上、床前贴一些伟人、名人的格言警句时刻勉励自己，如少而好学，如日出之阳；壮而好学，如日中之光；老而好学，如秉烛之明等。要让他们知道一个人要想成为真正有教养的人，必须具备三个品质：渊博的知识、良好的思维习惯和高尚的情操，以此来时刻鞭策学生不断奋进。

2. 充实学生的业余生活

老师可以通过发挥特长、培养兴趣爱好来丰富学生的课余生活，从而转移注意力，使学生把精力用到其他方面去。例如，参加体育运动，打羽毛球、踢毽子、打篮球、跳绳等；参加学校各类兴趣小组，合唱队、舞蹈队、美术小组等；尽可能多地和同性朋友一起聊天、游玩。如案例中"英子"的演讲水平不错，老师就让她去参加学校组织的"校园主持人竞赛"。为了在比赛的时候能有最好的表现，于是英子一有空就对着镜子练口才、摆造型、看仪态……这样英子的课余生活就被排得满满的，同时，忙碌的课余生活使她无心顾及自己的情感，就这样渐渐地淡忘了他。丰富的集体活动，也让她更多地融入校园大环境，学习与更多的同学真诚交往。

3. 启发学生的思想

老师可以安排几次针对性的班队活动，让学生在活动中明白事理。如针对英子的情况，老师可在班活动中安排学生看一段短篇。篇中的主人公小军有着和英子类似的经历：他偷偷喜欢上了同班的雯，甚至"茶不思、饭不想"，上课时也总是一副心神不定、痴痴呆呆的样子，下课时更是喜欢远远地看着她的一言一行……然后，让同学们评一评短片中小军的这种行为好吗？说一说为什么？有什么后果？我们该如何避免这种情况的发生？让学生各抒己见，在辩论过程中明辨是非。老师要因势利导，指出小军的行为不够理智，这样会影响学习，对自己发展没有好处。还可让全体学生一起帮帮小军走出痴迷的泥潭。这样，使学生在看看、想想、说说、辩辩的活动中，明确了现阶段自己的主要任务，并从中学会一些自控的方法，在思想上受到了一定的启发。

4. 约束学生的行为

为了尽快减少学生对异性的痴迷程度，老师可以在征求学生同意的基础上，让他们为自己定个规则，利用规则的强制功能，促使学生的行为尽量按照规定执行，允许他们邀请老师或好朋友监督。规则中可这样约定：①在学校里，目光停留在他（她）身上时间不超过一分钟；②与他（她）保持一定的距离，不和其过度接近；③放学后，避免和他（她）单独接触；④不看言情书或言情电视片；⑤不打听有关他（她）的情况；⑥言谈中尽量少甚至不提及他（她）。一开始时，可能会有所违反，老师要坚定立场，常督常促。由于这个年龄阶段学生的情感具有不稳定的特性，经过一段时间的训练后，他们心目中痴迷的异性形象就会渐渐模糊，甚至消失。

5. 开展青春期性教育

青春期的少男少女随着性特征的发育，对异性充满好奇，也会遇到很多性方面的困惑。于是，他们会渴望了解相关的知识，但是一些不良的碟片、书籍等宣扬的所谓"性知识"，会迷惑涉世不深的学生，将他们引入歧途。特别是对于早恋的少男少女，更容易成为"无知"的牺牲品。因此，开展青春期性教育是非常必要的。老师可通过讲座的形式，让学生了解男性、女性的生理构造特点，科学地看待生命孕育的自然过程，揭开异性间的神秘面纱。让学生在学习过程中懂得遵守性道德的必要性及反之带来的危害性，让女生学会保护自己。可通过小组讨论的形式，互相说说青春期男女生的生理变化特点，掌握有关青春期保健的知识，还可以通过"知心姐姐信箱"等形式与学生交流，帮助其解决青春期的性困惑，使他们健康快乐地成长。

如何对待写"情书"的学生

下面是同学转给我的，学生 AA 给 BB 的"情书"。

林 BB：

你好！

你知道，我心上人还有 CC，我想让你帮我一个忙，让 CC 离开我，虽然他还没有写信跟我说喜不喜欢我，但万一他喜欢我，我要怎么回答他，你能让他离开我吗？请速回信。

既然你真的想爱我的话，你敢不敢当着我的面说"你爱我"吗，如果是我，我敢，请回信。

我想问你几个问题。希望你回答。不出问题不要离开我，好吗？

①你不是说只等待 DD，没有死心吗？怎么现在不等待了？如果是为了我，你这个问题就直说是为了我。

②我这样爱你，会不会对不起 CC，只要你说不会对不起 CC，你想真心地爱我，我才会对你说"我爱你"三个字。请回信。

③你现在除了我，你心里还有没有别的心上人，请老实地回答我。

④你这两天有没有事瞒着我，请老实回答我。

⑤你会不会除了我还会去喜欢别人，老实地回答我。

⑥假如DD现在想爱你，你接不接受，而且要怎样对她说，老实地回答。

我希望6个问题，你能老老实实地回答我，让我的心全部都在想你。

以下是我的外号：

①踏山雪②自由自在③凤莺④幽女侠……

希望你的外号也能告诉我。

只要你不变心，我只爱你，我林AA说到做到。不后悔。

祝：

　　　永远快乐开心，万事如意。

　　　学习进步，永远美好。

自由自在

众多老师在看到学生情书的时候，也许首先是震惊，然后就问"怎么办"。他们想的是如何维护班级安定团结的大好局面，以保证学生集中精力学习。这条思路是可以理解的，但这是"行政管理"的思路，不是老师的专业思路，不是教育的思路，不是研究的思路。

我若见到这样宝贵的"文献"，我先把它看成研究的资料。我要通过这些情书研究一下孩子们在想什么，他们怎么想，他们的情感和思维方式什么样，然后才谈得到采取什么措施教育他们。此即"诊断意识"。

以这封林同学的情书为例，我在这封情书中搜寻了半天，也没有找到多少"情"。情书本应该是很有激情的，很灿烂的，可是我在这里看到的是像购物一样的选择、占有，"坦白从宽"式的审问，广告一样的"宣布"，基本色调是灰色的。

这位林同学最关心的事情是：1.你是不是只"爱"我一个人；2.落实了这一点，作为回报，我才可以只"爱"你一个人；3.我已经向你大声"发布"了"爱"，你也必须大声"发布"。

最有趣的是：林同学居然请对方帮忙"让CC离开我"。（此句语法有问题，但意思能懂。）

他是我的"心上人"，你把他弄走了，我就归你了。这里还有一点真情吗？

所以我常说，许多学生中间发生事情并不是"恋爱"，这不过是人际争夺战而已。

一些老师可能搞不清一个孩子为什么会爱另一个人，从这封"情书"来看，孩子自己也搞不清，甚至不想搞清。爱情就是抢人，抢到手就是胜利。每个人都不止有一个"心上人"，然后就互相争夺，因为大家都知道对方不可靠，所以"情书"的主题就是要对"心上人"进行确认，进行锁定，排除"第三者""第四者""第五者"，然后独占之。只有对"自我"、对"爱情"毫无自信的人，才会有这样的心态。所以，对某些专家强调当务之急是加强性知识教育的看法，我是有不同意见的。

我以为更迫切的任务是在对学生进行心理辅导时，加强爱情观的教育。孩子们固然缺乏性知识，但是更缺乏正确的爱情观。想主要依靠性知识教育和安全套来对抗学生的"早恋"，是一种"技术主义"的迷误。

那些特别珍惜感情的孩子，是不会"乱爱"的。所以，面对林同学这样寡情的"情书"，我首先忧虑的不是"影响学习"，而是孩子们的感情为何如此浅薄，他们为何如此廉价地"拍卖"自己，他们为什么这样缺乏自尊和自信。

我当然不会公布这种信息，但可能会私下找几个同学调查一下他们的爱情观，然后我组织学生讨论"什么是真情""你为什么会喜欢另一个人""什么样的人值得你喜欢"这类问题。

我相信，当大多数孩子懂得珍惜自己感情的时候，班上"乱爱"的浮躁就会消退，孩子们的精力自然就会转移到正经事情上来，这才是治本的办法，这样的心理辅导也才能收到实效。

如何对待暗恋老师的学生

曾看见过这样一个故事。

一位男学生在日记里写道："我喜欢上了我们新来的英语老师。她刚大学毕业，喜欢扎马尾辫，说话很温柔。记得开学上第一堂英语课时，她走进教室，很清纯阳光，我眼睛一亮，脸突然红了起来。那时候我特别害羞，不敢正面多看她一眼，但每次偷眼瞄她时总感到她那双会说话的眼睛火辣辣地看着我。那堂课，我脑袋晕乎乎的，不知道她在讲些什么。我认为我爱上了老师。每次上英语课，我都目不转睛，但注意力全放在老师身上，她的一颦一蹙在我看来都是那样的迷人。有时候她有些不高兴，我就猜想她遇上了麻烦事，暗暗替她忧伤。"

后来，班主任看到了这篇日记，大为震怒。他不仅把学生叫到办公室好好批评了一顿，还把这件事告诉了孩子的家长。班主任又提醒英语老师，一定要冷落这位学生。面对众人的指责、老师的冷落、同学异样的眼光，学生感情受到很大的伤害，整天萎靡不振。

看了这个故事，让我心惊。

老师不应把学生的这种想法看成洪水猛兽，遇到时用不着惊慌失措，用不着大呼小叫，更不要亵渎它，而应当耐心、宽容，加以合理引导，结合他们心理发展的特点，以疏导、预防为主，进行科学的青春期教育，用耐心和爱心去化解学生心中的坚冰，爱护孩子们纯真美好的情感。老师应把问题交给孩子，让他们"自我约束、自我教育、自我负责"，相信他们会处理好感情与理智的关系。不断提高学生的认识是解决问题的根本办法。老师应做学生的知心朋友，和学生心贴心，开展有针对性教育，使不良苗头得到抑止，让有"恋师"苗头的学生得到教育、挽救。

还曾看见过另外一个故事。

我第一次当班主任时，热情真诚、活泼开朗，简直就是电影《一个也不能少》里的魏敏芝。

一天夜里，上完自习，我发现自己的书落在讲台了。返回教室时，走廊里一片漆黑，我摸索着掏出钥匙，准备打开教室的门，没想到手中的卷子散了一地，当我去捡卷子时，钥匙又掉进了一片黑暗中。这时，从黑暗中冒出一个人影来，吓得我缩到墙角，不敢吭声。"黑影"镇定地走到我面前，把钥匙放到我手中，随即传来一个充满青春气息的声音"老师"。我仔细辨认，是班上的男生小田。突然，小田伸出手，放到我的额前，轻轻地将了将我散乱的头发，"老师，我帮你开门"，然后转身镇定而利落地把教室门打开。然而就是这个"将头发"的动作，顿时让我这个老师傻了眼，红了脸，出了一身汗，我慌乱地拿着书走了。

以后上课，小田的眼睛简直就是两团青春的火焰，我清楚地知道，他是把我当成了幻想中的"女性偶像"。怎么办？如何引导、教育自己的学生不要"爱"自己？从来没有哪本书里说过，也没有哪位教育大家和前辈提过。引导、教育得不好，会适得其反；任其发展，又会害了这个孩子。这个问题我又不能向学校汇报，于是，我居然选择了逃避。

我以自己班主任经验不足为由，申请从起始年级重新带一个班。我想随着我的消失，一切都会好起来，然而我错了。几个月后，我在教学楼的台阶上撞见这个孩子。他嘴唇苍白，脸色蜡黄，眼睛一动不动地盯着我，把一张纸条塞给我就跑了。我一看，是泰戈尔的一首诗："世界上最遥远的距离，不是生与死，而是我就站在你面前，你却不知道我爱你……"

我连忙向他的新班主任打听他的近况。老师叹口气说，他成天像个病人似的，不参加班级的任何活动，成绩也下降得厉害。我这才意识到问题的严重性。一个老师怎能舍弃正面教育，一味选择回避呢？如果继续这样下去，就是我这个老师的严重失职。

我把小田带到我家。刚进家门，小田就看见我家墙上挂着一副巨大的黑白照片，照片上是一幢拆迁了一半的学生楼，未拆的一半孤独地立在那里，与断壁残垣呼应着，摇摇欲坠。我为什么把这样一副照片放在显眼的位置，显然是为了让小田产生兴趣。

我告诉他，我和丈夫刚结婚时就住在这里。我是中学老师，丈夫是大学老师，那时老师的住房非常紧张，我们只好住在学生楼里，公用洗手间里污垢横流，但我们常常互相安慰：斯是陋室，惟吾德馨！后来，这幢学生楼要拆迁了，所有的学生都搬走了，可我们还没有找到住处，我们蜷伏在这废墟中，感到孤独和恐惧。夜里断电了，一块巨大的石头从房顶上砸下来，差点砸在我身上。我常常梦见一只蜗牛悄悄地爬上树干，一只蝴蝶翩翩地飞向花丛。世间万物都有他们的家啊，我们也一定会有的！过了一年，我的住房问题解决了。

我告诉小田，这张照片上的拆迁房就是我和丈夫爱情的见证：爱情就像这房子，它不是海市蜃楼，而是平淡甚至艰难的生活；生活就是这房子，很多时候是残缺破损的，要用相互的搀扶和坚强的毅力去修复它。就像舒婷的《致橡树》："我们分担寒潮、风雨、霹雳，我们共享雾霭、流岚、虹霓。仿佛永远分离，却又终身相依。"这才是真正的爱情！你想过这些吗？小田摇摇头，但眼里闪烁着晶莹的光芒。

我又把小田带进里屋。一位干瘦的老头坐在屋角，我告诉小田，这是我丈夫的父亲，因为中风而半身不遂。我每天的生活就是早晨天不亮就把3岁的儿子送到幼儿园，然后赶往学校上早读，中午赶回家给老人买菜做饭，再匆匆地赶回学校，下午将儿子接回家，还要赶回学校上晚自习，晚自习上完后，再迈着沉重的脚步回家，扶着中风的老人到附近的医院做理疗。我就像钟摆上了发条，有节奏、有规律地运动，不能有任何差错，永远停不下来。是爱情让我如此坚强，爱情不仅仅是甜言蜜语，更重要的是责任！我接受了我的丈夫，就要接受他的一切，你明白吗？小田没有点头，但我从他的眼里看到了震惊。

第一次与自己的学生直面爱情观，让我有些脸红。我喝了一口水，坚持说下去："孩子，爱情不是幻想，而是真实生活的点点滴滴，你在接受快乐与幸福的同时，就必须接受苦难与责任。而你还太小，无法独立生活，也就无法体会责任，更无法承担责任，因此你的感情虽然纯真美好，但仅仅是对异性的好奇与好感，不是真正的爱情。你必须好好地把握好现在，去创造属于你的未来，你才会赢得真正属于你的爱情。"

小田没有点头，但我看见他流下了眼泪。在小田的中学岁月里，也许还会有令他怦然心动的时刻，但无论青春的小草怎样撩拨，他都不会轻易打开情感的大门，因为他已经给它拴上了理智的门闩，正确的教育赋予了他这种理智。

我用自己的方式完成了一次青春期教育，教育就是一个灵魂唤醒另一个灵魂。

爱恋老师是青少年成长过程中比较特殊的现象。面对这种情况，老师应该怎样处理才能既不伤害学生，又能帮其顺利度过这个时期，从而健康地成长呢？上面两个故事给了我们很好的启示。

1. 真心诚意的沟通

青春期学生的心理是比较脆弱的。在谈话过程中，老师不可使用过重的言语或过分的行为。老师的态度应该是温和的，要发自内心地理解学生的"恋师"行为，主动与其沟通。沟通时，可以分以下几个阶段进行。

第一阶段，与学生联络感情，取得学生的信任，让学生感觉到他的行为得到了理解，从而能对你敞开心扉，以便进行进一步的谈话。

第二阶段，可以让学生说说为什么会喜欢老师，或是为什么认为老师很好，以了解学生产生"恋师"现象的原因。并通过比较，让学生感受到在自己的身边关心爱护自己的人还有很多，自己喜欢的人也有很多。

第三阶段，了解学生对"爱情"的认识。通过对话让学生了解到，爱一个人不仅仅只是喜欢那么简单，还需要承担责任，而在他们这个年龄阶段是不可能做到的。他们与那些同龄人就像是乘坐同一班次的乘客，不停地向目标前进，如果因为贪恋路上的风景甚至是"水月镜花"而提早下车，那么他们只能等下一班车，这样他将永远比别人晚一步到达目的地，甚至有可能再也到不了目的地。让他们认识到，人在每个阶段都有必须完成的任务，而现在的任务就是学习。

2. 培养学生广泛的兴趣

对部分学生来说，产生恋师现象可能是因为平时生活比较闭塞，比较单调。老师可以引导他们多培养自己的兴趣，充实生活，从而让他们将注意力转移到有意义的事情上去，并从中获得乐趣。学生具有冲动性，他们的热情通常都只有"三分钟"热度，如果老师能根据学生的不同情况，多培养他们各方面的兴趣，当他们的生活充满乐趣时，可能很快就会遗忘对老师那份不同寻常的感情。

3. 鼓励学生多交朋友

由于学生看问题存在片面性、盲目性，容易钻牛角尖，非得把老师对他们的关心看成是不一般的感情，从而对老师产生"爱慕之情"，还觉得在这个世界上只有老师对他们是最好的。针对这种情况，老师要尽量引导学生多交朋友，让他们对周围的人都能敞开心扉，用真心对待身边的每一个人。对那些不善于言辞的学生，开始可以建议他们交一些笔友，引导他们多与父母沟通，学着把发生在自己身边的人和事讲给父母听。因为，你怎样对待他人，他人就会怎样对待你。慢慢地他们会发现，身边有很多关心自己、喜欢自己的朋友。况且，同龄人之间往往有更多的话题，他们有可能会渐渐觉得与同龄人交朋友可以更开心、获得更多的益处；还会认识到其实老师对自己的好，并不是很特殊，只是一种长辈对晚辈的爱护而已。总之，多交朋友既可以让学生变得开朗，又可以使他们的生活变得丰富多彩。

4. 帮助学生学会独立

一方面，要让学生学会自己的事情自己做，包括学习和生活各个方面。可能学生无法一下子做到所有的事情都由自己处理，老师可以根据学生的具体情况，帮助他们定出阶段性的目标。另一方面，与家长联系，获得家长的配合，让学生渐渐学会情感上的独立。

如何对待总是与老师对着干的学生

我们先来看几个教育场景。

场景一：下课了，老师希望多给学生们讲一些知识，但是老师讲得津津有味，学生却心不在焉，甚至做其他事情，如皱眉头、和同桌讲话、摆弄东西、收拾书包等，以示不满。

场景二：学校一再强调不要到校门口的小摊上去买东西，可是他们仍然乐此不疲地挤在那里；老师三令五申地告诫他们不能玩电子游戏，但是他们仍然会偷偷摸摸地玩得不亦乐乎。

场景三：很多学生把尊敬老师看成是"溜须拍马"；把向老师汇报情况，帮助同学进步说成是"出卖朋友，不够意思"；把劝阻同学打架斗殴看作是"孬种，不够哥儿们义气"；把刻苦学习，努力为人民服务看做是"傻瓜""不懂得人生价值"。

这些老是与老师对着干的学生，其实是逆反心理在作祟。

逆反心理的产生有一定的生理原因，也有外界不良刺激的原因；逆反的实质是表现个性、突出自我。心理学界将逆反心理称为"心理上的抗拒"，指个人自觉或不自觉地感受到某些方面享有的自由被剥夺时，自身激发出的一种抗拒心理。目的是想确保行动的自由，而且这种自由对个人来说越重要，心理上的抗拒则越大。

这种抗拒心理在青春期尤为明显。

形成逆反心理主要有以下几方面的原因。

1. 发展性原因

逆反心理是伴随着心理发展而出现的问题。随着中学生自我意识的发展，其"自我支配、自主"的愿望也相应增强，中学生对于"我"的意识表现非常强烈，这种强烈的"我"的意识，会促使他们多方面寻求自我做主的机会。但是在经验、阅历相对欠缺的现实条件下，为了所谓的"自我做主"，或者仅仅为了表现出独立，中学生容易陷入片面追求"自我做主"的误区，造成了有意无意的逆反。随着阅历的增加及思维能力和方式的发展与开阔，这种主要由发展性原因造成的逆反心理会减弱。

2. 被错误教养所强化

在个体的成长经历中，都出现过"逆反者反而得逞"的被教养情况，并且不止发生一次，结果，逆反作为一种条件反射被强化、保持下来。例如，对于母亲安排的家务，哥哥总是顺从去做，而弟弟抱着"试试看"的态度说了"不"，结果竟然是不用干了，而且过后父母也没有追究，那一次的逆反就这么不了了之，却为弟弟以后的逆反提供了参考资料或者说"成功经验"，也对弟弟的逆反动机起了强化作用……久而久之，即使面对父母提出的合理要求，弟弟也会条件反射的作出逆反的反应，甚至这种逆反的条件反射会泛化到其他的领域、其他的对象。

被错误的教养所强化了的逆反条件反射，同样也可以通过正确的、科学的教养方式得到矫正。

3. 认知错误所导致

当不高的辨别能力与强烈的"自我做主"的愿望相碰撞，再遇到宣扬个性、宣扬自我的极端理论的时候，两者可以"相互支持、相互巩固"。中学生正处于强烈的"自我做主"的愿望与辨别能力相对落后的趋势中，而当今社会的舆论是倾向于张扬个性、宣扬自我的，这种情况下，中学生容易形成支持"逆反有理"的认知体系，从而发展成逆反心理。例如，有的流行歌曲唱"走自己的路，让别人去说吧"，中学生因此认为"走自己的路"就是酷；有的艺人为了抢镜头、博观众注意，挖空心思打扮，有的中学生因此对统一穿校服反感……认知因素导致的逆反心理，可以依照认知体系的形成规律，通过认知调整的途径加以矫正。

4. 双方关系的恶化导致

以上所列举的"某些固定领域的逆反"大多是由这种原因所导致的。面对关系不良的人，每个人都可能会有"反感"情绪，只是中学生的情绪比较强烈，当这种反感情绪强烈得足以阻碍中学生进行客观分析的时候，逆反可能就会是第一个反应了。

5. 表达方式的错误导致

有一次，学校搞游园活动，两个班在一起布置道具，A老师拍着一位同学的肩说道："某某，搬桌子的任务就交给你了吧。"这个同学很愉快地去搬桌子了；而B老师用食指指着一位同学，生硬地说："你，去搬桌子来。"

那个学生左顾右盼，最终老师又叫了另一位同学去搬。从这两对师生的表现中，我们可以充分体会到：有时候，你遇到的逆反反应，可能仅仅是由于表达方式的错误；有时候，正是老师自己的表现促使了对方逆反心理的滋生。

产生逆反心理的原因有很多，需要根据个体的实际情况进行分析，找到问题的真正原因，开展心理辅导就不会太困难了。

以下面这个案例为例。

刚上初二的伟健，长相英俊，比大多数男生高出了一个头。

根据其班主任老师反映，伟健是班级里边的首号捣蛋鬼，上课的时候喜欢断章取义地曲解老师的话，并大声地将他"加工"后的理解说出来，往往会弄得大家哄堂大笑，严重影响了老师上课的情绪和进程，但他却表现得愈加得意。对于老师布置的作业，他更是严重欠交，还振振有词："国家不是提出要给中小学生减负了吗？"每次老师找他谈话，他不是伺机逃避就是咬定死理"我有我的自由"，谈话中老师所提的要求，事后，伟健总挑着相反的做。在他的影响下，越来越多的男同学都变得"逆反"了。

当心理老师接到伟健班主任的求助信号之后，为求对伟健行为有比较客观、详细的了解，找了座位在伟健周围的六名同学，以及四位课任老师，请他们分别描述伟健最近两天内的一两次逆反表现，以及出现该次逆反表现前后伟健的言论。关于什么是逆反表现，心理老师没有事先告诉被调查者，因此被调查者选择什么事件作为伟健的逆反表现，也能反映出他们对逆反表现的理解和定位。

结果发现：四位老师都指出了伟健将老师的话曲解，哗众取宠，并且洋洋自得；而六名同学中只有两人将这个描述出来，他们一致指出了伟健与班主任谈话时吼得比老师还大声，并反映，事后伟健曾经不止一次以"班主任都怕我"沾沾自喜，还以此威胁其他同学听他的。

根据这些收集到的信息，在与伟健正式交流之前，心理老师分析出伟健的逆反心理：从表现类型来看，介于"固定某些领域的逆反"和"情绪性或情景性的逆反"之间，即两者的成分均有；从其形成原因来看，一是认知错误，即片面化的"自由"和错误的"英雄主义"，而且这种错误的认知在同学当中还有相当的市场，二是错误的教养方式，这里专指同学在伟健曲解老师的话的时候发笑，满足了其哗众取宠的需要，而伟健以"班主任都怕我"威胁同学，更强化了其与班主任对着干的逆反行为。

分析清晰之后，心理老师对于该采取什么样的策略就心中有底了。

下面是心理老师正式对伟健开展心理疏导的过程，综合运用了以上介绍的三类策略。

与语文老师沟通，布置作文"三十年后的我"，说明将挑选有创意的文章交给心理老师欣赏，并让学生先推荐"最有才气"的三个人作脱口秀（事先通气，要推选伟健）。结果伟健中选，他显得相当意气风发，之后也按时交了作文。语文老师按照计划将伟健的作文交给了心理老师。

以作文为切入口，与伟健交流，话题先是围绕着作文中表达出来的人生愿望，然后转向"为实现这些愿望现在能做的事情是什么"。伟健侃侃而谈，提出了重点高中—名牌大学—大公司—自己当老板的"战略路线"。心理老师的认可使其越讲越兴奋。

在伟健的目标体系基本清晰之后，话题转入"你觉得目前自己的哪些表现会阻碍实现愿望？"

针对老师和同学所反映的两个逆反表现，让伟健说说自己在这样做的时候，都有哪些想法，并结合前面对愿望的讨论，引导其对自身想法辩驳、再认识。

帮助伟健分析其逆反表现的反应式：S是老师的教育；O是同学的笑声，也是自己的想法"我是自由的""这样才有英雄气概"等；R就是故意曲解和大声嚷嚷。

当伟健对自己在反应式中的R不满的时候，提示他，改变O就可以矫正R，并给R提出一个改变的梯度。

协助伟健找到改变O的方法，包括自我的认知调整和对同学笑声的意义的再认识。

请班主任协助，在班级中宣布伟健改进的决心和策略，并请其他同学配合、监督。结果证明，效果非常好。

相信这个案例对老师做好学生心理辅导工作会有所裨益。

如何对待不爱穿校服的学生

我们先来看一位老师讲述的故事。

那天中午，我像往常一样去教室，刚踏进教室门口，眼前的景象让我大吃一惊。五六个男生，七八个女生，这里一堆那里一伙聚在一起：有的在帮着梳小辫，有的在涂指甲油，有的在互换服装……我的突然出现使他们措手不及，慌忙"逃"开。突然有一件物品丁咚咚地滚到我的脚边，我装作不在意地拾起了它。这是一枚银白色的做工并不很精细的小戒指，我笑着说"蛮好看的"便还给了她。随后教室恢复了平静，我有意无意地在教室内巡看一番，一些爱美的女生甚至男生佩戴着简易的饰品。令我惊讶的是，大部分学生的校服要么系在腰间，要么半披在身上，要么干脆"无影无踪"，取而代之的是各种价值不菲的品牌服装。至于红领巾和学生卡更是难觅踪影。询问了几位学生，他们红着脸说，老师我们马上换。当时我没有大动干戈。但是直觉告诉我：学生们的这种现象并不那么简单。果然，任课老师陆续来向我反映学生课堂纪律不好，照镜子传纸条，讨论生日互送什么首饰礼物，星期天要让妈妈买什么牌子的运动装等。星期一升旗仪式上，一些学生只穿校服上衣，下着名牌裤。有几个干脆不穿校服，以各类品牌的运动服"闪亮登场"，而且球鞋的鞋带是黄红、蓝紫、绿黄等靓丽的色彩。学生的学习明显松懈，成绩也不同程度地下降。

学生系不同颜色的鞋带，喜欢穿名牌服装而不喜欢穿校服的现象，虽是小事，其中蕴含着集体心理的大道理。

1. 盲目学样。经过观察不难发现，班中平时要好的一群男生，都穿着颜色或款式相同的足球衫，同样一直在一起玩的女孩，也有一样的发式或饰物。所以，只要有一两个学生不穿校服，其他学生也会半遮半掩地跟上。

2. 明星效应。青少年喜欢新鲜事物，崇拜偶像，明星的一举一动会影响到他们的学习生活。学生百口追随，认为这就是个性的展现。而全体学生穿一样的校服，却被认为不够时尚，没有个性。

3. 暗示效应。当某一现象成为众人的行为趋向时，他们就会自然接受暗示，刻意模仿，以便融入背景，保护自己。

4. 逆反心理。处于青春期的学生喜欢追求"新、奇、异"，面对传统容易产生逆反心理，与老师唱反调。学校再三要求学生穿校服，不许佩戴饰品。有的学生偏偏要反着干。

对此，进行如下心理辅导。

第一，可以利用学生的"周记"来进行个别思考教育。学生的"周记"是思想教育的素材源泉。老师对"周记"的评语是一种切实际的个别德育工作。

第二，可以利用"恳谈"形式进行思想教育。"恳谈教育"也有它的优点：随着年龄的增大，学生的内心世界逐渐走向闭锁，师生恳谈可以为开启这一闭锁的内心提供有效的钥匙。

第三，不妨开展"探讨中学生穿着服饰"的主题班会。引导学生理解按照年龄特征着装的好处，以及怎样才能在不违反礼仪规范的前提下，体现自己与众不同的个性，没有必要在这方面花过多的心思的道理。

第四，选编传统美德、名人故事。利用晨会、班会、思想品德评比阵地选讲名人故事，在学生心目中树立更多的学习榜样。

第五，积极取得家长的支持配合。如要求家长有计划地给孩子零花钱，少领孩子到高档消费场所。鼓励孩子把钱用到有意义的地方，不要盲目地去模仿或攀比。

案例中的老师运用上述方法，经过半学期的努力，这种现象基本不再出现。

班上不少学生坦言，每天早上思量穿哪一件衣服也是一件很头痛的事，有时还会因此迟到。有的家庭收入低的学生，可能买不起品牌的服装反而感到自卑。大家一致认为，校服代表着一个学校的精神面貌，看起来整齐、端庄、大方，穿校服看起来更精神一点，令每个学生觉得自己是学校的一份子，大家也很团结。

现在，就算不是星期一升旗仪式，同学们基本上都穿上校服，佩戴红领巾。每一次的广播操，统一着装的学生总是显得整齐划一、精神焕发。这就是班级群体中的新气象。

这个案例对老师做好青春期学生心理辅导工作有一定参考价值。

第九章

如何对待学生的特殊问题学生

如何对待说话结巴的学生

有的学生说话时总结巴，说不了完整的话。心理学家把这种现象称为"口吃"，下面案例中的小力就是这样。

小力，男，7岁，小学二年级学生。1岁半以后开始说话，2岁以后才会讲完整的句子。上学前便有口吃现象。但不严重，没有引起父母的注意。小力上学之后，口吃现象比以前严重了：平时与同学交谈，越着急越说不出话；遇到集体讨论发言的情况，说上几个字便卡了壳，急得满脸通红，嘴唇颤抖，有时还直流口水。不过在朗读课文或唱歌时并不口吃。小力的性格比较内向，他妈妈说："他腼腆得像个姑娘，还有小性子，为这没少挨他爸爸的打。"小力的学习成绩还不错，其中数学成绩明显比语文成绩好。

口吃，俗称"结巴"，是儿童常见的一种语言障碍。如果一个人患有口吃，主要表现是说话吃力，发音延长或停顿，不自觉地阻断或语塞，间歇地重复一个字或一个词，失去正常的说话节律，同时可能还伴有跺脚、摇头、拍腿、上身摇晃或嘴唇颤动等动作。除上述表现外，患有口吃的人还常有这样一些心理特征，如情绪不稳定、性情急躁、好激动、易兴奋、胆小、敏感、睡眠障碍。患有口吃的儿童还常遗尿，食欲减低，并容易有恐惧等情绪反应。特别是上学后，言语活动大增，而他们由于口吃不能顺利地回答老师的提问，也不能与同学、老师正常地交谈，加上周围人的嘲笑，常使患有口吃的学生深感羞愧和苦闷，整天焦虑不安。这不但加重口吃症状，还会使患有口吃的学生采取消极逃避对策，经常独来独往，时间长了，形成孤僻、退缩、羞怯、自卑等性格特征。但是，患有口吃的人一般智商不低，还可能高于正常人，所以决不能因为他们讲话不流利而认为他们脑子笨。

心理学研究表明，口吃可能是由以下几种原因造成的。

1. 遗传因素

心理学家发现，口吃的遗传概率较高，所以口吃很可能与遗传有关。

2. 精神紧张

进入陌生的环境、剧烈的声响刺激或受到重大事件的打击等，会使学生突然受到惊吓，从而因为极度紧张而口吃。另外，大人强迫左撇子的学生用右手执笔、拿筷子；让说话慢的学生快说；让怯场的学生当众讲话；对学生说话重复或停顿表示不耐烦、过多纠正甚至训斥，结果使一些学生对自己的说话能力过多关注或反应强烈，一说话就紧张，最后形成"紧张—口吃—紧张—加重口吃"的恶性循环。

3. 模仿

儿童天性好模仿，如果周围有人口吃，有的孩子就会模仿。如果老师、父母不及时纠正，时间长了，孩子就可能真的患上口吃。

4. 身体因素

有的学生由于在出生前曾受到有害因素的影响，或者出生后患有某些传染病，从而使神经系统功能薄弱，并影响了言语能力，这样的学生也容易患口吃。

一般情况下，对口吃的纠正治疗越早，效果就越好。因此，对口吃患儿一经发现，就应及早进行纠正和治疗。在纠正和治疗中一定要施以必要的心理辅导。

1. 支持疗法

（1）老师要鼓励患有口吃的学生树立战胜口吃的信心，培养沉着开朗的性格，鼓励他们积极进行社会活动和人际交往，减轻由口吃产生的心理障碍。

（2）由于口吃的形成与周围人对患者的态度有关，所以老师应向他们及周围人讲述口吃的性质与成因，要求大家尊重患有口吃的患儿，避免嘲笑和模仿他们。

（3）老师应留心观察、分析口吃学生的生活，找出他在哪些情景中容易口吃，在哪些情景中能流利地讲话。老师要尽量设法减少容易出现口吃的情景，减少让口吃学生在不利情景中的谈话次数和内容，而在口吃学生能流利讲话的情景里，要尽量鼓励他多讲。

（4）在学生说话结巴时，老师要尽量缓和对话的情境，以减轻学生的焦虑。比如，选择一些短句子缓慢地与学生交谈，尽量不指责学生，也不任意打断学生的讲话；在学生口吃严重时，不要强求其讲话，以避免学生紧张。

2. 发音矫正法

发音矫正法要求患有口吃的患者在发音时遵循以下法则，这可以在老师帮助下来完成。

（1）平静：情绪稳定，肌肉松弛。

（2）慢一些：不要很快，要在自己能力范围之内。

（3）拖长些：第一个音稍微拖长些。

（4）独立：说完第一个音，再发第二个音。

（5）低和轻：第一个音比第二个音要低一些。

只要遵循以上发音法则，再根据下述步骤训练，口吃就一定能治好。

第一步，单语练习。单语是指由两三个字组成的词或词组。

例如，说"发音"两个字时，"发"字的强度要低一些，可稍微拖长一些，"音"

字的强度要高一些。说三个字，如发音法，"法"字的发音强度和时间应与"音"字一样。见图1和图2。

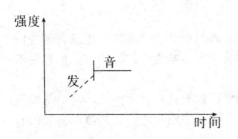

图1 说"发音"二字的强度与时间图示

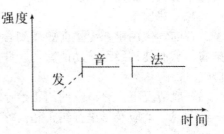

图2 说"发音法"三字的强度与时间图示

在进行单语训练时，应注意以下几点。

（1）第一音稍低，但不要放很低，第二、第三音以正常响度发音即可。

（2）均衡连贯，"发音法"应该说成"发——音——法"，不可说"发音——法"，也不可说成"发——音法"。

（3）不要太拘束，均衡连贯只是要求自然而然地说，没有必要强求每个字的发音距离完全相等。

（4）发音要轻，千万不能太着急，否则会使咽喉和舌头用力过强，容易造成发音器官活动失调、气流被阻而口吃。

第二步，句子练习。先做短句练习，然后做长句练习。在做句子练习时，先要把句子按词组分节。例如，"发音法练习"分成"发音法——练习"两个音节；"我要坚持发音法练习"分成"我要——坚持——发音法——练习"四个音节。

发音示意图见图3、图4。

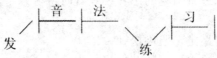

图3 说"发音法练习"时的强度和时间图示

图4 说"我要坚持发音法练习"时的强度和时间图示

随着分节的熟练程度的提高，必须逐步减少音节，或弱化音节之间的差别。例如，可逐渐把上述长句的四节减为两节，再减为一节。见图5。

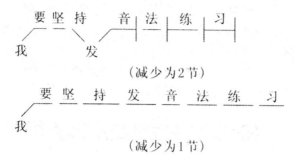

（减少为2节）

（减少为1节）

图5　逐步减少音节或弱化音节之间的差别示意图

第三步，朗诵练习。这一步应以长句练习为基础，每天花一两个小时进行朗诵练习。朗诵练习要在安静的地方进行，学生要认真体会，反复练习，朗诵内容要选择优美的散文或感兴趣的材料。

第四步，实际训练。按以上发音法进行训练之后，患有口吃的学生独自说话时的口吃行为就得到了纠正，但在与人对话时可能还会口吃。所以，这一步就是要他们进行实际对话训练。学生可以与他信任的人进行对话训练，不口吃了以后，再试着与其他人谈话。在实际训练过程中，老师和父母应鼓励学生，使其树立信心，相信自己一定能讲好。

3. 系统脱敏法

口吃的人不一定在所有情景下都口吃，在不同情景下，口吃的程度往往是不一样的。比如，有些学生在家人面前说话不口吃，一到同学面前便口吃了；有的学生在同学面前不口吃，在陌生人面前就口吃；有的学生说玩的事不口吃，一说学习就口吃。为什么会有这种差异？主要是由于在不同情景下患有口吃的学生的紧张程度不同。当然，个别口吃严重的人在所有的情景下都口吃，但这样严重的人仅是少数。

针对上面这种情况，心理学家采用"系统脱敏法"来帮助患者纠正口吃。系统脱敏法就是让患儿按口吃程度的不同，把引起口吃的情景列出一个表来，使他们了解自己口吃的程度。当然，对患有口吃的学生来说，老师应帮助他们一起来完成。然后，学生按照这个等级表开始放松训练。

例如，若学生给妹妹讲故事时口吃最少。那么就找一个幽静的环境，拿着妹妹的照片，对着照片讲故事。能够熟练做到这一点后，找妹妹面对面讲故事。如果达到了这一步，可以说治愈口吃的曙光已经出现了。接下去可对着经常嘲笑自己的邻居同学的照片讲故事，以后，就向经常嘲笑自己的同学讲故事……

需要注意的是，练习的每一步都分成两个阶段：假想练习和现实演习。在假想练习中，患儿想象各种情景，然后在假想情景中说话，一旦感到紧张，便练习放松术（例如做深呼吸），直到心情平静后再进行假想练习。不口吃之后，再转入现实练习。

另外，如果学生口吃症状非常严重，也可辅以药物治疗。当然，在使用药物治疗时，同样不能忽略心理辅导的作用。

如何对待有生理残疾的学生

我们先来看一个案例。

学生刚入学那天。近二百名学生穿着整齐的校服排着队在操场上等候着分班。轮到我们班的时候，我按照已分好的名单点名，点到的同学答"到"，然后从队列中出来到指定的地点重新站好队。

当我点到宋刚时，没有人应声，我又叫了第二遍，才见一名小男孩从人群中走了出来，低着头，慢慢地走向队伍中。令我吃惊的是，他的左臂衣袖下半截竟然是空的！我当时心里一愣，又马上意识到自己的失态，便又继续点了下去。

点完了名，到了教室。安排座位时，这个叫宋刚的同学再一次引起了我的注意。他个子不高，瘦瘦的，脸上始终显出一副忧郁的神色，最明显的还是那只下半截空着的左衣袖。看到他，我心里感到一阵沉重，可怜的孩子！我把他安排在前排中间的位置。

第二天，按照学校布置，全体学生每人带一张铁锹，到操场上清理杂草。劳动期间，我又看到了那个名叫宋刚的同学，只见他正一只手握着铁锹把，用左肘撑着，吃力地铲着杂草。

我走过去，从他手里接过铁锹，边劳动边和他谈了起来。起初他好像不愿谈他自己的情况，我便引他离开其他同学远了点，他才慢慢地谈到自己。他在六岁的时候，由于调皮，玩铡草机，被机器挤掉了左小臂。听了他的话，看着他空着的左衣袖，我不禁为他感到难过。我对他说，以后劳动你不方便就不要带工具了，劳动的时候做点自己能做的事就行了。

紧张而有秩序的学校生活开始了。学生每天的上课、打扫卫生、劳动、课间活动、体育课等，一切都是那么紧张、有序、充实，然而我发现宋刚同学总是呆在教室里，很少见他参加课外活动，课间操、体育课他也不参加。自从不让他拿工具后，劳动课他都不参加了。我从别的同学那儿了解到，他在小学就这样，小学老师也从不让他参加活动，他平时也从不和同学玩，课间除上厕所外，总是一个人在座位上坐着。课堂上我也从没见过他举手回答问题，他的学习成绩也不算好，分班的时候在班里53个人当中排第35名。了解到这些情况，我又为他深深地忧虑：他还这么小，正处于身心成长时期，照这样下去，他能健康地成长吗？作为一名残疾人，将来走向社会，会比一个肢体健全的人遇到更多的困难，如果没有健康的心理、坚强的意志和独立生活的能力，他的将来会幸福吗？

宋刚同学自小失去左手及小臂，造成了肢体上的残疾，自上小学起就因无法与其他同学正常地游戏、活动而遭受冷落。老师为了安全又不让他参加一些集体活动，从而使他幼小的心灵变得孤僻起来。升入中学后，随着年龄的增长，环境的改变，他更加自卑起来。他知道自己的缺陷，感到自己的不幸，在同学面前变得低人一等，总觉得自己不如别人，处处不与人争，事事与己无关，渐渐把自己孤立于集体之外，封闭了自己的心灵，失去了学习生活的乐趣。

自卑是压抑自我的一种沉重负担，过于自卑无异于自毁。它束缚了学生个性的发展，动摇了学生的成才信念，使学生思想空虚，消极颓废，失去人生追求。他们享受不到人生的价值和意义，感受不到做人的乐趣，更不敢去憧憬美好的明天，整天在忧郁沉闷中度日，甚至感到活着就是痛苦。

为了尽快帮助宋刚同学回到集体当中，享受到集体的温暖，班主任首先给他调整了座位，让一名班干部和他同桌，随时帮助他。在他的带动下，许多同学都积极主动地去接触他，一开始借口向他借东西，主动跟他打招呼、聊天，放学后几个人一块儿约他回家，课间一块儿拉他参加活动等。同时，要求全班同学都要尊重他，关心他，帮助他，不准任何人歧视他、嘲笑他。

为了帮助他找回自信，树立起远大的理想，班主任经常利用班会的时间，在班上讲一些身残志坚的英雄人物的故事。班主任还到校图书室借了一些有关这方面的人物故事书送给他看，让他以这些人物为榜样，向他们学习。

为了让他感受到成功的喜悦，班主任多次与各科任课老师协商，让他们在课堂上多提问他，多表扬他，让他感受到成功的喜悦，感受到学习的乐趣。

为了培养他的吃苦精神，锻炼他的意志，班主任对他提出了严格要求。残疾不等于残废，别人能做到的事，你经过努力也一样能做到。做值日生要求他跟其他同学一样，分配到什么任务就干什么。劳动也是如此，允许你比别人干得慢，不允许你不干。体育课、课间操要照常参加，能够达到的目标必须达到。

经过一段时间的努力，宋刚同学有了很大变化。他开始变得快乐起来了，课堂上能见到他高举的右手，课间也能听到他爽朗的笑声。体育课上，他竟打起了篮球，操场上能见到他甩动着空荡的左衣袖跑步的身影。以前他对班级、对其他同学毫不关心，因为他觉得自己没有能力关心别人；现在他凭着自己的智慧，也开始关心起别人来。

一天下午，突然下起了大雨。到放学的时候，放自行车的地方已是一片汪洋了，有几辆自行车被困在水里。因为同学没有准备，大家都没有穿雨鞋，一时无法推出自行车来。宋刚同学看到后，去找来两个方便袋，让一个同学套在脚上，慢慢地去把自行车一辆一辆地推了出来，而这位同学的鞋子却一点也没湿。他的主意博得了大家的一致称赞，他笑得是那么的开心。

看到他的变化，班主任不再为他感到难过和忧虑，反而为他感到骄傲。每当他取得了进步，班主任在班会上表扬他的时候，全班同学也都向他投来敬佩的目光。我相信，在这温暖的集体怀抱里，他一定会健康快乐地成长，他的明天也一定会灿烂辉煌。

这个案例很有启发意义。

让一名残疾学生参加同龄人的劳动、完成同样的任务，看似有点残忍，但仔细琢磨起来，却是很有道理的。人的自尊自信是在群体中建立起来的，是在活动中展示出来的。事事不让残疾学生参与，只能使他失去自尊自信而更加孤立。该案例在学校心理辅导工作中有一定的代表性。对残疾学生的帮助教育也是学校教育活动中的一个重要部分，使他们懂得"残疾不是残废"，这点至关重要。帮助他们克服自卑心理，树立信心，勇敢地面对现实，积极奋进，要使他们坚信自己的明天同样灿烂辉煌。不过，教育方法是多种多样的，还可以进行深入细致的研究。

如何对待自我伤残的学生

我们先来看一个教育故事。

女孩男性化在今天已不是什么新鲜的事了，小曼便是其中一个。新学期开学，小曼是最后一个到班上报到的，除名字外，她几乎和男孩子无异。本以为这个略带羞涩的女孩子应该也会像其他同学那般有一大群"跟班"，但没有，她是一个人带着一个大大的行李来到学校的，而且在接下来的学习生活中，与班上其他同学一样，慢慢地融入了班集体中，波澜不惊地学习、生活着。谁也不会把这样一个对人和善的女孩与自残行为联系在一起。但是，这一切却意外地出现在她的身上。

一次放学后，班上一位女同学悄悄告诉我：小曼身上随时都带着一把刀，有时还用这把刀将自己的手指割得鲜血淋淋的，还经常向她们炫耀……好恐怖。职业敏感告诉我，小曼有着明显的自残行为，这种行为在处于青春期的个体身上已不是新闻，我忽然记得她曾十分着迷明星的文身。看来得找她好好地聊聊了。因为我知道，但凡行为出现怪异的个体，其行为的发生都会有一些不为外人所知晓的诱因，有的甚至是令个体一生为之心痛的憾事，而且这类个体常常都有一个共同的想法，那便是希望通过对身体的自残达到预期目的。而一旦这种行为奏效后，又会强化后续的行为和表现，如果不能及时制止，难免还会出现更加离谱的行为来。

首次与小曼面对面谈及这个问题，切入的角度与力度着实让我为难。怎样做到不着痕迹，几天来，一直是我思考得最多的问题。机会终于还是来了，那天，我在办公室忙着整理资料，小曼风风火火的身影突然闪了进来，她想找 L 老师，但 L 老师不在。我便让她帮我把收好的作业抱过来。她很快就完成了任务，就在她把作业放在我面前之际，我"突然"发现她手上有一道道伤痕！忙问她是不是抱作业时不小心弄伤了手，并四处翻找创可贴给她包扎。她却把手缩了回去，忙说不用，并拔腿就跑。我叫住了她，让她坐下，叫她再次把手伸出来，她极不情愿地伸出双手。虽然早有心理准备，但我还是有些触目惊心，她的一双手上横七竖八地布满伤口。

"怎么回事？"我盯着她问道。

小曼把头垂得低低的，许久不作声。但见我没有放弃的意思，她只好用只有自己听得见的声音小声承认是自己做的。随即她笑了笑说，没事的，老师，我不过觉得好玩而已。

"多久了？"我问。

"小学就这样了。"她轻声回答。

小曼出生在一个知识分子家庭，但由于父母工作都比较忙，平时少有时间与小曼进行沟通。他们对小曼的期望值很高，加上他们一直致力于培养小曼独立生活的能力，使得小曼从小就学会了独处和用自己的方式解决问题。据小曼自己介绍，她在小学五年级时就这样了，开始只是心里闷得慌才这样，后来，遇到难以解决的困难时，也会用这种方式来使自己"清醒"。那么刀片划破皮肤时是什么感觉呢？小曼说："我先是感到巨大的疼痛，然后就逐渐麻木没有感觉，像死了一样。过一会儿又更加疼痛，我开始为自己担心，但过不了多久我的全身就感到非常放松。"她甚至还说："尤其是看着殷红的鲜血从手腕缓缓流出来，会让我感到很满足也很过瘾，有时甚至想到就这样把自己毁灭了。"

"你为什么会想到这样做？"

"开始只是为了向我爸我妈示威，因为有时候，他们老干涉我、限制我。为了达到目的，我就用这种方式来向他们施压，每次他们只要一看到我拿刀往手上一划，他们就妥协了，这招真管用！"她就像述说一件与自己无关的事一样平静。"后来在电视上看到那些歌星影星在自己身上文身，觉得更好玩，也学着做，只是技术不好，文得不好看，所以没再进行，直到现在。"

我请她做了下面的测试。

（1）听说要派人到艰苦的地方工作，担心自己被派去，想受点伤逃避，是吗？（是）（否）

（2）知道要到某地抢险，准备自己受点伤，达到不去的目的，是吗？（是）（否）

（3）听说对伤残人员有什么特殊的好政策，自己想沾点好处，想让身体得病，是吗？（是）（否）

（4）为了得到同情，自己想伤害身体，是吗？（是）（否）

（5）目的没有达到，以让自己的身体受到损伤来发泄心中的怨气，是吗？（是）（否）

（6）没有按照你的意志办事，就经常以自残的口气威胁人，逼人就范，是吗？（是）（否）

（7）发生了重大事件以后，为了逃避责任，想伤害身体，以此求得大家原谅，是吗？（是）（否）

（8）遇到与人争执的时候，没有办法解决，想以伤害身体为代价，求得问题的解决，是吗？（是）（否）

测试结果表明，小曼身上的确存在明显的自残倾向，而且程度还比较深。鉴于她的自残行为已不是简单的道德问题，作为班主任，我只能从浅层上进行初步解决。我告诉她，不管出于何种目的，这种行为都是不可取的，它不仅无益于解决问题，反而会给自己带来更大的伤害，如果是为了减轻压力和发泄不良情绪，可以选择别的办法。

为了帮助她对此类行为的危害有一个明确而清楚的认识，我把收集到的关于自残行为的相关资料及分析给她阅读，希望帮助她更好地认识自己的问题，并告诉她，即使文身也要因人而异，别人身上的东西看上去很美，在自己身上未必。然后，我根据自己所掌握的相关知识，结合她的具体和她一道制订一个切实可行的初步方案对其进行引导和教育。考虑到她的问题有太多的家庭因素掺杂，我及时与她的父母进行了沟通和联系，并把小曼在学校的表现和行为告知了他们，请她们配合我一道做好小曼的教育工作，在多方面努力下，小曼的自残行为有所收敛，教育初步取得成效。

但是，由于自残行为已不属于一般性的心理问题，一般教育是不行的，需要借助心理治疗才能从根本上解决，而进行心理治疗的条件学校不具备，同时，自己在心理治疗的技术和要求上都未能很好地掌握，不能贸然行事，以免误事。在征得她父母和本人同意后，我把她转到心理治疗中心进行治疗，同时也建议她的父母一道接受相关的咨询和治疗，以促进小曼的转化工作。

心理治疗的过程相当漫长，但小曼却十分配合。经过近四个周的治疗，随着治疗过程的不断深入，我发现，小曼身上再也没有增添新的伤痕。第五周，小曼向治疗师送去一份治疗结果的总结反馈，称自己已完全好了。后来，治疗师与小曼的父母进行了一次长谈后，确认小曼的行为已恢复，但仍需要进一步观察和跟踪。我请了一名细心的学生关注小曼，并让她把小曼每天出现的与其他同学不一致的怪异行为准确地记录下来，以便我对其及时掌控。又经过三个多月的治疗和观察，随着小曼身上的伤痕慢慢地褪去，她的生活恢复了原来的平静，我甚是欣慰。

小曼的这种行为，是典型的自我伤残行为。自残对自己身体的损害，作为一种较为严重的青少年心理问题，与自杀一道构成对学校和家庭应激程度偏高的两种事件。但凡有这种倾向的个体，行事都比较偏激和容易走极端，而且通常只要有一种诱因出现，他都会用刀或其他利器来对自己的身体进行伤害，幼儿则会选择用手指把自己的手背或脸抓得鲜血淋淋。一方面这种行为会对个体自身带来心理和生理上的双重伤害，进而还会导致当事人心理出现更为扭曲的思想和行为。这种行为所带来的痛苦并不一定能让个体自身心理的压力或负面情绪有所减缓，相反，伴随着这种痛楚，当事人总会唤起太多的不良情绪，而这些不良情绪的出现则会使个体心理的压力更为沉重，有的甚至还会做出其他过激行为来。

因此，对这类学生必须施以正确的心理辅导。

1. 引导个体尝试用其他办法来化解心理压力

像故事中小曼那样，个体出现自残的行为，与其面对问题时解决方法的单一甚至走极端是分不开的。因此，班主任要注意引导学生学会多角度地寻找解决问题的方式方法。告诉学生转移压力的方法很多，在无人的地方大声呐喊、散步都比自残要合理得多；自残行为不一定要让父母妥协让步，很多时候，父母也可以理性应对一切的。

2. 多方协作，形成合力

故事中的班主任在采用一般策略收效甚微时，选择求助心理治疗师对个体进行专业治疗。应该说这是一种明智的选择，毕竟班主任也好，老师也罢，由于所学受限，面对发生在个体身上的重度心理问题，尤其是需要治疗时，必须毫不犹豫地转介，以免因强行处理而影响到对个体的教育或治疗。

3. 引导个体认识其危害

做这类问题学生的教育工作时，先要让他们认识到自残行为的危害，避免伤害的继续，尽可能地减少伤害，防止问题的进一步变化和扩散。可向学生提供有关这方面的资料、事件报道及分析，让其阅读，从中认识这种行为会带来的影响及其危害。为矫治这种行为做好必要的准备。故事中班主任通过让当事人翻阅有关报道，在引导个体对此认识的同时，也从不同角度帮助她尝试着解决自身所遇到的问题。

4.家校联手，共同应对

任何一种自残行为，都有其家庭教育原因在其中。解铃还须系铃人，要彻底根治学生个体的自残行为，还需家长密切配合，必须请家长改变已有的教育方式，从源头上切断强化因子。在学校着力弱化个体自残行为的同时，班主任通过与家长的联系与沟通，请家长在平时教育中结合子女的具体情况进行教育，不能一味地迁就和让步。故事中，班主任及时地与小曼的父母进行沟通，请他们从源头上做好教育工作，以免其自残行为进一步得到强化。

当然，自残行为的出现，原因是多方面的，其结果导致了行为后果与社会期待存在分歧，而且在其内心深处，总是伴随着深深的自卑，使他们无法坦然面对自己身上所发生的一切，渴望得到更多的理解和关注。这时，教育者如果能像故事中班主任那样及时介入，对其行为给予充分理解和尊重，设身处地为他着想，支持他，让他感到虽然自己有这种行为，但并没有看不起他、责怪他，及时降低他内心的矛盾冲突，缓解内心的压力。再教给他解决问题的办法和思路，帮助他设计解决问题的方案和策略，最好是让他自己进行比较后再选择最佳的方案。

如何对待有自杀行为的学生

研究表明，青春期前儿童的自杀并不多见。14岁以下儿童自杀多发生于12～14岁，年龄越小越少见。自杀方法大多采取服毒的方式，此外还有跳楼、自缢、撞车等。小小年纪为什么要自杀？下面，我们不妨看几个案例。

案例一

2002年7月22日夜，某市同一所小学不同年级的女生，共4人，因集体服安眠药自杀被送进了医院。其中一位女生王兰（化名）的父母称："除了6岁时打过她一个耳光，这么多年就再没碰过她了。"该家庭月收入不过1000多元，而且要养3个娃娃。其父母称，自己的家庭经济条件不是很宽松，但是王兰提出要啥，基本上都会得到满足。三姊妹平时就数她最省心，学习一般能排班上前几名。为什么她会轻生，守在病床旁的王父感觉有些迷茫。不过，王兰所称引发自杀的直接原因及"爸妈对我不好"的佐证，却令其父母"万万没有料到"。她说，6月5日是她13岁生日，爸爸没给自己买生日礼物，反而给姐姐买了新衣，"我心理不平衡，想不通"。于是，7月22日，王兰用积攒的压岁钱从某个体小药店里买了120颗安眠药。恰好，下午，4个小伙伴来家里玩，众人纷纷谈起自己挨父母打骂的经历，顿时"群情激愤"，竟一致决定一死了之。由此，发生了这件令家长惊愕不已、悲痛万分的事情。

案例二

某小学一名五年级男生侯某在上课时玩玩具被老师摔坏玩具并被批评后，一气之下与其他同学逃学、离家出走。几天后，家长将他找回家中，这名自尊心很强的小学生竟喝农药自杀身亡了。事情的经过是这样的：2003年3月29日中午，恰逢班主任杨老师给学生上课，侯某两次在课堂上玩玩具，第二次是在桌柜里玩汽车玩具。杨老师看到后，就让他把小汽车交出来，随手将它摔到了教室的墙上。小汽车被摔坏后，杨老师一面批评侯某，一面让他把摔坏的玩具捡起来，然后继续上课到放学。当天下午还有4节课，但中午被批评后，侯某就与其他两位小同学逃学了；离家出走前，他回家拿了200元钱，随后就消失得无影无踪。见侯某等3名学生没来上课，杨老师很着急，先后到他们的家里询问情况。得知儿子逃学后，侯某的父母也很着急，分头四处寻找，但连续两天都没有找到。侯某的父亲事后回忆，3月31日，他们终于找到了儿子，并把儿子叫回家中，考虑到儿子的自尊心很强，他们没有骂儿子，更没有打他；可就在当天下午，趁父亲不注意，侯某从家里找出一小瓶农药喝了下去，随后口吐白沫。侯某的父亲见状立即把他送往医院抢救，但到医院不久，侯某就停止了呼吸。

案例三

2004年6月14日，汉阴县某小学四年级（1）班4名女生在一山沟里集体服毒自杀，一名女孩已死亡；附近另两名小学生因误食了服毒者用过的食物也中毒。经全力抢救，5名小学生已脱离生命危险。事发后汉阴县公安局出动40多名警员进行走访调查，已查明"4名小学生服毒的动机是近日都不同程度地受到父母或姐姐的责备和打骂"。同时查明，"学校老师班主任反映，这几名学生平时学习成绩都还比较好，就是近几日老在一起嘀嘀咕咕，有些反常。"警方认定，这是一起小学生不服家长管教集体服毒自杀的事件。

像这样的个案还能举出许多，这不能不让人伤心而震惊。

那么，老师该如何对有自杀倾向和自杀行为的学生施以必要的心理辅导呢？请看下面的案例。

小李，女，10岁，小学四年级学生，父母双全，家庭和睦。小李性格偏内向，不爱与人多说话，自尊心强，在家里也极少与父母主动交流。在小学里，成绩一直较好，是班里的语文科代表。在家长眼中，她是个听话的孩子；在老师眼里，她是个好学生。就是这样一个优秀的女孩，却做出了令家长和老师都很震惊的行为。

那是四年级期末考前的一个周五。在自习课上几位男同学故意捣乱破坏课堂纪律，结果被学校值日巡堂的主任发现。在接下来的周一升旗仪式上点名批评了小李所在的班级。此后的班会课，班主任很生气地批评学生，并在没有做调查的情况下，扩大了批评的范围，连小李也被叫起来批评。小李觉得很委屈，感到老师对她有偏见，让自己在全班出丑。于是，下课后，小李把这股愤怒与委屈的情绪发泄到自己身上，她拿起削笔的小刀在自己的手上狠狠地划了三刀。晚上回家吃饭，家长发现了她手臂的血迹，询问原因。开始，小李还找借口搪塞，后来，经不住家长的一再追问，才说出实情。家长感到事态严重，赶紧与班主任老师联系，班主任为此特意到李家做了一次家访，并就自己的失误向小李道歉。小李当时也表示接受老师的道歉，这场风波就此平息了。

然而，一周后，意外又发生了。周二晚上，小李放学回家，似乎很高兴，整个晚上叽叽喳喳地说个不停，家长为此暗自高兴。周三的早上，当母亲一如既往地去喊小李起床，准备上学，却吃惊地发现小李脸色苍白地躺在床上，嘴边还有白沫，再看枕头旁躺着几个空药瓶。母亲赶紧送她到医院急救。后来，由于抢救及时，小李得救了。在母亲的再三追问下，小李才说出事情的起因。原来，在学校里又发生了令小李很不愉快的事。周二是她的值日时间，小李自己忘记了，结果被小组长公开批评了，小李不服气，与小组长发生了一次激烈的争执。小李很生气，她把最近发生在自己身上的两件事联系在一起，越想越生气，认为是老师和同学故意在"整"她；她越想越灰心，认为既然生活在这里就是注定要挨别人恶意伤害的话，那活着也就没什么意思了。于是，她模仿电影里的情节，演出了这幕险剧。

1. 案例分析

小李从最初的自伤行为发展到自杀行为都不是一次、两次的偶然行为，行为的产生有其深刻的背景与诱因。一方面，从小李的成长历程来说，正如文中所述，她"性格偏内向，不爱与人多说话，自尊心强，在家里也极少与父母主动交流"，这些都是个性方面的弱点。另一方面，小李已经是四年级的学生了，她的认知能力已经得到明显的发展，但仍然很容易受到情绪因素的左右。正是在这样的背景下，特别是在她的个性弱点的影响下，当遇到外界刺激困扰时，如案例中小李先后遭受了班主任与小组长的批评，使得她长期积累下来的个性弱点一下子暴露无遗。再者，她对挫折的承受能力及自我调控能力都比较弱，导致了这场险剧的发生。此外，个案中面对小李的反常行为，家长比较缺乏敏感性，也是造成险剧的一个客观原因。

2.案例疏导

(1) 对小李进行必要的监护，并充分表达理解与关怀。随时留心小李的情绪和行为反应，以防出现新的意外；同时以充分理解与关怀，引导其宣泄情绪。

(2) 采用应对"三部曲"策略。一般而言，要积极地应对挫折，提高挫折的承受能力，可以通过三个方面进行。第一步，帮助当事人厘清情绪的根源，接受人生难免有挫折这一现实；第二步，帮助当事人分析挫折的原因，调整挫折产生的负面情绪；第三步，帮助当事人寻找解决问题的方法，并采取具体的行动。例如个案中的小李，家长或老师对小李进行疏导的时候，采用"三部曲"的具体操作步骤如下。

第一步，帮助她厘清情绪的根源。通常，由挫折所产生的破坏性情绪的根源有两种，一种是"不能忍受"的感觉，如有的人可能会产生"这怎么会发生在我身上"的否定感觉；另一种是"绝对毁灭"的感觉，如小李就产生了既然"注定要挨别人恶意伤害的话，那活着也就没什么意思了"的完全否定的感觉。因此，进行疏导的第一步，应引导小李梳理自己的情绪，通过倾诉，让她释放这些情绪与想法，以此缓解她的精神压力。

第二步，帮助小李分析造成她产生如此负面情绪，如此深刻的挫折体验的原因，注意从主、客观原因两大方面进行疏导。在个案中，小李在这方面的主观原因是她对问题产生了比较偏激的认知偏差，因此家长或老师应注重从这方面引导她进行深入探讨。值得注意的是，进行主观原因方面的探讨，往往是一个痛苦的过程，甚至会使人产生新的挫折感，因此要注意以"尊重和接纳"的态度进行疏导。此外，在个案中，造成这个局面，家长和老师都有不可推卸的客观责任，因此在疏导时，家长或老师也应注意从自身的角度与小李一起反省此事。

第三步，在明了原因的基础上，帮助小李寻找解决类似问题的方法。在个案中，小李以消极对抗的方式对待挫折，因此在对其进行疏导时，家长或老师应注意从应对挫折的积极方法的角度进行疏导。

(3) 寻找"积极转移"的方法。积极转移的方法，是应对挫折的有力方法，它可以帮助当事人把因挫折而产生的负面情绪通过积极的方式发泄出来，从而减轻挫折所引起的精神负担。例如个案中的小李，采用的是自伤的消极应对方式来面对挫折，一方面并没有减轻自己由此产生的精神折磨，另一方面也给家长和学校带来极其负面的影响。因此，家长或老师可通过谈论自身经历的方式，向小李介绍一些积极转移的方式方法。例如，当遭遇挫折的时候，可以选择进行剧烈运动（可结合小李平时比较擅长的运动或感兴趣的运动项目），以汗水的形式带走负面的情绪；听自己喜欢的音乐；找好朋友倾诉心中的各种想法；写日记等。

（4）提供适宜的"心理支点"。凡是在特定的情景中对当事人产生巨大的积极影响的事物，都可以成为他们的"心理支点"。"支点"可以是某件事、某句话、某个人、某本书、某部电影等。当人受到重大挫折时，通常都会感到无助、迷惘、失衡，这时如果能为他们提供一个"心理支点"，就有可能使当事人看到希望、获得动力。例如个案中，在对小李进行疏导时，家长或老师可以根据自己的阅历，根据对她的观察，适时地提供一本书（一句名言、一个她所欣赏的人物、一部她喜爱的电影等），让她细细品味，从中领悟人生的哲理。

（5）家校联合共创和谐气氛。个案中的小李，经历了两次挫折，已经对老师和同学产生了怀疑、不信任的情绪，因此要让她重新回到集体中，就必须重构一个和谐、友爱的集体，让她重新感受集体的温暖，重新对集体建立信心与信任。例如个案中，老师可以组织主题班会，通过活动触动她的心灵；家长可以尝试邀请平时与小李相处得较好的同学到家中玩，通过同辈间的沟通转移小李的注意力，增加积极的情绪体验。

（6）重塑良好个性。针对个案中小李所表现出来的个性弱点，在遵循"小步子"的原则下，家长可以通过采用消退法逐步纠正，通过正强化的方法塑造其乐观、豁达等良好的个性特征。

这个案例启示我们，对待有自杀倾向和自杀行为的学生老师必须做到如下几方面。

1. 强化预防意识，及时、合理地化解各种心理问题，避免事态发展

从理论上而言，学生诸如自杀等危机事件的预防是可能的。因为，一般来说，人的思想的形成、发展是一个渐进的过程，任何一种不良情绪和问题，在其萌芽阶段都是微弱的、不明显的、不严重的。因此，要抓住苗头，及时教育，如学生"厌学情绪"的形成、发展，如果在开始时没有得到及时发现与教育，便有可能积重难返，最终导致更为严重的事态发生。

具体而言，老师可以通过以下几个主要途径做好预防工作。

第一，全面地了解学生。深入全面了解学生是做好预防工作的前提。了解学生不仅要了解其实际的表现，而且要善于透过纷繁复杂的实际现象找出规律性的东西，准确把握教育对象思想和心理变化的规律和特点。只有深刻掌握教育对象的需要状况、思想道德状况、兴趣爱好、意志和性格，特别是掌握个别教育对象的人格特质，才能做到科学预测，将不良动机与行为扼杀在萌芽状态。

第二，深入了解学生所处的环境。学生的健康成长，离不开外界的影响。这些影响包括了社会环境、家庭氛围等方面。外界环境是学生产生动机和行

为的诱因，只有全面了解及时掌握学生所处的社会环境、学校环境、家庭环境和社交环境，明了各种环境的最新变化，才能知道学生可能产生的动机和行为，抓住苗头，因势利导，防患未然。

第三，掌握灵活变通的教育方法来解决学生的问题。老师需要讲究教育方法与艺术，把对学生的教育工作渗透到学习、生活、文化娱乐活动中，有针对性地应用多样化、多渠道、多载体的生动活泼、喜闻乐见的新方法正确引导教育对象走出困境。达到预期效果。特别是要善于冷静地处理学生出现的各种问题，方式、方法运用得当，避免"火上浇油"，这样往往能减少危机事件的发生。

第四，营造良好的人际氛围。良好的社会支持是帮助一个人从危机中解脱出来的重要力量。这种力量平时就要积蓄，老师和家长善于关心爱护儿童，满足他们的合理需要，倾听他们的心声，都是非常必要的预防工作。否则，一旦危机事件发生，悔之晚矣。

2. 掌握自杀的先兆，平时留意观察学生的表现

一般来说，危机事件的发生总有一定的先兆，家长和老师可以从以下几个方面关注儿童，以及时发现、及时防范。

第一，情绪反常。例如，有的学生平时不爱说话，显得有点忧郁，但突然情绪好转，显得非常轻松平静甚至非常愉快；有的则刚好相反，平时开朗愉快，突然无精打采、心事重重等。

第二，性格反常。例如，有的一向文静突然变得多话而活泼；有的一向外向却突然变得不苟言笑；平时吝啬突然变得大方；平时说话尖刻突然待人友善；平时勤快突然很懒散……

第三，行为反常。例如，有的学生毫无原因地请他人吃饭、送他人礼物、说一些告别的话、很突然地向他人祝福等。

第四，谈论生死问题。例如。有的学生突然就生死问题与他人展开讨论，有时他们所讨论的话题与理由都超出了这个年龄阶段应有的理解等。

第五，写遗书，大部分有自杀倾向的人在真正采取行动前，大多会写一份或多份遗书，分别留给家人、好友等；这些遗书一般放在比较容易找到的地方，或采用邮寄的形式。因此，他们在自杀前可能出现写信、寄信频繁的现象。

3. 重视对学生进行心理健康教育，提高他们承受挫折的能力

危机事件的发生有相当大的比例是学生在突发的挫折面前缺乏承受能力与应对策略，而导致了意外的发生。教育训练必须走在前面，并经常进行。例如，在学校里应开展以"热爱生活、珍惜生命"为主题的教育活动，引导学生认识生活的意义，认识生活中的美好和生活的起伏，学会热爱生活；引

导学生懂得生命是宝贵的；懂得生命是不可复制的；懂得生命既是自己的，也是属于父母、家人的，属于社会的；在学校里还要开展"积极面对挫折"等主题教育，帮助他们认识到"挫折不可避免"；挫折也是学习成长的机会；面对挫折可采用哪些方法，哪些是积极的方法，哪些是消极的方法。当然，在家庭中，家长也应该完全可以渗透进行上述这些内容的教育，比如，与孩子一起分析一些社会上的新闻与事例；与孩子分享自己的抗挫折经历；引导孩子关爱生命，注意安全等。

如何对待罹患重病的学生

人的一生中，有时会患上病症。当学生罹患疾病，特别是严重疾病时，他们的心理反应会发生如下几点变化。

1. 从主动变为被动

得知自己患病后，往往心理更为脆弱，内心渴望他人的关注和关心，有时甚至要求他人的关心，对家人、朋友的依赖性增加，希望有人陪伴，不喜欢独处。总而言之，他们的心理在整体上往往容易从主动变为被动。

有些在原来的生活中依赖性比较强的学生则更有可能反复要求得到被照顾的保证，迫切地需要随时随地的照顾。他们渴望被人关注是因为他们害怕被周围的人所遗弃或者是由于他们重病期间的无助。

2. 常常出现负性情绪

容易出现悲观、沮丧、失望、动力不足等抑郁情绪，情绪的波动也较大，表现为容易激怒，容易因小事生气，事后又后悔、伤感等。而有些平时自我要求较高的学生，可能会对家人谨慎地表达自身的情绪，如痛苦和恐惧。这种犹豫不决的自我强加行为可能会导致自我控制能力的下降，表现为多变的态度，不坚定、容易焦虑。

3. 容易自卑、敏感

罹患急重病，特别是那些可能造成功能残废的疾病及治疗周期较长的疾病，更容易使患病学生联想到以往生活和当下生活的差距、自己与健康的同学的差距，从而容易自卑，如联想到患病后自身学业的延误，导致以后的学习、生活改变等。

罹患急重病的学生常常对医生、身边的家人察言观色，推断是否隐藏病情等，导致猜疑心加重，变得更为敏感。

4. 对自己的关注增加，容易焦虑、恐惧

身患急重病的学生对自己身体的不适更容易特别关注，并且常常会对身体的不适表现出强烈的心理反应，由此而容易产生焦虑、恐惧倾向。他们常常会运用各种防御机制，如否认、回避、压抑来"忘记"自己的焦虑和恐惧。

一般来说，大部分患病学生的心理都会出现上述的表现，因此老师必须对其进行必要的心理辅导。

我们不妨先看下面这个案例。

小刚，男，15岁，初三学生。与小刚接触是在去年的3月，那时他正躺在床上。20天前，小刚因为踢球摔倒，造成现在的椎间盘突出，摔伤之初，小刚并没有意识到自己疾病的严重性，住院一个星期后就吵着要下床，医生一再警告他才不要下床，住了15天后，他每天吵着要出院，父母和医生无奈，只好找心理医生前来咨询。

心理医生首先了解到小刚吵着出院的原因，是担心自己在医院躺得太久自己的学业会落后于其他同学。针对这一情况，心理医生让他明白身体健康的重要性，它是一个人幸福生活的保证，是从事事业的基础，没有健康的身体就很难有时间和精力去做事情，也很难有安康的生活。在心理医生的劝说下，小刚安心治疗了好一段时间，在治疗期间，小刚的心理主要的表现是焦虑，这种焦虑集中表现为担心自己的疾病不能完全康复。由担心学业的焦虑变为对健康的焦虑，这是一般病者对疾病有初步了解后的常见反应。这段时间，心理医生和其主治医生一起向小刚介绍有关的医疗知识和相关的护理知识，通过知识的介绍使其对疾病有初步的认识，使小刚减少对疾病的恐惧和焦虑。治疗期间，在护士的帮助下，小刚慢慢恢复了生活上的自理，自理能力的恢复使小刚对疾病的恐惧和焦虑大大减少。

接下来，小刚休学了一段时间。在休学期间，小刚的心理问题主要表现是后悔，后悔自己打球太猛，以致弄伤了自己的身体。心理医生主要的办法是让小刚转移注意力，避免过多的无意义的后悔和自我谴责，并指导他适当地自学，以及引导他进行适当恢复身体功能的锻炼。

经过8个月的治疗和心理辅导，小刚摆脱了人生路上的一个危机，身体得到了初步的康复，心理机能也有了不小的提高，于是他重新开始了自己的学业。

这个案例启示我们对罹患急重病的学生进行必要、及时、有效的心理疏导，是非常重要的。指导他们积极面对患病的处境，对于他们的疾病治疗与身体康复，以及治疗与康复过程中对应激的有效应付有着重要的意义。

1. 积极帮助患病学生获取疾病与有关治疗的信息

学生罹患急重病，一般情况下对疾病的了解不太多，因此帮助其正确了解和对待疾病，正确评价与估计治疗中会出现的问题等就显得较为重要。如果病情急重且时间比较仓促，预计学生不一定可以马上接受，在告知病情时不宜太过突然，可以针对不同的情况采取酌情逐步告知的办法，以免引起学生的恐惧和焦虑。

给学生提供病情的诊断、治疗等正确的信息的同时，需要教育与训练学生增加自我照顾的能力，帮助学生及其家庭开始罹患重病后的适应，减少不确定感，逐步建立新的生活计划。可以引导学生对罹患重病进行积极的思考，降低对生活的预期，通过各种方法提高自信心，学会表达需求和感受，重建或恢复同伴、朋友、家庭、老师、医务人员等固定的感情支持，学会获得自我有效控制疾病的感受。

2. 引导学生确定具体的、有效的治疗与生活、心理成长目标

在治疗方面，引导学生实现处理症状、适应住院的环境和治疗过程；发展和保持与医生、护士的良好关系。

在生活目标方面，帮助患病学生以积极的解决问题的方法来应付疾病，逐步恢复日常生活状态，如生活自理、散步、参加集体活动，保持日常生活常规等；用积极主动的活动来占满整体的时间，从而减少患病学生对自身身体状况的关注，提高自信心，实现自己认为有意义的目标。但是在树立生活目标的同时，应该注意到这些活动不能超出学生的能力，否则容易使学生感到灰心和失望。

在心理成长目标上，引导学生努力控制负性情绪，保持或促进正性情感；努力保持一个满意的自我评价和能力感，保持自尊；努力与身边的亲人、同伴、朋友保持良好关系；有充分的准备，积极面对不确定的未来，逐步建立新的生活目标，接受现实生活的考验。